El
que nos viene

El mundo que nos viene

Retos, desafíos y esperanzas del siglo XXI: ¿Un mundo post-occidental con valores occidentales?

JOSEP PIQUÉ

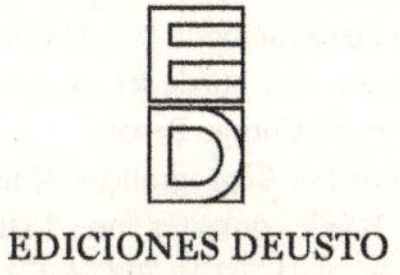

EDICIONES DEUSTO

Deusto es un sello editorial de Centro Libros PAPF, S. L. U.
Grupo Planeta
Av. Diagonal, 662-664
08034 Barcelona

www.planetadelibros.com

ISBN: 978-84-234-2930-1
Depósito legal: B. 7.753-2018
Primera edición: mayo de 2018
Segunda edición: julio de 2018
Tercera edición: julio de 2018

Preimpresión: Medium Preimpressió
Impreso por Book Print Digital
Impreso en España - *Printed in Spain*

Sumario

A modo de justificación

Hace algunos meses, los editores del libro que tienen en sus manos tuvieron a bien plantear a este autor una reconsideración de lo que había planteado en *Cambio de era* (Deusto, 2013) a la luz de los nuevos y trascendentales cambios acaecidos en el último lustro.

Acepté gustosamente el reto, aunque lo he circunscrito voluntariamente a una aproximación, parcial si se quiere, pero suficientemente amplia y ambiciosa. El presente ensayo se centra en la recomposición de fuerzas a nivel global desde la perspectiva de los sujetos políticos estatales y no estatales más relevantes, así como sus rivalidades por el poder o la influencia sobre determinados territorios y sus poblaciones.

No es, pues, un análisis exhaustivo desde un enfoque geográfico (de hecho, apenas se menciona África u Oceanía, a pesar de su significativo papel estratégico), sino político. Intenta identificar a los protagonistas más relevantes y ofrecer algo de luz para interpretar lo que está sucediendo en un orden mundial en plena reconfiguración.

Tampoco es, obviamente, un ensayo sobre algunas tendencias generales que sobrepasan un análisis esencialmente político y, en menor medida, geográfico, además de histórico. Nos referiremos a cuestiones básicas como la energía, la revolución tecnológica digital o la demografía. Todos estos asuntos están presentes a lo largo de las próximas páginas, pero no constituyen el hilo conductor.

No es, pues, un libro de geoeconomía o de descripción e interpretación de los cambios de fondo y de largo plazo mencionados. Es un libro de análisis geopolítico desde una ambición descriptiva y divulgativa, sin pretensiones académicas. Intenta contribuir a la identificación y comprensión de los rumbos por los que discurre el mundo, y lo hace a través del análisis de los principales actores globales. Parte de una visión «realista» o «kissingeriana» y no «wilsoniana», que incorpora a los ideales que caracterizan a esta última el peso indiscutible de la historia, la geografía y la cultura incluyendo la religión. Y parafraseando a Zbigniew Brzezinski, consejero de Seguridad Nacional del presidente Jimmy Carter, el autor de este libro sabe que las naciones «se diferencian por su capacidad de discriminar entre las ambiciones pacientes y los autoengaños imprudentes».

Ojalá los lectores consideren que hemos concluido con éxito el empeño por entender mejor lo que pasa en un mundo en plena transformación.

Introducción

Se lee y escucha en muchos medios y análisis que, tal como ha sucedido siempre en la historia, a una potencia decadente habrá de sustituirla otra más pujante. Es lo que se conoce como «trampa de Tucídides», fórmula que hace referencia al historiador griego de la Antigüedad que narró las guerras del Peloponeso del siglo V antes de Cristo entre Esparta y Atenas. Además de establecer que a una potencia en supuesta decadencia (en nuestros días, Estados Unidos y, en general, los valores anglosajones) habrá de sustituirla otra en ascenso (China y, en general, la región Asia-Pacífico), dicho cambio derivará en conflicto.

En este libro trataremos de mostrar que si bien es innegable e irreversible el cambio del pivote estratégico del mundo hacia el este y hacia Asia, el peso occidental seguirá siendo tan determinante que ya no cabe hablar de sustitución de un mundo por otro. Sino de una síntesis en la que el peso económico de las nuevas potencias estará compensado por un esquema de valores de cariz occidental o, al menos, no ajeno a Occidente.

Siglos de comercio y décadas de globalización han hecho su trabajo. Han tejido una red que hace imposible plantear el futuro de las relaciones internacionales como un juego de suma cero. Por lo tanto, frente a los defensores de tesis deterministas, casi hegelianas, sobre el ascenso asiático, aquí plantearé la idea de una síntesis global que no sólo veo más probable, sino también más deseable.

Para los economistas de mi generación, el paradigma esencial de la teoría económica era conocido como la «síntesis neoclásica». Para entenderla conviene situarla, aunque sea muy brevemente y de forma muy simplificada, en su contexto histórico. Para los estudiosos del pensamiento económico, la economía como ciencia social se consolidó (aunque había muchísimos y valiosos precedentes) con Adam Smith como primer exponente de lo que después hemos convenido en llamar los «clásicos». Y Adam Smith, como primer clásico era, además de un economista en el sentido moderno del término, un filósofo moral. Le interesaba mucho más el debate sobre los valores y los sentimientos, o las enseñanzas de la historia, que las matemáticas. Hoy, los economistas han incorporado las ciencias exactas a su método de trabajo, y bien está. Pero demasiado a menudo desconocen la historia y consideran el debate sobre los valores como algo exógeno a su disciplina. Incluso algunos piensan que introducirlos como elementos para tener en cuenta les resta rigor y objetividad en el análisis.

Ninguno de los llamados economistas clásicos argumentaba en términos ahistóricos o al margen de un cierto sentido de la justicia y de la política. No es casual que llamaran a su trabajo «economía política». Y ello vale para Jean-Baptiste Say, David Ricardo, John Stuart Mill, Thomas Malthus o, en gran medida, el propio Karl Marx.

Sería a partir de la segunda mitad del siglo XIX y principios del XX cuando, recogiendo las aportaciones de Léon Walras y otros autores sobre la teoría marginal, el gran Alfred Marshall generó un corpus doctrinal que hemos conocido desde entonces como la teoría económica neoclásica, que descansa en la libre interacción de la oferta y la demanda como condición para vaciar los mercados vía precios, y que, a medio plazo, no pudieran persistir los desequilibrios en aquellos.

Por esa razón las crisis eran, por definición, temporales, y la solución quedaba a la espera de que los mecanismos del mercado hicieran su trabajo, equilibrando oferta y demanda. Así, la permanencia de desequilibrios se debía a las «imperfecciones» de los mercados (es decir, su ausencia o su obstaculización) y no a su incapacidad como mecanismo eficiente de asignación de recursos escasos.

La Gran Depresión de los años treinta tras el *crash* de 1929 puso seriamente en cuestión ese paradigma. Llegó entonces el gran revolucionario de la economía del siglo XX: John Maynard Keynes. Su impacto fue tal que, mucho después de su muerte, todo un presidente de Estados Unidos como Richard Nixon, republicano y conservador, llegó a declarar, ¡en 1971, 35 años después de la publicación de su teoría general!, que «todos somos keynesianos».

Keynes puso en cuestión principios básicos de la teoría neoclásica, particularmente desde una perspectiva macroeconómica. Entre ellos, las variables que rigen los comportamientos agregados de los agentes económicos en sus decisiones de consumo, de ahorro y de inversión. Puso de relieve una discrepancia profunda entre los fundamentos microeconómicos del funcionamiento de los mercados y las consecuencias macroeconómicas a nivel agregado. Y cabe decir que es un debate que, a estas alturas del siglo XXI, sigue abierto e inconcluso.

Pero lo que quisiera destacar es el esfuerzo que los economistas hicieron y hacen para resolver el dilema y darle coherencia a la micro y a la macroeconomía. John Hicks es, como se le reconoce en el mundo académico, quien hizo un primer (y a la luz de su persistencia en las universidades, exitoso) intento de conciliación. Desde entonces, la expresión más conocida, y simple, de su pensamiento, el llamado modelo IS-LM,[1] ha sido el paradigma convencional de la teoría económica durante generaciones.

Desde entonces hablamos de una síntesis neoclásica que intenta concordar la macroeconomía keynesiana con la microeconomía neoclásica. Un magnífico y colosal ejemplo de las grandes

1. El modelo macroeconómico de demanda agregada IS-LM, o de Hicks-Hansen, describe el equilibrio entre la renta nacional y los tipos de interés. Niega la neutralidad del dinero y visualiza las consecuencias de las decisiones monetarias y fiscales. Se representa con dos líneas que se cortan: la IS, que representa a los mercados reales, y la LM, que lo hace con los monetarios. Ambos mercados deben estar en equilibrio.

contribuciones al pensamiento humano: preservar el conocimiento acumulado (en lugar de despreciarlo y prescindir de él) e introducir elementos novedosos, incluso revolucionarios, para generar una síntesis válida para el progreso. Como la teoría de la relatividad respecto de la física newtoniana.

Permítaseme este excurso inicial por la disciplina que ha dado contenido a la mayor parte de mi trayectoria profesional, ya que el ejemplo puede ser de utilidad para ilustrar el momento en que se encuentra el mundo en un ya avanzado siglo XXI.

Aunque podemos situar los antecedentes en el siglo XVI, a raíz de los grandes descubrimientos, desde mediados del siglo XVIII y, sobre todo, en el siglo XIX, se configuró una correlación de fuerzas a nivel global que permitió identificar una clara hegemonía de Occidente en el mundo. Primero de Europa, con el colonialismo y el imperialismo como sus máximas expresiones, y luego de Estados Unidos, que culminará el siglo XX como aparente única gran potencia global.

Todo ello requiere de muchos matices, algunos de los cuales se desarrollan posteriormente en este ensayo, pero no cabe duda de que ha tenido todo el sentido hablar de un mundo dominado hegemónicamente por Occidente: un mundo occidental en el que las reglas del juego, incluidas las que rigen las instituciones multilaterales, y el poder político, económico, militar, comercial o cultural, han estado profundamente determinados por la voluntad de las potencias occidentales, incluido el período bipolar inaugurado tras el final de la segunda guerra mundial y que duró hasta el desmoronamiento de la Unión Soviética, en la última década del pasado siglo.

El fin del bloque soviético, precedido por la caída del Muro de Berlín en noviembre de 1989, dio lugar a que el politólogo Francis Fukuyama, y muchos tras él, hablaran del «fin de la historia» (en el sentido hegeliano del término, entendido como final de la expresión de las contradicciones) y del inicio de una era de occidentalización generalizada, basada en la asunción de la democracia representativa como referente político, de la economía de libre mercado, en lo económico, y de los valores de las revoluciones burguesas y, especialmente, la libertad o la igualdad, y el principio de legalidad en el marco de Estados de derecho, tal como los concebimos en Occidente. Y, por supuesto, el respeto a los derechos humanos.

Hoy la realidad se nos muestra muy distinta a la de esa Arcadia feliz. Primero, porque en septiembre de 2001 el mundo occidental (y particularmente, los Estados Unidos de América) hubo de asimilar con horror que había enemigos irreconciliables de ese nuevo orden mundial. Rivales que, desgraciadamente, siguen golpeando en cualquier lugar del mundo, pero también en las propias sociedades occidentales donde, bajo la dirección o el incentivo de las diferentes expresiones del terrorismo internacional de matriz islámica fundamentalista, los radicales golpean ocasionalmente. No obstante, hay enemigos más allá de este perímetro que merecen una consideración especial, como es el caso de Corea del Norte.

Aunque seguramente lo más sustancial sea la emergencia explícita de adversarios dentro del sistema de postguerra y no tanto extramuros del sistema concebido desde Occidente. No son necesariamente enemigos en el sentido convencional del término, aunque a veces puede parecerlo y actúen como tales. Son nuevas potencias, globales o regionales, que objetan algunos principios básicos del funcionamiento de las relaciones internacionales nacidos al amparo de la victoria aliada en la segunda guerra mundial y del subsiguiente dominio hegemónico de Occidente. Ponen en cuestión las normas que han configurado (en mayor o menor medida, ya que eso requiere de muchos matices) el entramado de las instituciones multilaterales hasta ahora existentes, así como determinados principios que conforman, a menudo de forma contradictoria, el mencionado orden internacional de cariz occidental.

Nos referimos a China, obviamente, pero no sólo. En realidad, estamos asistiendo a un retorno de la historia, que siempre acaba por volver. De la misma manera que la geografía siempre está presente. Y a esa historia rediviva llegan potencias que hablan de un pasado glorioso y cuya influencia reivindican. Por su parte, la geografía nos señala nuevas realidades pero también nos devuelve al concepto del «corazón del mundo»: ese gran corredor que conecta el este de Asia con Europa, algo que pone en cuestión la pertinencia de la costumbre de hablar de Europa como un continente, de India como un subcontinente y de China como un país.

Por todo ello, a raíz de esa «nueva» realidad que supone un cambio sustancial y aceleradamente creciente de la correlación de fuerzas en el concierto internacional, muchos analistas hablan ya de un mundo post-occidental en el que el centro de gravedad del planeta se ubica en torno al estrecho de Malaca, muy lejos de Occidente. El llamado «repliegue anglosajón» (que no sabemos cuánto de efímero y coyuntural tiene, pero que es una realidad evidente) ha venido a acrecentar esa percepción de un cambio de era en el que Occidente está perdiendo irreversiblemente la hegemonía ostentada en los últimos dos siglos y medio.

Quien escribe estas líneas publicó hace pocos años un libro que se titulaba *Cambio de era* y llevaba como subtítulo *Un mundo en movimiento: de Norte a Sur y de Oeste a Este*. En él pretendía reflejar lo innegable de ese fenómeno. Muchas de sus reflexiones y conclusiones son, en mi opinión, plenamente válidas hoy e incluso algunas se muestran con aún más evidencia. Pero es cierto, también, que desde entonces han pasado muchas cosas que nos obligan a una revisión crítica de ellas o, como mínimo, a una actualización.

En el momento de escribir aquellas líneas, el presidente Obama iniciaba su segundo mandato en Estados Unidos. Hoy, el presidente se llama Donald Trump y su retórica (y algunos de sus hechos) es claramente disruptiva en aspectos clave de la tradicional política exterior, e interior, de la gran potencia norteamericana. Algo que tendrá unos efectos aún en buena medida difíciles de ponderar sobre su papel en el futuro en temas sustanciales como la relación con Europa y su seguridad, la evolución del llamado «pivote hacia el Pacífico», el posicionamiento estratégico en lo que se refiere a China o la siempre convulsa relación con Rusia, sin olvidar el papel que seguirá jugando en Oriente Medio, entre otros muchos temas como el cambio climático.

Por otra parte, el Reino Unido ha decidido en referéndum popular su salida de la Unión Europea. El *brexit* ha supuesto una enorme conmoción tanto interna como exterior, y el abandono del club comunitario es de consecuencias aún difícilmente mesurables, pero, sin duda, de enorme trascendencia.

A su vez, China ha profundizado en su estrategia por convertirse (o si se quiere, consolidarse) como la otra gran potencia global de esta primera mitad de siglo, exteriorizando cada vez más sus ambiciones en una forma que algunos interpretamos como un cambio cualitativo en su política exterior.

Rusia se ha anexionado la península de Crimea y mantiene una presencia militar directa o indirecta en Ucrania o en zonas de Georgia o Moldavia, y además muestra su voluntad de volver a ser una potencia global (limitada por muchos motivos). Queda claro cuando se analiza su intensa actividad incluso en procesos electorales tan relevantes como el de Estados Unidos y otros países occidentales. Especial atención merecen nuevos elementos de las «guerras híbridas» tales como los ciberataques o las *fake news*.

Por último, ha aparecido en Oriente Medio (y en el mundo), además de las muy desiguales Primaveras Árabes, un fenómeno nuevo en las diferentes expresiones del radicalismo islamista: el autodenominado Estado Islámico, llamado también por sus siglas EIIL o Dáesh. Aunque hay claras muestras de convergencia táctica (e incluso estratégica), lo ha hecho en competencia con Al Qaeda e irrumpiendo estrepitosamente en el escenario de la región. El Estado Islámico ha movilizado y desestabilizado a otras potencias regionales en una pugna secular por el dominio y la influencia en ellas, desde Irán o Turquía hasta monarquías árabes como Arabia Saudí o Qatar, pasando por Rusia o los países de Asia central.

Como es lógico, hay más factores para tener en cuenta, no sólo geopolíticos. La vertiginosa evolución de la tecnología o la creciente relevancia estratégica de la ciberseguridad o las consecuencias de la Gran Recesión occidental son elementos sustanciales para considerar. Todos estos fenómenos recientes, así como los que ya algunos autores (en mi caso, muy modestamente) intentamos transmitir hace ya años, muestran lo oportuno de hablar de un mundo post-occidental.

Siendo así, no es menos cierto que Occidente y sus valores siguen y van a seguir impregnando una gran parte de la agenda internacional de este siglo. Las aspiraciones de democracia, libertad e igualdad, o la defensa del Estado de derecho, la seguridad jurídica, el respeto a los derechos humanos o la supremacía del libre mercado como el mecanismo más eficiente en la asignación de recursos, van a seguir dominando la acción política, independientemente de sus concreciones específicas en cualquier lugar del planeta.

Occidente sigue marcando el debate y, como en la mitología del Cid, va a seguir ganando batallas después de muerto. Si es que ha muerto, algo que trataremos de analizar para acabar por concluir que no es así en absoluto. Nos enfrentamos a una nueva realidad: un mundo cada vez menos occidental en su centro de gravedad que, en cambio, sigue evolucionando sobre la base de muchos de sus valores distintivos. El resultado puede ser la convergencia entre los valores, ideas y creencias (en el sentido orteguiano) de lo que emerge (o resurge, para ser más precisos) y lo que ha sido y sigue siendo. Una síntesis. Al estilo de la síntesis neoclásica.

No estaríamos ya tanto ante la sustitución de una potencia declinante por una potencia que emerge (y que trae consigo todo su bagaje cultural y moral) como ante una suerte de compromiso transversal entre las tentaciones antiliberales y la enorme potencia de las ideas y principios que han inspirado un mundo sustentado en los valores del internacionalismo liberal, base del concepto de Occidente.

Una síntesis post-occidental.

A. Sobre el cambio de era: tópicos, mitos y realidades

El análisis del devenir histórico suele mezclar, de forma a veces indistinguible, realidades con tópicos y mitos, muchas veces acuñados desde la perspectiva de los así llamados ganadores. Suele decirse, y es casi siempre verdad, que la historia la escriben los vencedores. Pero no es lo mismo describir más o menos sesgadamente lo sucedido que anticipar lo que a posteriori se explica como inevitable e, incluso, fácilmente predecible. Se suele decir que los economistas explicamos bastante bien el pasado —cada uno desde su perspectiva—, pero que somos bastante inútiles a la hora de analizar el futuro inmediato.

No es distinto en el caso de la historia. Muchos de los grandes acontecimientos de las últimas décadas no fueron anticipados. Aparecieron en un momento determinado ante la estupefacción de todos con independencia de los análisis posteriores, muchos de los cuales acaban con la conclusión de que «se veía venir». Es lo que el pensador Nassim Taleb denominó «cisnes negros». Pero lo cierto es que casi nunca son tan predecibles. La historia vuelve pero con toda su complejidad intrínseca.

Podemos recordar, entre otros muchos ejemplos, el desencadenamiento de la primera guerra mundial con el asesinato del archiduque Francisco Fernando de Austria en Sarajevo en 1914, o la entrada de Estados Unidos en la segunda guerra mundial tras el ataque sorpresa japonés contra Pearl Harbor en diciembre de 1941. También cabe mencionar la descolonización acelerada de África y Oriente Medio, la Revolución iraní de 1979, la caída del Muro de Berlín diez años después y el desmoronamiento de la Unión Soviética. Por no hablar de los ataques del 11-S en Estados Unidos o las Primaveras Árabes. E incluso el estallido de la Gran Recesión de 2007 a raíz de la crisis de las hipotecas *subprime*.

Todo esto nos obliga a sostener este estudio sobre la base de la humildad y cautela. Conviene mantener la sospecha deontológica al analizar los acontecimientos recientes. Sólo cabe una aproximación autoexigente a lo sucedido estos años para distinguir entre lo real y lo aparente, entre lo objetivo y lo que viene contaminado por la desinformación y la propaganda. No es ninguna novedad: la historia suele convertirse en arma de confrontación política a través de su manipulación interesada. Demasiadas veces con consecuencias trágicas. Esa manipulación incluye, además de episodios reales, la construcción de mitos y la consolidación de ideas asentadas no siempre veraces. Los diferentes nacionalismos se han nutrido de todo ello. Pero también buena parte de los análisis geopolíticos se han contaminado de estas visiones sesgadas o presentistas. Basten algunos ejemplos.

Es una realidad incuestionable que el mundo ha vivido bajo la hegemonía de Occidente en los últimos doscientos cincuenta años. Pero hablar de un «mundo occidental», obviando o minimizando otras formidables expresiones políticas que ahora resurgen con fuerza inusitada, se ha convertido en un lugar común poco apropiado para la interpretación de esa realidad. Muchas veces ese prejuicio se ha construido sobre el mito de una hipotética superioridad de Occidente. No sólo desde el punto de vista de una superioridad política, económica, militar o tecnológica que ha sido evidente, sino también desde una perspectiva moral e incluso de «civilización». Ese lugar común que ha contaminado la historiografía estuvo en la base de la legitimación ética del colonialismo, con la kyplingniana mención a la «carga del hombre blanco» como expresión señera.

Como es natural, no se trata de negar los avances de la humanidad gracias a la acción «civilizadora» de los grandes imperios. Los españoles, y muchos otros, le debemos mucho de lo que somos al Imperio romano, empezando por su derecho, que nos legó conceptos básicos como la familia, el contrato o la propiedad como fundamentos de nuestro modelo de convivencia. Y hoy sólo puede explicarse América Latina y su identidad plural, pero también occidental, desde la acción —con sus luces y sus sombras— del Imperio español. Ningún imperio se hace sin sufrimiento y sin víctimas.

En muchas ocasiones, incluso después de la segunda guerra mundial (como es el caso de los imperios coloniales del Reino Unido, Francia o Portugal), se han utilizado esos prejuicios o falsedades revestidas de moral o de datos históricos para intentar mantener situaciones de dominación injustificables. En cualquier caso, la construcción de ideas asentadas y mitos, en muchos casos con potente base real, ha permitido la persistencia resiliente de una visión eurocéntrica del mundo que se refleja todavía en la mayoría de los mapamundis y que, obviamente, no responde a la auténtica realidad de aquel.

Esa era la tesis de partida de *Cambio de era*. Y es una realidad indiscutible, por más que se combata con soflamas sobre la superioridad única e indiscutible y sostenible en el tiempo de Estados Unidos o con argumentos sobre la eficacia del *soft power* de los países occidentales. De la misma forma que descubrimos en su día que también la Unión Soviética y su imperio descansaban sobre mitos muy alejados de una realidad subyacente que, como la ballena Moby Dick en la novela de Herman Melville, salió a la superficie sin misericordia.

También es cierto que se ha ido construyendo en los últimos años algún que otro lugar común sobre el avance imparable de China o algún otro tópico que sitúa el centro de gravedad del planeta en el estrecho de Malaca. Y algo ha tenido que ver en ello quien esto escribe. Pero no son ideas o argumentos alejados de la realidad objetiva y, por lo tanto, caprichosos. Trataremos de explicarlo y argumentarlo en las páginas que siguen.

B. Recordando algunas evidencias

Es indiscutible que el mundo está cambiando a una velocidad inusitada en la historia de la humanidad. Lo hace a través de dos fenómenos íntimamente ligados: la globalización y la digitalización. Tampoco hay dudas de que no estamos ante nada que se parezca, ni remotamente, al «fin de la historia», sino ante la consolidación de un cambio de era de consecuencias todavía poco predecibles. Pero siendo ello cierto, nada sería más erróneo que caer en cualquier tentación adanista que nos llevara a concluir que estamos por lo tanto obligados a partir de cero y que la historia empieza hoy con nuevos protagonistas que marcan el punto de partida. *Nihil novum sub sole.*

Es inobjetable que el mundo nunca había sido más «pequeño» que ahora. La difusión de la información en tiempo real nos ha hecho ya habitantes de la famosa «aldea global» de Marshall McLuhan. Las facilidades (por precio y comodidad) del transporte lo hacen más asequible que en cualquier otra etapa del pasado. Pero la globalización no es un fenómeno reciente. Lo que se daba en llamar el «mundo conocido» ha mantenido relaciones muy intensas entre sus principales actores desde hace milenios, cuando Europa era un espacio marginal de ese mencionado «corazón del mundo». Los tiempos eran distintos, pero el fenómeno ya estaba ahí. Para situar las cosas en sus justos términos, es conveniente recordar un par de episodios históricos.

Cuando Alejandro Magno y su ejército macedonio decidieron conquistar el mundo y construir un enorme imperio (tan efímero que desapareció prácticamente con él), sus estrategas giraron su mirada no hacia Occidente sino hacia Oriente, hasta llegar a las fronteras de la actual India e incorporando buena parte de los territorios que hoy constituyen las repúblicas centroasiáticas. Asimismo, cuando hace casi ochocientos años Gengis Kan invadió y sometió a una parte gigantesca del mundo conocido y llegó a las puertas de la actual Hungría tuvo que decidir entre proseguir su avance en lo que hoy denominamos Europa o utilizar su capacidad militar en China, algo que finalmente hizo. Para él, el futuro, la riqueza y el poder no se encontraban en el camino hacia Occidente. Estaban, sin la menor duda, en Oriente. Hablamos del siglo XIII, cuando en Europa se levantaban las catedrales góticas y las monarquías hispánicas consumaban su victoria militar sobre los musulmanes.

El mundo era ya global, al menos en lo que ahora conocemos como Eurasia, una zona en la que Europa era todavía periférica. Claro está que hoy hablamos de una globalización mucho más profunda en la que todo lo que pasa en cualquier lugar del mundo es inmediatamente conocido en el resto y tiene un impacto inmediato. Y eso no es ni un lugar común ni una falsedad.

Cuando en Occidente están tan en boga esos mitos y lugares comunes contra la globalización que están en la base de fenómenos como la victoria de Trump o el propio *brexit*, y que nutren todo tipo de populismos a derecha e izquierda del espectro político, conviene insistir en que nunca antes había habido en el mundo, ni en cifras relativas ni absolutas, tantas personas con unas mínimas condiciones de vida digna ni se había conocido un aumento tan significativo de lo que hemos denominado como clases medias, un fenómeno occidental que hoy ya no es exclusivo de ninguna región del mundo. Están ya presentes de forma creciente en China, India, el Sudeste Asiático, en América Latina o en algunas regiones del África subsahariana. Una muy buena noticia a menudo interesadamente olvidada por aquellos que construyen su discurso político sobre una desigualdad descontextualizada y un pretendido agravio.

No pretendo negar los problemas que afectan gravemente a buena parte de las clases medias occidentales a raíz de la Gran Recesión de 2007, una crisis que explica buena parte de los comportamientos electorales recientes con un fuerte impacto político. Pero sólo desde una miope visión euro y/u oeste-céntrica, la globalización es clara y, valga la redundancia, globalmente positiva.

Conviene recordar también que la globalización y el libre comercio han ido siempre de la mano. Por este motivo, los antiglobalizadores están en contra del libre comercio, de los acuerdos comerciales y de inversiones multilaterales. Curiosa coincidencia la que se produce entre los diferentes populismos. Todos se oponen a los tratados comerciales, a la construcción política de Europa o a la libre circulación de los trabajadores. Se oponen, en resumen, al progreso.

En este posicionamiento político se confirman dos bandos, también dentro de Occidente. El bando del internacionalismo liberal, favorable a un sistema unilateral colaborativo y regido por normas (en el que están la Unión Europea y los principales gobiernos que la integran, además de Japón, Corea, Australia, Nueva Zelanda o buena parte de América Latina), que aboga por la profundización del libre comercio y la apertura económica en un juego *win-win*; y, por otro lado, nos encontramos con el bando iliberal, dirigido actualmente por Estados Unidos del presidente Trump, países y dirigentes que creen en un mundo de suma cero en el que sólo hay ganadores y perdedores, en el que cada uno va por su cuenta al margen de normas y organismos multilaterales. Algo que se pone de manifiesto en su actitud despreciativa hacia las instituciones internacionales, en su política de alianzas y su posicionamiento ideológico.

En este sentido, este es un libro «de parte». Porque nace de la convicción de que el internacionalismo liberal es, sin duda, un marco para el progreso, y del convencimiento de que los aislacionismos y proteccionismos no son de suma cero, sino de suma negativa.

Junto a la globalización, el otro gran fenómeno de nuestro tiempo (y este sí que es realmente novedoso) es la revolución tecnológica que conocemos como digitalización. Desde el descubrimiento del fuego a la invención de la rueda, el mundo ha vivido diversas revoluciones tecnológicas, todas intensamente disruptivas, pero ahora vivimos una revolución industrial en el sentido convencional de la expresión. La primera permitió a Occidente empezar a ejercer su hegemonía gracias a la introducción masiva de la máquina de vapor. La segunda se basó en los hidrocarburos y en la electricidad. La tercera (para algunos la cuarta, al distinguir entre lo analógico y lo digital) es la fundamentada en las nuevas tecnologías de la información y las comunicaciones.

Aunque hay innumerables tópicos al respecto, lo cierto es que estamos ante una innegable e ignota realidad: las nuevas tecnologías permiten, como nunca anteriormente, la democratización de la información relevante, aumentando muy significativamente la capacidad de los ciudadanos para tomar sus decisiones libremente, de acuerdo con sus preferencias (su curva de indiferencia) y su restricción presupuestaria. La teoría microeconómica vuelve por sus fueros con más fuerza que nunca. Y todo ello supone un creciente cuestionamiento de las estructuras tradicionales del poder, ya sea político, económico, empresarial, cultural o religioso. El magnífico libro de Moisés Naím *El fin del poder* puso magistralmente de relieve ese fenómeno: el poder es más efímero e inasible que nunca, y cada vez es más fácil perderlo.

Aunque en estos años ha surgido un fenómeno realmente inquietante: la vulnerabilidad ante ese mismo caudal de información ha aumentado exponencialmente. Es sorprendente la enorme facilidad para manipular los sentimientos de la ciudadanía con herramientas al margen de los mecanismos tradicionales de intermediación política: los partidos políticos, los medios de comunicación y las propias instituciones democráticas. La expresión más clara de todo ello la encontramos en las redes sociales, un vehículo que se ha demostrado idóneo para todo tipo de falsedades, bulos e intoxicaciones que transcurren a toda velocidad, sin filtros ni contrastes. Este es, sin duda, el mayor reto al que se enfrentan las democracias representativas occidentales. Inevitablemente, habrá que hacerle frente con toda determinación, como no se ha cansado de insistir el presidente francés Emmanuel Macron.

Todo ello conforma una nueva era. Nada volverá a ser como antes, aunque la historia siempre vuelva (pero de manera distinta y no como decía Marx en *El 18 de Brumario*, como farsa después de la tragedia) y la geografía siga estando ahí, inamovible, pero superada por las nuevas tecnologías que permiten «saltar» todo tipo de obstáculos físicos.

Pero estas no son las únicas realidades innegables de nuestro tiempo. El mundo se ha urbanizado. Por primera vez en la historia de la humanidad hay más personas viviendo en ciudades que en el campo. En una generación hablaremos de dos tercios de la población mundial. Un cambio de enorme trascendencia. Es cierto, por otra parte, que el progreso en las ideas (y todo lo que ello comporta) se ha desarrollado históricamente en las ciudades. La historia del mundo ofrece múltiples ejemplos. Desde Babilonia, Tombuctú, Bagdad, Damasco o Samarcanda, pasando por Estambul, Fez, Pegu o Angkor, hasta Beijing, Kioto, o Pune en Asia, o México o Cuzco en América.

Este fenómeno comporta consecuencias políticas de enorme magnitud. El papel de las ciudades (muchas de ellas enormes urbes con muchos millones de habitantes), y no de las regiones, va a ser cada vez más relevante y crecerá en detrimento de lo que conocemos en Europa como Estados-nación. Aunque hemos visto que la historia puede ser reversible, esta nueva tendencia es sólida y parece haber llegado para quedarse para siempre.

Ligado a este fenómeno demográfico afrontamos otro enorme reto: la caída de la natalidad (especialmente grave en Europa o en Japón o Corea, pero que empieza a afectar a sociedades hasta ahora demográficamente muy dinámicas) y la de la mortalidad. Los avances médicos y sanitarios, así como la lucha contra las pandemias, han sido esenciales. El hecho de que este reto sea aún un fenómeno muy asimétrico tiene, a su vez, inmensas consecuencias geopolíticas. La convergencia de productividades asociada a la difusión generalizada de las nuevas tecnologías de producción ha devuelto su peso al hecho objetivo del número de habitantes de un sitio u otro. Para Occidente en general y para Europa en particular, esa evolución tiene las características de un auténtico suicidio a medio y largo plazo. Y no parece que estemos lo suficientemente concienciados, ni los gobiernos ni la propia sociedad pese a su innegable trascendencia.

Otra realidad que hay que considerar es el papel declinante de las ideologías tradicionales. No en la forma en que algunos ideólogos de las dictaduras (como la del general Franco en España) pretendían argumentar para justificar regímenes autoritarios, sino en el sentido de que los debates sociales y la confrontación política y electoral se dan cada vez menos en términos convencionales de derecha/izquierda, sobre todo después del gran fiasco del llamado «socialismo real», de la crisis de la socialdemocracia europea y del creciente cuestionamiento del mal llamado neoliberalismo. Ahora la división se produce también, y en mayor medida, entre jóvenes y mayores, analógicos y digitales, entre urbanos y rurales, «ganadores» y «perdedores» de la crisis, o entre globalizadores y nacionalistas/proteccionistas. Los últimos comportamientos electorales en Estados Unidos o en diferentes países europeos (incluida España) así lo pusieron de manifiesto.

Eso no significa que no quede espacio para el debate estrictamente ideológico. La contraposición entre libertad e igualdad está en la base de los posicionamientos políticos de nuestras sociedades occidentales y de otras. Pero hay otros factores divisivos cada vez más relevantes a la hora de expresar el voto. Paradójicamente nos devuelven al mundo de los intereses y percepciones individuales o de minorías culturales en un mundo cada vez más global y con creciente importancia de lo colectivo, especialmente en la provisión de bienes públicos, como la seguridad, el medio ambiente o la salud global.

Ese sentimiento de autodefensa se manifiesta en la reivindicación de lo propio frente a lo ajeno de los diferentes tipos de nacionalismo, algo distinto del patriotismo asociado a la defensa y el aprecio por lo propio, una emoción que no contrapone nada a lo que pueden sentir y defender los otros. Valga como ejemplo la evidencia de que los diferentes nacionalismos tuvieron que ver mucho más que las discrepancias ideológicas en el desmoronamiento estrepitoso y fulminante de la Unión Soviética.

Otro factor decisivo es también el regreso de la religión como elemento básico de adscripción individual y colectiva. Durante siglos, la religión se utilizó como justificación de muchas guerras, incluidas las que se produjeron en el continente europeo tras los diferentes cismas en el seno del cristianismo occidental. No está tan lejano en el tiempo el conflicto norirlandés del pasado siglo. Cuando en nuestros días se reproducen estereotipos sobre el islam (una religión belicosa, infestada de luchas sectarias de crueldad inusitada, que desprecia la modernidad y sus valores de igualdad y libertad), y con independencia de que tengan base real en muchos casos, nos solemos olvidar de que estos tópicos serían perfectamente aplicables a nuestras sociedades occidentales hasta hace relativamente poco. Sólo las revoluciones burguesas tras la Ilustración y el Siglo de las Luces establecen el principio de la separación entre Iglesia y Estado, entre religión y política. Principio que en las sociedades musulmanas no está aún asumido. La actual Turquía es un buen ejemplo que nos remite a la tradicional distinción entre religiones «universales», tales como el cristianismo o el islamismo —«religiones misioneras»— o, en cierto sentido, el budismo, y las religiones «étnicas» que no buscan convertir, como es el caso del judaísmo, el hinduismo, el sintoísmo, el confucianismo o el taoísmo.

En cualquier caso, la religión ha devenido, de nuevo, en un elemento central para explicar muchos de los acontecimientos del momento presente. Volvemos a vivir una nueva confusión entre religión y política que, por definición, suele tener consecuencias trágicas al alimentar la intolerancia y la exclusión del diferente, ya sea infiel o, lo que suele ser peor, el hereje. En el caso del islam es especialmente llamativo (como lo fue en determinados momentos históricos del cristianismo, algunos muy recientes y todavía vigentes) el sometimiento de la mujer.

Consideremos otra realidad innegable: el universo geopolítico pasó del mundo bipolar de la segunda mitad del siglo pasado propio de la guerra fría a uno aparente y efímeramente unipolar. En cambio, hoy hablamos de un nuevo bipolarismo imperfecto y asimétrico entre Estados Unidos y China, estación intermedia hacia una mayor multipolaridad, también asimétrica, en la que nadie podrá imponer sus criterios sin contar cada vez más con el resto de los actores relevantes.

La realidad es enormemente cambiante y compleja. No podemos hablar aún de un nuevo orden mundial y, por lo tanto, reina una inusitada incertidumbre. Todo está aún encajando en un rompecabezas gigantesco y enormemente dinámico, que además no podemos abordar desde una perspectiva metodológicamente estática. Como hemos dicho más arriba, los poderes son cada vez más frágiles y efímeros.

En este contexto, conviene hablar de Europa como proyecto político y del papel que pueda jugar España en ese devenir. Estamos ante un momento crucial en el que se dirime si Europa puede ser un actor relevante o si, dividida, caerá en la irrelevancia en el nuevo orden (aún, desorden) internacional. La Gran Recesión de 2007 también ha tenido efectos enormes sobre ello, con la crisis del euro y de la deuda en el frontispicio. Estos acontecimientos han dado paso a todo tipo de movimientos políticos populistas que tienen en común su rechazo a la propia idea política de la progresiva unificación europea. El resultado de este debate europeo es vital para la estabilidad y futuro de España. Rememorando la sentencia de Ortega (de hace más de un siglo), si España es el problema, en Europa está la solución. Y eso sólo es posible si Europa no se convierte, a su vez, en un problema. No está nada claro que no vaya a ser así.

A analizar todo ello y a algunas otras cosas dedicaremos la mayor parte de este libro, que necesariamente tiene que partir del análisis de los acontecimientos que en los últimos tiempos han sacudido la realidad y, probablemente, cambien el curso de la historia.

1

Un análisis inicial de las consecuencias geopolíticas del repliegue anglosajón

A. La elección de Trump y la revisión profunda de la política exterior de Estados Unidos

Todos los presidentes norteamericanos intentan, como es lógico y natural, dejar su impronta en política exterior. Pero, como pasa normalmente en los países sólidos y estables, suele existir una continuidad en los principios básicos. También en sus contradicciones. Estados Unidos siempre ha basculado entre su vocación imperial y exportadora de sus valores e intereses (esa clara y a veces terrible dicotomía de toda política exterior que los británicos describen con su «*foreign policy is not nice*») y una tentación recurrente al aislacionismo.

El rechazo del Capitolio a la idea wilsoniana de la Sociedad de Naciones en el período de entreguerras constituye el ejemplo paradigmático: Estados Unidos no debía inmiscuirse en obligaciones que no le incumbían o afectaban. Desde el otro extremo se le ha opuesto la doctrina *neocon*, según la cual la obligación moral de Estados Unidos es imponer sistemas democráticos y economías de mercado, aunque sea por la fuerza militar —eso sí, selectiva— contra determinados regímenes dictatoriales. Desde este punto de vista, todo lo que pase en el mundo incumbe a la gran potencia.

La presidencia de Obama basculó entre ambas posiciones, ya que sin rehuir compromisos con los aliados y fijando posiciones claras frente a adversarios y enemigos, intentó reducir su compromiso bélico y político tanto en Irak como en Afganistán, así como en Oriente Medio, producto a su vez de las decisiones políticas de su predecesor, el presidente George W. Bush. Con resultados contradictorios y muy discutibles, pero con razones muy comprensibles (en Afganistán la guerra contra Al Qaeda y los talibanes se inició hace ya ¡dieciséis años!, y en Irak la invasión británico-norteamericana se inició hace ya catorce), como el enorme coste humano y económico (y también moral) en el que se ha incurrido. También por las consecuencias profundamente negativas de esas intervenciones en términos de desestabilización de la región y de agudización y radicalización de conflictos hasta entonces latentes. Todo ello tiene mucho que ver, además, con una tradición muy norteamericana: se puede vencer en guerras convencionales, incluso con cierta facilidad, pero es mucho más difícil ganar las postguerras.

Los aliados (particularmente Francia) no supieron hacerlo después de la primera guerra mundial y cometieron grandes errores en el Tratado de Versalles, que puso fin a la contienda. La consecuencia más dramática de aquella torpeza fue la propia segunda guerra mundial algo más de veinte años después. En cambio, los aliados (particularmente Estados Unidos) sí aprendieron de sus errores al plantear el final de la segunda guerra mundial. El Plan Marshall, al que dio nombre el secretario de Estado de Estados Unidos, es la expresión más inteligente de ello. Supieron ver que para los intereses estratégicos de Estados Unidos, una Europa occidental democrática y económica y socialmente próspera era un requisito esencial.

Lamentablemente, la gran potencia no ha mostrado esta sagacidad ni en Afganistán ni en Irak. Se trata de circunstancias muy distintas, pero los errores cometidos han sido clamorosos. Faltó rigor en el análisis, sobró visión occidental sesgada, faltó conocimiento real de las sociedades y sus circunstancias, y sobró mucha soberbia. Una generación después, Occidente (a través de la OTAN, o a través de las potencias ocupantes) sigue ahí. Empantanado y teniendo que hacer frente a otras amenazas, como la del Estado Islámico, mucho más amenazantes que los regímenes derrocados por las intervenciones militares, o a un renovado protagonismo de otras potencias no occidentales en sentido estricto, como Rusia, Turquía o Irán, grandes beneficiarios de la intervención norteamericana.

Aunque conviene distinguir entre el conflicto afgano y el iraquí, lo cierto es que Obama intentó minimizar los daños, si bien muchas veces adoleció de falta de claridad con relación a sus objetivos. Quería irse, pero no podía hacerlo del todo..., no quería ser «intervencionista», pero no podía ser «aislacionista». Quería salir de la lógica «westfaliana» (en referencia a la Paz de Westfalia tras la guerra de los Treinta Años, en la primera mitad del siglo XVII), pero finalmente tuvo que anteponer el orden y la estabilidad a la justicia. Argumentos puramente «westfalianos».

Algo similar puede argüirse sobre la política norteamericana en Oriente Medio desde el final de la segunda guerra mundial. Tema de enorme complejidad y con múltiples aristas. Cuando nos preguntamos cuál ha sido la política de Estados Unidos en la región, sobre todo desde el final de la segunda guerra mundial, debemos empezar con un episodio muy relevante: el rechazo contundente del presidente Dwight Eisenhower a la intervención franco-británica para impedir la decisión del gobierno egipcio presidido por el nacionalista árabe Gamal Abdel Nasser de nacionalizar el Canal de Suez en 1956. Fue la expresión más clara de que Estados Unidos no iba a ser cómplice de antiguas políticas imperialistas de las decrépitas potencias coloniales europeas. Y de que quería ser ejemplo de respeto a las decisiones soberanas de las nuevas repúblicas árabes una vez liberadas de sometimiento o de tutela externa.

Posteriormente, sin embargo, esos regímenes fueron entrando bajo la órbita soviética en el contexto del mundo bipolar dividido en bloques. Algo que llevó a un renovado apoyo a Israel y a una creciente ligazón con los regímenes más conservadores y reaccionarios de la región y que, con todos los matices, dura hasta hoy. Lo cierto es que durante años, los diferentes conflictos en Oriente Medio, y en particular el que enfrenta secularmente a Israel con su entorno árabe y musulmán, podían interpretarse en clave «bipolar», con un claro alineamiento de cada una de las diferentes partes con uno de los dos grandes bloques: con Estados Unidos o con la Unión Soviética.

Esta lógica se rompió tras la guerra del Yom Kipur en 1973 y, cinco años después, con los acuerdos de Camp David entre el presidente egipcio Anwar el-Sadat y el primer ministro de Israel Menájem Begín bajo los auspicios del presidente Carter.

Esos acuerdos, que acabarían costándole la vida a Sadat (algo que el propio presidente egipcio sospechaba y verbalizó previamente de forma dramática), supusieron un cambio radical de escenario: Egipto (y enseguida Jordania) selló la paz con Israel. Pero fue en el caso de Egipto donde se produjo un cambio de bando que se concretó en la fulminante expulsión de los soviéticos, hasta entonces omnipresentes, del país. Desde entonces, Egipto se ha convertido en uno de los más sólidos aliados de Estados Unidos en la región (a pesar del paréntesis del gobierno de los Hermanos Musulmanes, de nuevo con claridad desde la presidencia del general Abdelfatah Al Sisi).

Por otro lado, el apoyo permanente a Israel dejó de ser secundario frente a un mundo árabe alineado con la Unión Soviética y llevó a una mayor atención al conflicto entre el Estado de Israel y los palestinos. Cabe decir que los mejores y mayores esfuerzos para resolver ese tema los ha realizado un presidente norteamericano, Bill Clinton a través de sus famosos (y, sin duda, recuperables) parámetros del año 1999, justo antes de terminar su segundo mandato.

El conflicto se sitúa hoy en otra órbita con la consecuencia de haber desplazado el conflicto palestino a un plano secundario. Unos desplazamientos que han obligado a Estados Unidos a recomponer su política en la zona.

En primer lugar, las consecuencias de la intervención militar en Irak. Una intervención que, desde el punto de vista convencional, terminó al poco tiempo con la derrota y la posterior detención (y ejecución) de Sadam Hussein y el desmoronamiento del régimen baazista. Lamentablemente, ese desmoronamiento no fue acompañado de la construcción de una nueva estructura política sólida (un Estado con todos sus atributos) y el caos resultante permitió el regreso de las pugnas sectarias y la práctica división del país entre una mayoría chií (lo que supuso la elección de un primer ministro de dicha rama del islam, Nuri Al Maliki, profundamente sectario) y la minoría suní, además del norte kurdo, dejando espacios abiertos para la intervención de otras potencias (empezando por Irán) y para la proliferación de todo tipo de milicias, incluidas las de naturaleza terrorista, como las franquicias de Al Qaeda o, más recientemente, el califato del Estado Islámico. Todos nutridos por las antiguas fuerzas militares y policiales del anterior régimen, que una vez desmanteladas buscaron acomodo con unos efectos particularmente negativos.

La responsabilidad de Estados Unidos es evidente, y a pesar de la voluntad del presidente Obama de retirar las tropas cuanto antes, no ha sido del todo posible. Probablemente, esa retirada no del todo completa ha sido prematura y contraproducente. Estados Unidos sigue muy involucrado en el conflicto, especialmente cuando se le ha añadido la enorme y dramática desestabilización siria.

Estamos así ante el segundo factor relevante en la nueva situación en la región, algo que explica el callejón sin salida en que se encuentra en estos momentos Estados Unidos: se quieren ir, pero no pueden. Quieren desentenderse cuanto antes, pero si lo hicieran las consecuencias geopolíticas serían catastróficas para sus intereses vitales («*you break it, you own it*»). A pesar de que desde el punto de vista geoeconómico la región ha ido perdiendo relevancia estratégica, ya que Estados Unidos, gracias a las nuevas técnicas de extracción, se ha convertido en un país potencialmente autosuficiente desde el punto de vista energético y, en particular, de la provisión de hidrocarburos.

No hay que olvidar que la intervención colonialista y militar de Occidente (de Francia, pero sobre todo del Reino Unido, y luego de Estados Unidos) en el golfo Pérsico y en la península arábiga tiene muchísimo que ver con la necesidad de garantizarse la provisión de gas y petróleo. Hecho que explica también, por cierto, el creciente interés de China por la región. Esa garantía ya no es tan vital para Estados Unidos desde el punto de vista energético, aunque las tensiones en precios o en el suministro global continúan afectándole de manera muy significativa. Pero la pérdida de influencia en la región sería inmediatamente sustituida por otras potencias, con los consiguientes efectos sobre un hipotético nuevo orden mundial en este siglo XXI. El problema es más geopolítico que geoeconómico. Pero sigue teniendo consecuencias estratégicas. La desestabilización de Siria ha tenido unos efectos tectónicos.

A los efectos de analizar la posición de Estados Unidos y su política exterior en la zona, nos interesa estudiar el impacto de su actuación en el régimen sirio. Un régimen tradicionalmente enfrentado a Israel (de hecho, una parte de su territorio —los Altos del Golán— sigue estando ocupada tras la victoria israelí en la guerra de los Seis Días, en 1967), alineado con la Unión Soviética hasta su desaparición, enfrentado a Occidente, y con una relación muy estrecha con Irán desde la revolución de 1979, y también con Rusia (que mantiene en territorio sirio su mayor base militar en Oriente Medio). Un régimen profundamente autoritario y represivo, sustentado en una coalición implícita entre minorías (como lo era también, con otra composición y otra mayoría para someter, el régimen de Sadam Hussein) en contra de la mayoría suní. Todo ello hizo que las revueltas contra el régimen sirio, al calor de las Primaveras Árabes, fueran apoyadas por Occidente, con el argumento de que estaban protagonizadas por un deseo de libertad y aspiraciones democráticas. Y algo de eso había. Pero la realidad ha mostrado que esos movimientos eran minoritarios o, como mínimo, impotentes frente al regreso de las pugnas sectarias, cada vez más radicalizadas. Estas luchas han convertido Siria (producto del colonialismo más burdo tras el Acuerdo Sykes-Picot de 1916 con el que Francia y el Reino Unido reordenaron el mapa postcolonial en plena primera guerra mundial) en un indescifrable puzle de geometría variable y con una enorme proliferación de actores, estatales o no, que han sumido al país en el caos y la tragedia humanitaria. Hay muchas cosas que aprender del caso de Siria.

Estados Unidos no puede desentenderse de esta situación regional en absoluto. Europa tampoco. La crisis de los refugiados tiene buena parte de su génesis en el conflicto sirio y ha mostrado la fragilidad de las instituciones comunitarias y, lo que es peor, la fractura de la solidaridad interna europea. Y cualquier proyecto político descansa en la aceptación de la solidaridad y la cohesión interna. Cuando se objeta o desaparece, el proyecto político se agota o, como poco, se debilita.

En cualquier caso, los acontecimientos, tanto en Siria como en Irak, condicionan significativamente la política de Estados Unidos en la región y muestran sus límites. Los tuvo Obama y los tiene ahora Trump: ambos querían irse, pero han tenido que reconocer que no pueden hacerlo sin un coste todavía mayor. Están encadenados a su destino. Estados Unidos sigue siendo necesario, pero ya no es suficiente. Es, como decía Madeleine Albright, la potencia indispensable. Pero no la única.

Por ello, ni tan siquiera el considerado como el hombre más poderoso del mundo —el presidente de Estados Unidos—, aunque se crea omnipotente (como aparentemente se ha creído Trump hasta que la realidad le siga dando de bruces contra el suelo), puede hacer lo que quiera. Por omnímodo que sea su poder militar. Sin embargo, es obvio que el actual presidente está intentando —al parecer con un grado de improvisación muy notable y sin ningún rigor intelectual, más allá de una discutible capacidad para la intuición— una nueva política exterior que bascula entre el aislacionismo tradicional de ciertas élites norteamericanas y una retórica imperialista trufada de bravuconerías. Una paradoja que, a menudo, se nos aparece como tragicómica y que se basa en la retórica más simple: la del lenguaje de Twitter. Novedoso, sin duda. Insólito e inquietante, también. Estos cambios empiezan a concretarse en hechos, más allá de la retórica más o menos simplista y, con frecuencia, procaz. Hagamos un repaso.

A cualquier observador objetivo le parecería una obviedad que Estados Unidos reorientara su política exterior hacia Asia. Que lo hiciera un presidente nacido en Hawái y criado en Indonesia, mucho más. Otra cosa es que lo considerara, además, compatible con el compromiso atlántico y la alianza con Europa, como así fue. Sus apuestas eran claras. Entre ellas, una relación lo más amistosa posible, no exenta de contradicciones, con China, el gran poder global en disposición de disputar la hegemonía a Estados Unidos. Una estrategia consecuente con la política exterior norteamericana desde que el presidente Nixon hiciera su histórica visita a China hace ya más de cuarenta y cinco años.

El objetivo fundamental era hacer un frente común, cimentado más en la historia y los intereses nacionales que en la ideología, frente al «enemigo común»: la Rusia de siempre, encarnada en la Unión Soviética, el enemigo/adversario estratégico de ambos. Se partió del principio de que el enemigo de tu enemigo, es tu amigo. Y así ha sido hasta ahora, a pesar del desmoronamiento de la Unión Soviética y del acercamiento sincopado de Rusia a Occidente, incluida una colaboración política en el marco de la OTAN y del G8 (ampliado desde el G7) hoy desaparecida.

El presidente Trump parece decidido a modificar ese eje tradicional de la política exterior. Su intuición parece señalarle a China como el principal adversario estratégico en esta nueva fase de la historia. En consecuencia, a Estados Unidos le convendría un acercamiento a Rusia, país que, junto a Israel, es el único al que Trump no ha criticado. Como está quedando claro, buena parte del *establishment* de Washington no comparte tal aproximación, y el propio Trump en la Estrategia de Seguridad Nacional ha identificado a Rusia como un «competidor estratégico». Sin embargo, el planteamiento es contradictorio, no tanto por el enfoque hacia China, sino, sobre todo, por la actitud política frente a una Rusia envalentonada y orientada de nuevo a defender sin complejos su tradicional política exterior desde que la fijaran Pedro el Grande y la emperatriz Catalina en los siglos XVII y XVIII.

Empecemos por China. Y, en este caso, dándole la razón a Trump en su primera aproximación. Se trata de la otra gran potencia global de este siglo. Paso a paso irá disputándole el terreno a Estados Unidos en cualquier lugar del planeta. Desde la perspectiva de la política exterior de Trump (que no parece que coincida con la del Departamento de Estado, al que ningunea constantemente), China es el adversario estratégico que hay que combatir, aunque, evidentemente, no en el ámbito militar, al menos directamente. Y para ello hay que tener aliados, aunque a estos efectos no parece que Rusia sea la mejor opción dadas las relaciones estratégicas de este país con China desde hace unos años, que incluyen acuerdos de largo alcance, en lo comercial, energético y militar. Relación que se reforzó una vez superados los principales contenciosos entre ambos, que incluso les llevaron a la confrontación militar en la época de Brézhnev y Mao por conflictos fronterizos en Siberia oriental. También condiciona a las relaciones Estados Unidos-Rusia el potencial alcance de la investigada injerencia rusa en las últimas elecciones presidenciales norteamericanas.

Se trata de consolidar, pues, la relación estratégica y de seguridad y defensa con Japón y Corea del Sur (y, en cierta medida, con Australia y Nueva Zelanda), por una parte, y con los países del Sudeste Asiático, por otra, y evitar caer así en la ya mencionada «trampa de Tucídides», que el historiador griego que le da nombre teorizó sobre la inevitabilidad de la guerra ante el temor de la gran potencia de cada momento a la emergencia de otra potencia que pudiera disputarle la hegemonía. Es la historia de Atenas y Esparta en la Grecia clásica.

Desde un profundo pragmatismo lleno de grandes dosis de sensatez, Lee Kuan Yew, fundador y alma de Singapur como país independiente y prototipo de ciudad-Estado con altísimas dosis de eficiencia y rasgos claramente autoritarios, hablaba de las relaciones sino-norteamericanas como ejemplo paradigmático de una mezcla inevitable de competencia y de cooperación al mismo tiempo. Añadía que la competencia entre ellos era inevitable pero que el conflicto no tenía por qué serlo. Kuan Yew puede ser visto, por lo tanto, como uno de los ejemplos y precedentes claros de esa síntesis neooccidental que tratamos de explicar en este libro.

La rivalidad es evidente en la configuración de las estructuras institucionales multilaterales, hasta ahora conformadas por los intereses de Occidente tras la victoria aliada en la segunda guerra mundial. También lo es cada vez más en África o América Latina. Y, por supuesto, en el Pacífico. Precisamente por eso es inexplicable la oposición a iniciativas chinas de carácter multilateral como el Banco de Desarrollo de Infraestructuras o la nueva Ruta de la Seda, a las que Europa (empezando por el Reino Unido) se ha sumado sin complejos, a pesar de la posición contraria de Estados Unidos.

Pero por la misma razón es inevitable la cooperación, no exenta de dificultades. El ejemplo más claro es el del delirante régimen de Corea del Norte y su creciente amenaza a la paz de la región y a la seguridad de Japón o Corea del Sur, o de los propios Estados Unidos al amenazar la isla de Guam, bajo soberanía norteamericana desde que se la arrebataran a España en 1898. Es obvio que sin China cualquier otra solución no parece ni plausible ni razonable. Pero también hay otros ámbitos de cooperación en la provisión de todo tipo de bienes públicos, la seguridad en el Sudeste Asiático o el medio ambiente. En este sentido, es también incomprensible la denuncia de Trump del acuerdo histórico de París contra el calentamiento, que ha dejado a Estados Unidos con la sola compañía de Siria, en un claro ejemplo de aislacionismo que ha llevado a una enorme pérdida de autoridad moral y, por lo tanto, de *soft power*. Otros ámbitos de cooperación son el control y la gestión de los flujos migratorios en el marco de las Naciones Unidas, ámbitos de cooperación de los que también se ha retirado la Administración Trump. Como la denuncia de los acuerdos nucleares con Irán, el abandono de la promoción de la democracia o la rebaja de la ayuda al desarrollo.

Pero en ese gran juego entre las dos grandes potencias, el Pacífico es un terreno esencial. De ahí la clara apuesta del presidente Obama por el traslado del pivote hacia Asia. Una apuesta coherente con la tradicional política exterior de Estados Unidos, que se basaba en una clara solidaridad y compromiso con la defensa y la seguridad de los aliados de la región (incluido el «paraguas» nuclear). Una apuesta firme por el libre comercio en sentido amplio y la cooperación económica y el libre flujo de inversiones entre las dos orillas del Pacífico.

En cuanto a lo primero, a pesar de que la crisis con Corea del Norte está obligando a Trump a rectificar (aunque con bravatas muy peligrosas, cuando enfrente está otro bravucón particularmente enloquecido), el actual presidente se estrenó transmitiendo a Japón y a Corea del Sur su voluntad de disminuir su compromiso en su defensa y en su seguridad, hasta el punto (en clara contradicción con el Tratado de No Proliferación) de animarles a desarrollar su propio armamento nuclear. O enfrentándose al primer ministro australiano por un acuerdo de acogida de inmigrantes que el *premier* había firmado con Obama y cuya concreción pedía a su sucesor. Trump se ha comportado así también con Europa, cuando calificó a la OTAN de «instrumento obsoleto». Todo ello requiere de un análisis más profundo, pero la primera y esencial consecuencia es que los aliados, en el Pacífico o en el Atlántico, han empezado a dudar de Estados Unidos como un socio fiable en caso de conflicto. Y así no se construyen complicidades.

Las decisiones de no ratificar el TPP (Tratado Transpacífico para el Comercio y las Inversiones) y la de paralizar toda eventual negociación para un TTIP (Tratado Transatlántico para el Comercio y las Inversiones) con la Unión Europea han supuesto una clara ruptura de la política exterior norteamericana de las últimas décadas. El retorno a un proteccionismo caduco le ha llevado también a hablar de la reintroducción de aranceles, al margen de la OMC, o de renegociar a fondo el NAFTA (Acuerdo de Libre Comercio entre Estados Unidos, México y Canadá), discutiendo sobre los mecanismos de resolución de disputas, el salario mínimo en México o las reglas de origen, entre otros aspectos.

Al margen de que el proteccionismo perjudicaría (como las trabas a la inmigración legal) la propia competitividad de la economía norteamericana, debido a sus cadenas de valor enormemente internacionalizadas, y, por lo tanto, a su empleo, desde un punto de vista geoestratégico tal postura ha sido vista como una gran oportunidad por parte de China, que se ha apresurado a presentarse como el gran adalid del libre comercio.

Ver a Xi Jinping, presidente chino y secretario general del Partido Comunista, calurosamente aplaudido en el Foro de Davos al defender el libre comercio («a la china»), frente al proteccionismo defendido por Estados Unidos, constituye una de las grandes paradojas de estos tiempos. La reacción de China ha sido inmediata. Ha revitalizado las negociaciones del PECR (acuerdo de libre comercio que incluye a los diez países de ASEAN, además de a la propia China, pero también a India, Japón, Corea del Sur, Australia y Nueva Zelanda), esto es, a los aliados actuales o potenciales de Estados Unidos a la hora de hacer frente al expansionismo chino en la región. No parece, pues, que la política de Trump sea la más adecuada para los intereses norteamericanos. La evidente satisfacción de China con esa nueva orientación norteamericana debería suscitar alguna reflexión.

Las veleidades con Rusia han suscitado temores y reservas en Europa, para satisfacción de Putin. Si vamos un poco más allá del debate (del que no sabemos aún todas las consecuencias) sobre las relaciones, como mínimo oscuras e inquietantes, entre el equipo del entonces candidato y el gobierno ruso y de las interferencias sobre el propio proceso electoral, lo cierto es que Putin recibió con agrado la elección de Trump. El discurso de Trump sobre la seguridad y la defensa de Europa suena a música celestial a los oídos rusos. Otro ejemplo, para pasmo y estupor del Departamento de Estado, es su acercamiento a las tesis rusas en Oriente Medio. Otra cosa es que la realidad sea muy dura, y que Estados Unidos no pueda avalar sin más la anexión de Crimea o la práctica ocupación de extensas zonas de Ucrania, de Georgia o de Moldavia. O el cerrado apoyo ruso al régimen sirio y sus acuerdos con Irán y Turquía.

Probablemente ya no tenga sentido en este mundo de la primera parte del siglo XXI una aproximación hacia China con la lógica de la guerra fría, cuando se la veía como un contrapeso a la potencia competidora, Rusia, papel que ahora se habría invertido. Quizá convenga pensar en aplicar las tesis de competencia y cooperación de Lee Kuan Yew también a las relaciones con Rusia, y no sólo a las sino-norteamericanas. En cualquier caso, esa apuesta por el proteccionismo y el nacionalismo económico (que tiene, obviamente, sus claves internas), también está afectando gravemente a otro de los grandes ejes tradicionales de la política exterior norteamericana: América Latina.

Lo más llamativo es el debate sobre la construcción (adicional a la valla que ya existe) de un muro en la frontera para evitar la entrada de inmigración ilegal y la pretensión de Trump de que México lo pague de una forma u otra. Es legítimo exigirle a México un control mucho mayor de los flujos migratorios, pero pedirle, además, que pague el muro es claramente una ofensa innecesaria que refleja algo mucho más preocupante: una cierta idea supremacista que irrita profundamente a una buena parte de la propia sociedad norteamericana (como se vio tras los sucesos racistas en Charlottesville, por ejemplo), pero que sobre todo enajena cualquier atisbo de simpatía hacia el enervante vecino del norte. Y, lo que es peor, alimenta el nacionalismo mexicano antigringo y amplía las posibilidades de victoria del candidato populista de izquierdas, José Manuel López-Obrador, o se dificultan políticas amistosas con Estados Unidos por parte de cualquier otro futuro presidente de México. Por lo tanto, se debilita el nexo de América Latina con Occidente, cuando lo que interesa es justamente lo contrario.

El apoyo a la Alianza del Pacífico y los valores que defiende frente al mundo bolivariano representado en el ALBA, cada vez más orientado al autoritarismo antidemocrático y a la delincuencia narcotraficante como forma de poder, debería ser un eje clave de la política exterior de Estados Unidos. Es cierto que el presidente Obama tampoco le prestó mucha atención, pero añadir al desinterés el desprecio no es la mejor forma de hacer amigos. El apoyo a países como Colombia, Perú o Chile, o a las reformas emprendidas en Argentina y Brasil, o en Uruguay y Paraguay, debe ser, ahora y más que nunca, prioridad de la Unión Europea si Estados Unidos sigue ignorando la realidad de su sur continental y sólo lo ve como una fuente de problemas, tanto comerciales como migratorios. La política de Trump no parece la más adecuada para incrementar o, por lo menos, sostener la influencia benéfica de Estados Unidos en el resto del continente americano. El «America First» implica «America Alone», y eso nos lleva a unos Estados Unidos cada vez más débiles en términos geoestratégicos. Como dice el proverbio: «Si quieres ir rápido, camina solo, si quieres llegar lejos acompañado».

El enfoque de la nueva Administración, con todas sus improvisaciones, contradicciones y frivolidades está, pues, más allá de declaraciones. Estamos ya ante hechos y realidades que responden a la lógica antiglobalizadora propia de los populismos europeos. Y justifica que (con el *brexit*) pueda hablarse de un repliegue anglosajón que implica necesariamente un debilitamiento del propio concepto de Occidente como referente de valores para defender.

En resumen, la denuncia del Acuerdo de París sobre el Cambio Climático, aislando por completo a Estados Unidos del resto del mundo, el debilitamiento del vínculo atlántico, el cuestionamiento de valores comunes como la igualdad de sexos y razas y los derechos civiles o la defensa de los débiles y del Estado del bienestar nos lleva a una reflexión adicional sobre las consecuencias internas de la elección de Trump en los propios Estados Unidos.

B. La elección de Trump en clave interna

Partamos de una constatación difícilmente discutible: se han roto consensos básicos que costó mucho construir en la historia convulsa de Estados Unidos desde su guerra civil (1861-1865). Ello es aún más evidente para los demócratas. Pero también lo es para buena parte del Partido Republicano (contra cuyo *establishment* Trump ganó, primero las primarias, y luego la elección presidencial). Esto incluye desde la pretendida revisión del *Obamacare* a la respuesta ya aludida a los sucesos de Charlottesville, pasando por la «espantada» de sus asesores empresariales o su rechazo a «las élites de la capital» (se dice que Washington no tiene una crisis de liderazgo, sino que tiene una crisis de seguidores).

Estamos, pues, ante una fractura política de enormes consecuencias que viene a agrandar la que ya se produjo a raíz de la presidencia de Obama. Algo difícilmente soportable para una parte significativa, aunque afortunadamente no mayoritaria, de la sociedad. Ahora Estados Unidos corre el riesgo de sufrir una fractura civil inédita que seguramente no se veía desde el enorme desgarro que supuso la guerra de Vietnam en las décadas de los sesenta y setenta.

Esa ruptura de los consensos afecta de lleno a la política exterior a la que hemos hecho referencia anteriormente, y que seguiremos tratando en las próximas páginas. Pero, además, asistimos al desbarajuste en la política económica propio de unas propuestas electorales inviables. Es cierto que los mercados, por definición cortoplacistas, no han reaccionado mal hasta ahora, pero las condiciones macroeconómicas de la economía norteamericana imponen unos límites claros a determinados planteamientos electoralistas.

En una economía que está en pleno empleo y funcionando con toda su capacidad productiva, que crece en torno al 2 por ciento y no conoce *output gap* entre su crecimiento real y potencial, todo incremento de gasto o de déficit público tendrá efectos inflacionistas y obligará, más tarde o más temprano, a un progresivo endurecimiento de la política monetaria. De ahí que el cuestionamiento permanente de la autoridad y legitimidad de la Reserva Federal vaya en la mala dirección, aunque el nuevo presidente de la FED ofrezca garantías de continuidad y de independencia.

Una política presupuestaria y fiscal sobre la base de los criterios del programa electoral del presidente va también en una dirección inadecuada en la actual coyuntura. Es obvio que Estados Unidos tiene que hacer un gran esfuerzo en infraestructuras (muy alejadas de las que debería tener la primera potencia del mundo) o que necesita aumentar los gastos no convencionales en defensa, desde la ciberseguridad a los sistemas antibalísticos, pasando por los drones y, en general, por los sectores de la defensa que van más allá del tradicional trípode nuclear basado en los submarinos, los bombarderos y los misiles en tierra.

Pero avanzar en estos nuevos gastos sin abrirse a mecanismos de financiación privada y rebajando drásticamente los impuestos es intentar la cuadratura del círculo. Por ello, las propuestas económicas de Trump toparon con la oposición del Capitolio y, en particular, del propio Partido Republicano. Sin embargo, es cierto que la rebaja impositiva ha salido adelante, con independencia de su impacto a corto (expansionista) y a largo plazo (inflacionista en una economía con plena utilización de su capacidad). Todo ello dificulta la recuperación de un sólido liderazgo de Estados Unidos y explica que muchos analistas hablen del anteriormente citado repliegue anglosajón, sobre todo tras el *brexit*.

No obstante, conviene ser cautos y no precipitarse en determinadas conclusiones tajantes. Los que, desde hace décadas, predicen la decadencia irreversible de Estados Unidos como gran potencia olvidan que, más allá de coyunturas específicas (como puede ser la presidencia de Trump), la nación más importante que haya habido jamás en la tierra es una potencia económica indiscutible, con una capacidad de innovación mucho mayor que la de cualquier otra, autosuficiente desde el punto de vista energético y, por supuesto, de largo y durante mucho tiempo, la mayor potencia militar. Además no padece el suicidio demográfico que afecta a Europa o a Japón.

Más allá de sus problemas, conviene recordar a Bismarck, que hace siglo y medio decía que «Dios cuida especialmente a los niños, a los borrachos y a Estados Unidos». Seguramente esa era la razón por la que el presidente mexicano Porfirio Díaz se lamentaba de su pobre México: «Tan lejos de Dios y tan cerca de Estados Unidos». Esta fortaleza intrínseca y asentada, aunque quizá no tan evidente, está en la base que explicaría esa síntesis neooccidental de la que hablamos.

C. El repliegue anglosajón y el *brexit*: consecuencias internas en el Reino Unido

Antes de entrar en las consecuencias del *brexit* a medio y a largo plazo sobre la economía británica, que van a depender de las condiciones que se pacten con la Unión Europea, es conveniente reflexionar sobre las consecuencias políticas internas en el propio Reino Unido. Son mucho más relevantes que las específicamente económicas, obviamente sin despreciar estas últimas.

Hay, al menos, cuatro razones para sostenerlo, aunque tienen un elemento en común: una profunda fractura en el seno de la sociedad británica.

La primera es que se produce un comportamiento electoral diferente entre dos de los reinos y los otros dos que componen el país. Inglaterra y Gales votaron a favor del *brexit* con características sociológicas de ese voto bastante análogas, y Escocia e Irlanda del Norte votaron a favor del *bremain*, aunque por razones no tan análogas. Para Escocia (tanto para los nacionalistas escoceses como para los unionistas), la permanencia en la Unión Europea constituía una garantía. Para unos, de transmitir su compromiso europeo, con independencia de su permanencia o no en el Reino Unido, y para otros era la expresión de la voluntad de seguir siendo británicos y europeos. No es momento de abordar ahora el debate político interno sobre la cuestión independentista en Escocia, pero es obvio que más allá de las coyunturas electorales, el nacionalismo escocés dispone desde el *brexit* de un argumento político adicional para defender su independencia del Reino Unido.

Para Irlanda del Norte, la salida de la Unión supone cuestionar los Acuerdos de Paz de Viernes Santo de 1998 y su relación, cada vez más estrecha, con la República de Irlanda, con fronteras sumamente porosas y una creciente ósmosis social. De nuevo, se trata de un tema políticamente muy complejo que no corresponde ahora desarrollar, pero que tendrá un impacto evidente en las condiciones de la negociación para la implementación de la salida, y la República de Irlanda tiene mucho que decir.

La segunda fractura es la que se produjo en el seno de la propia Inglaterra como la parte más significativa y núcleo del Reino Unido, entre la más metropolitana y urbana (Londres y, en particular, la City, aunque no sólo) y la rural. No es algo muy distinto de otros comportamientos electorales en Europa y en Estados Unidos que han dado sustento a los fenómenos populistas y nacionalistas. El caso de Cataluña es un buen ejemplo.

En tercer lugar se nutrió de otra fractura del contrato social de las últimas décadas, esta vez entre las élites dirigentes y las clases medias. Una división que tiene su origen y causa en las consecuencias devastadoras de la Gran Recesión de 2007 y el evidente empobrecimiento relativo y el empeoramiento de las condiciones de vida sufrido por buena parte de ellas. Sobre todo de aquellas que basaban sus rentas en actividades especialmente castigadas por dicha crisis. No es muy distinto de lo que ha sucedido en Estados Unidos, y que explica parte del resultado electoral que le dio la victoria al presidente Trump en estados tradicionalmente demócratas por el peso del voto de la tradicional clase trabajadora industrial.

Y, en cuarto lugar, la fractura del voto entre jóvenes y mayores. Y, si se quiere, entre los ciudadanos «digitales» y los «analógicos», aunque ambas características sociológicas no coinciden necesariamente. Se trata de unas fracturas muy presentes también en comportamientos electorales recientes en todo Occidente. Sobrepasan la tradicional distinción entre derecha e izquierda antes mencionada.

El hecho de que los que ya tienen más pasado que futuro hayan determinado, con su estrechez de miras, el de aquellos que tienen más futuro que pasado, no es algo baladí. Los jóvenes británicos querían seguir siendo europeos, gozar de la libre circulación (por lo menos, en el espacio Schengen), de los programas Erasmus y de un sentimiento de pertenencia y de identidad fraguado desde la incorporación del Reino Unido al proyecto europeo en 1973, hace más de dos generaciones.

La gestión política de este embrollo requiere de unos dirigentes políticos con estatura moral y solidez intelectual, algo muy distinto a lo que está poniendo de relieve la actual coyuntura. Cuesta creerlo en el país que vio nacer a Edmund Burke, Benjamin Disraeli, Winston Churchill o Margaret Thatcher. Primero, con un planteamiento de referéndum frívolo y por razones tanto electoralistas como estrictamente partidistas, algo que hace aún más criticable al ex primer ministro David Cameron, también por haber llevado previamente al Reino Unido al borde del precipicio aceptando el referéndum en Escocia. Una forma de proceder que sigue con la actual primera ministra Theresa May y el planteamiento improvisado y nada riguroso de las negociaciones para el *brexit*, para exasperación del muy serio negociador comunitario, Michel Barnier.

El *brexit* constituye otra manifestación de lo que hemos dado en llamar el repliegue anglosajón, un movimiento regresivo nacionalista y antiglobalizador (como en Estados Unidos). En el caso del Reino Unido, profundamente contrario a la idea federalizante de la Unión Europea. Nada muy distinto de la posición británica tradicional, aunque nunca había llegado al extremo de querer bajarse del barco. Por no hablar de la nostalgia absurda de algunos (del UKIP de Nigel Farage, pero no solamente) por un pasado imperial que jamás va a regresar y por una *special relationship* con Estados Unidos que ya el presidente Obama se esforzó en refutar y que tampoco va a regresar, a pesar de la retórica antieuropea y pro-*brexit* del presidente Trump. Un enorme contratiempo, pues, para la Unión Europea y para el orden liberal internacional vigente desde el final de la segunda guerra mundial que, hasta ahora, había gozado del liderazgo anglosajón, pero, sobre todo, una tragedia para el Reino Unido en términos históricos y estratégicos.

Este repliegue anglosajón dificulta pero no impide, sin embargo, que los valores que han encarnado y defendido históricamente Estados Unidos y el Reino Unido vayan a formar parte del nuevo orden mundial que se está configurando y que intento explicar bajo la tesis de la síntesis neooccidental. Ese repliegue se ha producido cuando esos valores son ya, en gran medida, globales.

D. Las consecuencias políticas del *brexit* para la Unión Europea

El *brexit* ha evidenciado, una vez más, que la historia no es lineal, que puede retroceder. La miopía política existe y los pueblos a veces toman decisiones que el tiempo muestra como contraproducentes para sus propios intereses, empujados y seducidos por «responsables» políticos que no retroceden ante las consecuencias de sus propios planteamientos. Lamentablemente, todos los días tenemos múltiples ejemplos de ello. Karl Popper, uno de los máximos referentes del liberalismo político y de las sociedades abiertas, advertía de que «la mayoría nunca establece lo que está bien o mal» porque «la mayoría también puede equivocarse». Lamentablemente, hace tiempo que estos fenómenos cruzaron el canal de la Mancha y forman parte de la rutina política continental, donde España y Cataluña no son una excepción.

Dimos erróneamente por irreversible la construcción política europea. Y la historia reciente parecía darnos argumentos para pensarlo así. De hecho, la Unión Europea podría ser interpretada en clave del «fin de la historia», como ejemplo de superación de conflictos seculares y de consolidación de una integración política basada en la cooperación, la solidaridad y la generosidad mutua y compartida. La evolución reciente de la construcción europea avalaba tal forma de pensar. Parafraseando a Zavala, el personaje de Mario Vargas Llosa en *Conversación en La Catedral*, podemos cuestionarnos cuándo se nos fastidió esa idea de una Europa imparable. Trataremos de ello más adelante, pero tiene mucho que ver con la última gran ampliación, con el rotundo fracaso, por razones nacionalistas (de nuevo), de la non nata Constitución Europea, y, desde luego, con los devastadores efectos en todos los ámbitos de la Gran Recesión de 2007.

Centrémonos ahora en los efectos políticos del *brexit* sobre la propia idea de Europa. Porque Europa, como concepto político, es muy reciente, o al menos lo es su puesta en marcha. Otra cosa han sido los diferentes intentos de crear una Europa bajo la hegemonía de una de sus potencias, ya fuera España, luego Francia, o Alemania después, siempre con el arbitraje del Reino Unido y la interferencia constante de Rusia. Y bajo la presión de los imperios austrohúngaro y otomano.

Sin olvidar todos los proyectos políticos que, descansando en el recuerdo del Imperio romano, han intentado consagrar un continuum histórico-político basado en una identidad europea, como el Sacro Imperio romano-germánico. No es baladí que el gran referente histórico y simbólico de la actual construcción europea sea Carlomagno. No obstante, todo ello no implica olvidar que más allá de la referencia geográfica (aunque le llamemos un continente, Europa no es más que una península relativamente pequeña de Eurasia), existe una identidad cultural evidente, construida sobre la sangre y la guerra. Una base que permite reivindicar hoy, al margen de las diferentes ideologías, una matriz cristiana de la idea de Europa, primero, y la clara impronta de la Ilustración y el

Siglo de las Luces, después. La construcción de un demos europeo es fundamental para el futuro político de la Unión, y como hemos visto, no sería un demos artificial. De nuevo, serán necesarios liderazgos capaces de construirlo y explicarlo, yendo más allá de los campos de actuación e intereses en sus distintos Estados-nación.

Desde el fin de la enorme tragedia de la segunda guerra mundial, el proyecto político europeo ha descansado en la definitiva reconciliación franco-alemana. En sucesivas ampliaciones avanzó desde un proyecto que agrupaba inicialmente a seis países, luego a nueve, a diez, a doce, a quince, a veinticinco, veintisiete y, hoy, a veintiocho. Con lista de espera... Aunque con un país muy relevante que ha decidido irse, hecho inédito en la historia de la Unión. Siempre ha habido países candidatos a la integración, pero nunca un país había decidido «desintegrarse». Y esa es la consecuencia política más relevante para Europa, más allá de los efectos económicos. Porque pone de relieve que el propio proyecto político de Europa es y puede ser reversible, como hemos visto que lo es y ha sido en la historia en estos años recientes.

Por ello es muy relevante la negociación con el Reino Unido. Porque más allá de los intereses económicos, financieros o comerciales que empujan en la dirección de un *brexit* «suave», políticamente es necesario transmitir la idea de que irse no es ni barato ni que mucho menos puede salir gratis. La percepción que debe transmitirse es que «fuera de la Unión hace mucho frío». Y de que Europa, como concepto político, sigue plenamente viva, aunque sea en su visión continental.

Ojalá el mundo anglosajón se reincorpore en algún momento, pero ahora toca seguir construyendo sin ellos, desde la convicción de que el orden liberal internacional sigue siendo plenamente válido, aunque sean ahora otros países o federaciones supraestatales los que lo defienden.

E. Las consecuencias económicas del *brexit* y el proceso de negociación

Sobre el impacto económico, en sentido amplio del concepto, nos quedan muchas incógnitas por despejar. Todo dependerá de la mencionada negociación entre la Unión (a través de un negociador único, que representa a las distintas instituciones comunitarias y que cuenta con un amplísimo consenso) y el Reino Unido (con un negociador con menor margen de maniobra y con menor consenso político).

Son muchísimos y muy complejos los temas para discutir, desde la relación con la unión aduanera y el mercado único (incluyendo los derechos de los consumidores o el derecho de la competencia) a la libre circulación de los capitales (en la que se incluye el futuro de la City), la de servicios y de establecimiento y, sobre todo, de las personas. El Reino Unido quiere que se eliminen inmediatamente, pero la Unión quiere garantizar los derechos de los ciudadanos comunitarios que sigan en el Reino Unido, simétricamente a los de los ciudadanos británicos que residan y trabajen en la Unión. Todo ello, evidentemente, añadido a los temas institucionales, desde el abandono de las instituciones comunitarias al debate sobre la jurisdicción y la aplicación de la jurisprudencia de los tribunales europeos y, en particular, del Tribunal de Luxemburgo. Pasando, por cierto, por el estatus futuro de un territorio que no pertenece al Reino Unido pero que está bajo soberanía británica, como es Gibraltar, donde dejarán de ser aplicables los tratados como hasta ahora. Y *last but not least*, la trascendental cuestión de la naturaleza de la frontera entre las dos Irlandas después de haberse acostumbrado a su ausencia en la práctica cotidiana.

En definitiva, hablamos de las instituciones y de las cuatro libertades que están en la base de la construcción europea. Como suele decirse en el refranero español, no se puede estar en misa y repicando. Por ello, y como hemos explicado, la posición negociadora desde la Unión debe ser sensible a un país amigo (y aliado estrecho en seguridad y defensa colectivas, como así han manifestado reiteradamente las dos partes), pero también exigente ante un aliado que ha decidido dejar de ser socio de una empresa común. Veamos los términos de la separación, que siempre es mejor que sean amistosos, pero sin olvidar quién ha tomado la decisión de separarse. Así es en todos los procesos de divorcio. Y habrá que pagar una factura que algunos expertos cifran en torno a los 50.000 o 60.000 millones de euros.

Queda aún mucho camino por recorrer, pero la aplicación del famoso artículo 50 de los tratados ya está en marcha y eso concede un plazo de dos años para una conclusión, salvo que se acuerde, por unanimidad, su ampliación. El Reino Unido ha fijado ya la fecha: el 29 de marzo de 2019. Veremos si es realista. Sólo será posible evitar una salida brusca si los avances son sustanciales y satisfactorios para la Unión. Los resultados están aún por verse. Por ahora, ese termómetro imperfecto que son los mercados no anticipa ningún cataclismo, más allá de la lenta pero perceptible pérdida de peso de la City de Londres como gran centro financiero del mundo. Una de las grandes víctimas del repliegue anglosajón.

2

El despliegue de China como potencia global

A. El pragmatismo frente a la ideología

Cuando alguien se pregunta cuál es la diferencia, en tanto que potencias globales, entre la Unión Soviética y China frente a Estados Unidos, la respuesta inicial parece clara. No estamos ante una pugna universal de carácter ideológico como la que hubo durante el medio siglo de guerra fría. Estamos ante una pugna de intereses de poder mucho más pragmáticos.

Aunque no deja de ser paradójico que hablando de un régimen de partido único, denominado formalmente Partido Comunista, y que se reconoce heredero ideológico de Marx y Engels, de Lenin (incluso del propio Stalin) y de Mao, ese componente ideológico esté tan llamativamente ausente de la política exterior china. Es más, constituye un pilar esencial de esta que no pueda discutirse el principio de «no injerencia» en los asuntos internos, incluyendo cualquier posible crítica o posición proactiva a favor de la democracia, de la justicia social o del respeto a los derechos humanos. La gran prioridad es mantener la unidad interna y garantizar un crecimiento económico espectacular y su extensión a las capas de la población que aún no han sido beneficiadas en las tres últimas décadas.

Hay que recordar que China representaba el 4 por ciento del PIB mundial hace veinticinco años y que dentro de apenas cinco será ya el 21 por ciento, siendo su población apenas el 18 por ciento. Es decir, tendrá entonces una producción per cápita por encima del promedio mundial. En cualquier caso, ambos temas —la unidad nacional y el auge económico inclusivo— están íntimamente ligados de cara a asegurar la cohesión social y política del conjunto del país.

En su libro *La caída de los imperios*, Pankaj Mishra insiste en que China ha tomado sólo del comunismo el ropaje formal, no ideológico, para construir un Estado que volviera al mundo tras dos siglos en la lona. El comunismo formal les permitió construir una estructura moderna de la que carecían para competir globalmente, con funcionarios, técnicos, jerarquía y eficiencia. La función del comunismo ha sido estrictamente pragmática, una herramienta para construir un Estado más confuciano y nacionalista que comunista.

Es cierto, a su vez, que esa ausencia de ideología en la política exterior cada vez lo está más también en la política interna, a pesar de las pretensiones doctrinales de Xi Jinping, sacralizadas al nivel de las de Mao en el XIX Congreso del Partido Comunista Chino de octubre de 2017. Desde las grandes reformas de Deng Xiaoping, con eslóganes tan poco socialistas como la recomendación a los ciudadanos de que se enriquecieran, o la sublimación del pragmatismo que representaba el repetido proverbio «Gato blanco o gato negro, lo importante es que cace ratones», el régimen comunista chino (que había llegado a su extremo más delirante con la Revolución cultural de Mao) ha ido evolucionando hacia un régimen entre autoritario de partido único, con ausencia de libertades básicas, y un régimen totalitario con vocación de control sobre todos los ámbitos de la sociedad civil (incluido el acceso a internet y a las redes sociales), más allá del evidente, estricto e innegociable control político.

Un régimen que busca su legitimidad en su eficacia para resolver los problemas económicos, con tasas de crecimiento espectaculares desde hace más de treinta años y una transformación ciertamente revolucionaria de la sociedad que ha conllevado enormes desplazamientos de la población desde el campo a la ciudad. Especialmente relevante es la creación masiva de clases medias y de élites escandalosamente enriquecidas, aunque con problemas muy serios de corrupción generalizada. Existe un pacto implícito entre el Partido Comunista (es decir, las élites gobernantes) y la población: «Os garantizamos el crecimiento económico y la prosperidad a cambio de que no cuestionéis nuestro poder para tomar las decisiones». Legitimidad que también descansa en la transmisión del mensaje a los chinos —pueblo muy nacionalista, por su gloriosa historia— de que, tras un siglo de humillación y de medio siglo de aislamiento, China vuelve a estar en su sitio natural. Es decir, donde estuvo durante milenios: en el «centro» del mundo. Como suele decirse, China no es una nación aunque lo parezca. Es una civilización. Y el Partido Comunista se ha erigido en el intérprete e intermediario de esa necesidad de *recuperar* la historia. De puertas adentro y de puertas afuera. Todo eso sin la menor señal de avanzar en las libertades políticas de signo democrático liberal, una esperanza occidental que el tiempo se va encargando de desmentir.

Hacia adentro, China actúa recuperando la autoestima de la población (particularmente, la de etnia han, muy mayoritaria en general, pero cada vez más significativa en lugares conflictivos como el Tíbet o Sinkiang), asegurando así su cohesión, básica para mantener a China unida.

China, al igual que Rusia y como potencia fundamentalmente terrestre que es, siempre ha visto su seguridad en la ampliación de su perímetro hasta fronteras más fácilmente defendibles y cuanto más lejos del núcleo duro del país, mejor. Una zona clave que podemos identificar con «la China del Norte», una enorme llanura (de una extensión similar a la de España) entre las cuencas de los ríos Amarillo y Yangtsé que marca, desde hace milenios, la política exterior del país.

Esa es la razón por la que China dirigió su expansión hacia el norte tras las invasiones mongolas, controlando el desierto de Gobi, hacia el nordeste con la incorporación de Manchuria y estableciendo frontera con Rusia; hacia el sur, hasta llegar a sus actuales fronteras con Vietnam, Laos y Birmania; y hacia el este con las anexiones del Tíbet (con las implicaciones que eso tiene en las siempre complejas y tensas relaciones con India) y de Sinkiang, donde su población, de mayoría musulmana, hace especialmente difícil su plena integración. En ambos casos, sin embargo, la determinación de China por mantener dichos territorios está por encima de cualquier duda. Son temas de importancia vital para su percepción de seguridad. Más hacia el este topamos con las antiguas repúblicas soviéticas del Asia central. De ahí la trascendental importancia de la iniciativa china *One belt, one road*, la nueva Ruta de la Seda.

Sin embargo, en lo que respecta a su actitud hacia el resto del mundo, todo apunta a una nueva política exterior mucho más agresiva pero basada en avances concretos, tanto cualitativos como cuantitativos, y no en la voluntad de extender su modelo político de convivencia, sino de ampliar su influencia geoestratégica global. Un claro contraste con lo que ha defendido históricamente Occidente, en el caso de Europa, con la perversión histórica del colonialismo y, ahora, con el despliegue de su *soft power* y el atractivo político de su modelo económico y de sociedad abierta y libre; y en el caso de Estados Unidos, con su concepción del deber moral de la exportación de la democracia y la economía de mercado. Y a diferencia también de la Unión Soviética, que tenía la voluntad de exportar el socialismo real a todos los lugares del planeta, con independencia de que, en ambos casos, se tratara en buena medida de cubrir aspiraciones y ambiciones geopolíticas en las que lo ideológico no era más que la mascarada que le daba soporte retórico.

B. La política exterior china reciente

Aunque pueda parecer un tópico frívolo, la cultura china contiene una interpretación del tiempo que no coincide con las urgencias que se nos atribuye, posiblemente con razón, a los occidentales. Nosotros tenemos una historia relativamente corta en comparación con la suya y, además, ellos han convivido como un sujeto político único desde hace milenios, a diferencia de las enormes y trágicas divergencias históricas en el seno de lo que hemos dado en denominar Occidente. Es lógico, pues, que su perspectiva sea distinta de la nuestra. La suya es mucho más estratégica y de largo plazo, dotada de mucha mayor paciencia. Y las prisas suelen propiciar la comisión de errores irreversibles. La capacidad de ver y actuar a cincuenta años vista es un valor competitivo de China que debemos procurar imitar.

Cuando los dirigentes chinos tuvieron excesiva prisa (como la tuvo Mao para cambiar la sociedad) chocaron con la realidad de un sustrato cultural muy profundo y tuvieron que, como dicen los anglosajones, «*back to basics*», volver a los orígenes de unas raíces que se hunden en el taoísmo y en el confucianismo, primero, y en el budismo después. Es decir, en una concepción del orden social armónica, más centrada en lo social y en el respeto a la jerarquía que en el interés individual. Además, poseen un sentido de trascendencia que va mucho más allá de las personas concretas. En *La tentación de Occidente*, un libro publicado en 1926, André Malraux ponía en boca del corresponsal chino de su *alter ego* que «Europa cree que ha conquistado a todos estos jóvenes que visten sus prendas. Pero la odian. Están esperando a lo que la gente corriente llama sus "secretos"». Profético.

Cuando Deng reenderezó el rumbo tras los turbulentos años de maoísmo (vistos hoy como un brevísimo y efímero paréntesis en la historia milenaria de China), estableció también unos principios básicos para la política exterior: China debía seguir su camino acorde con sus intereses estratégicos y de largo plazo, pero sin generar temores ni reservas mientras no consolidara su principal objetivo, que no podía ser otro que el crecimiento económico y la modernización del país. Es decir, avanzar pero sin despertar inquietudes que pudieran perturbar el camino trazado. En su expresión: «Ocultar nuestra fortaleza y tomarnos nuestro tiempo».

Cabe añadir que ello lo aplicó también internamente cuando se opuso a buena parte del propio Partido Comunista de China (incluidos dos de sus secretarios), que participaba de la idea de acelerar lo que para ellos debía ser la inevitable e irreversible democratización de las estructuras políticas e institucionales. Al margen de las evidentes consideraciones morales que requiere el tema, la represión de la plaza de Tiananmén en 1989 tras marchas contra el régimen y a favor de la democracia y los derechos humanos constituye el ejemplo paradigmático de tal idea: no había llegado aún el momento, y cualquier precipitación podía tener consecuencias muy negativas para el futuro. Puede parecer cínico e inmoral pero responde a la prelación de lo que se considera un bien superior: la estabilidad y el orden, frente a la libertad y la democracia. Algo que el presidente Xi ha reiterado en el mencionado último Congreso del Partido Comunista en octubre de 2017. Esquema también aplicable a los principios rectores de la política exterior china.

Lo primordial es garantizar la progresiva inserción de China en el nuevo orden mundial tras décadas de sumisión y de aislamiento. También avanzar en la consolidación de su influencia en un mundo dominado por la hegemonía occidental y, sobre todo, Estados Unidos. Y hacerlo sin generar temores excesivos ni reacciones explícitamente contrarias (como, por ejemplo, activar la ya comentada trampa de Tucídides sobre la que ya nos hemos mostrado escépticos) que pudieran retrasar u obstaculizar el principal objetivo: ser una gran potencia global.

De ahí la autocontención y la ausencia de agresividad formal que ha caracterizado la política china hacia el exterior en las últimas dos décadas, evitando conflictos innecesarios o confrontaciones que pudieran interpretarse en términos de un retorno histórico a un expansionismo agresivo chino basado en la sumisión de otros países o territorios. Ha sido una política exterior de perfil bajo, poco beligerante en los grandes conflictos mundiales de los últimos tiempos, aparentemente respetuosa con el orden establecido (incluido su papel como miembro permanente del Consejo de Seguridad de las Naciones Unidas). Una postura que ha ofrecido una imagen de país mucho más centrado en sus grandes desafíos internos que en la proyección externa de su creciente poder.

La tesis del próximo capítulo es que esa orientación ha cambiado y que los nuevos dirigentes (hablamos ya de la quinta generación desde el triunfo del Partido Comunista en 1949, tras una guerra civil contra los nacionalistas de Chan Kai-shek) están imprimiendo un giro estratégico bajo la dirección de Xi Jinping que ya no esconde sus ambiciones ni necesariamente evita los conflictos si se consideran necesarios para sus intereses vitales como gran potencia.

En definitiva, contemplamos una China que regresa a su tradición imperial milenaria y que, en el mundo globalizado, ya no desea volver a ser solamente la gran potencia asiática. Aspira explícitamente a ser una gran superpotencia global con un dirigente indiscutible, Xi Jinping, que acumula un enorme poder (presidente de la República, secretario general del Partido y presidente de la Comisión Militar, es decir, comandante en jefe de las Fuerzas Armadas), un líder que ha roto con la política posterior a Deng de garantizar el relevo cada diez años, asignando previamente a los sucesores, como sucedió con sus predecesores Jiang Zemin o Hu Jintao. Xi se ha garantizado su permanencia hasta finales de la próxima década. Algunos hablan del «nuevo emperador».

Deng impuso unas normas tácitas por las que los dirigentes no deberían permanecer en el poder más allá de los 68 años de edad, y tanto el secretario general como el presidente del país no deberían ocupar sus cargos más allá de dos mandatos de cinco años, o que el poderoso Comité Permanente (formado por siete miembros, todos ellos sexagenarios relativamente jóvenes) debía actuar de forma colegiada. De hecho, en el Politburó, formado por 25 miembros, sólo cuatro son menores de 60 años. La autoridad de Xi en ambos órganos parece indiscutible.

Además, Deng instauró un mecanismo de sucesión según el cual, al inicio del segundo mandato, se designaría ya al sucesor del líder. Xi Jinping ha incumplido esta norma y no lo ha hecho en ninguno de los tres cargos que acumula. Se considera señalado (como máximo exponente de los llamados «príncipes rojos», hijos de los revolucionarios que acompañaron a Mao) para el nuevo «Destino Manifiesto» de China: recuperar su hegemonía a nivel global. Y ello pasa por una nueva política exterior.

C. La nueva política exterior china

Esta reorientación estratégica se refleja ya en muchos ámbitos. Sin duda en el económico, financiero y comercial, pero también en la reformulación de la arquitectura institucional multilateral nacida a raíz de la victoria aliada en la segunda guerra mundial.

También en el *soft power* o, sin duda y cada vez más, en el estrictamente militar.

Entendemos como *soft power* la capacidad de extender la influencia no a través de la fuerza sino de otros mecanismos pacíficos, tales como los avances tecnológicos y científicos, los éxitos empresariales, las inversiones en el exterior, pasando por la lengua, la cultura o la admiración por los éxitos deportivos; es decir, la «diplomacia suave», que según muchos analistas (y comparto esa opinión) va íntimamente ligada a la percepción del poder económico en sentido amplio y, más tarde o más temprano, a la capacidad militar y de presencia en cualquier hipotético lugar de conflicto, de ahí el gran desafío que afronta la Unión Europea para definir su papel en el mundo cambiante de este siglo.

En este contexto, la proyección del poder económico es fundamental. Hace tiempo ya que los países occidentales empezaron a ver en China y su mercado un lugar de oportunidades de inversión, atraídos por sus bajos costes laborales y su inmenso (aunque con escaso poder adquisitivo) mercado interno de más de mil millones de potenciales consumidores. Es decir, como un camino de un único sentido. Eso ya no es en absoluto así. China es para los chinos (o para aquellos que acepten sus reglas del juego). El movimiento ha invertido espectacularmente su sentido. Los capitales chinos están ahora en todo el mundo, invierten en sectores estratégicos y poseen buena parte de la deuda pública de los países occidentales, empezando por Estados Unidos. Es un país exportador neto de capitales y de inversión directa en el exterior que ejerce esa influencia en todos los sentidos: desde el sector tecnológico a las grandes operaciones inmobiliarias pasando, en un claro ejercicio de *soft power*, por desembolsos en importantes clubes deportivos.

Sin olvidar, ni mucho menos, su apuesta estratégica en la promoción de grandes infraestructuras en diversos lugares del mundo. Alguna de ellas ilusoria, como probablemente lo sea el proyecto del canal transoceánico en Nicaragua como alternativa (aunque se venda como complementaria) al canal de Panamá, incluso después de su ampliación. Aunque hay otras con un horizonte más razonable, como el Ferrocarril Transamazónico que conectará los dos océanos en América del Sur a través de Brasil, Bolivia y Perú, con una red de más de cinco mil kilómetros, a la que precedieron otras experiencias en África, como la conexión ferroviaria entre Tanzania y Zambia, también financiada y construida por empresas chinas.

En el marco de la iniciativa de la nueva Ruta de la Seda (OBOR), la adquisición del puerto griego de El Pireo es uno de los ejemplos de la política china en busca de ampliar su influencia global a través de las infraestructuras de transporte, en este caso en Europa continental. Incluye una creciente presencia en los Balcanes orientales y occidentales como plataforma de entrada a Europa.

Probablemente, y con mucha diferencia, la apuesta más ambiciosa sea la que se conoce como OBOR *(One Road/One Belt)*; es decir, la reformulación de la histórica Ruta de la Seda (base de lo que conocemos como el «corazón del mundo», esto es, la Eurasia que los grandes pensadores de la geopolítica han situado como el epicentro del dominio global). La Ruta de la Seda, término acuñado a finales del siglo XIX, para describir la extraordinaria historia de los intensísimos intercambios comerciales entre China y el Mediterráneo a lo largo de muchos siglos, y a través de los grandes imperios, como el persa, el otomano o el romano, constituye para China un magnífico ejemplo de las ventajas de una relación cooperativa basada en el intercambio de mercancías. Pero también de proyectos estratégicos en el ámbito de las infraestructuras de transporte y, por lo tanto, de ideas. Un evidente ejercicio de *soft power* apoyado en una innegable realidad económica mutuamente beneficiosa.

Este proyecto consolidaría la posición de China en Asia central, además de su relación con Irán, Turquía y Rusia, y con Europa. Probablemente lo más importante sea que este proyecto acreciente, por la vía marítima, su relación estratégica con el Sudeste Asiático (a través de Malaca), India, el oriente africano y, a través del mar Rojo, de nuevo con el Mediterráneo. Al igual que, como veremos, sucede con el Banco Asiático para las Infraestructuras, se han unido en este proyecto casi sesenta países, entre ellos Alemania, Francia, el Reino Unido, España o Brasil, pero inicialmente no Estados Unidos ni Japón, aunque este último ha reconsiderado su posición ante la reciente política norteamericana de repliegue del pivote asiático impulsado por el anterior presidente Obama.

Los territorios recorridos por la nueva Ruta de la Seda afectan a un tercio del comercio internacional, al 70 por ciento de la población y al 55 por ciento del PIB mundiales y, algo que no carece de importancia, a tres cuartas partes de las reservas energéticas fósiles del planeta. La financiación inicial se fija en unos 800.000 millones de euros, algo que nos remite históricamente a lo que supuso el Plan Marshall para Europa occidental tras la segunda guerra mundial.

Todo ello, evidentemente, no es en absoluto baladí desde el punto de vista geoestratégico. Porque Asia central (las antiguas repúblicas hoy independientes de la extinta Unión Soviética) tiene una relación natural e histórica con Rusia, pero también, por muchas razones de índole religiosa, lingüística y étnica, con Turquía. Y ni Rusia ni Turquía desean ceder terreno a China en esa región.

Estas repúblicas centroasiáticas, claves en la proyección exterior de China, no están exentas de muchos problemas que afectan a Occidente. La región, cuya influencia se disputan Rusia y China, tiene un muy serio problema con el islamismo radical, aunque la propia naturaleza autocrática y opaca de sus regímenes trate de ocultarlo. Consideremos algunos datos inquietantes, como la nacionalidad uzbeka de algunos de los terroristas de los últimos atentados en Europa (Estocolmo) y Estados Unidos (Nueva York), la deserción al Estado Islámico en 2016 del (¡nada menos!) jefe de las fuerzas especiales de Tayikistán, o el hecho de que la tayika fuera la nacionalidad más numerosa de los terroristas suicidas del Estado Islámico en 2016. El analista Robert Kaplan dice que China se puede permitir una política exterior expansiva marítima porque su patio continental trasero está en aparente calma, pero esta es una zona altamente (y algunos señalan que fácilmente) inflamable en el futuro.

Hablamos de las comunicaciones entre China y el resto del mundo a través del estrecho de Malaca y, por lo tanto, de su relación con la otra gran potencia asiática, hoy por hoy con ambición estrictamente regional, que es India. Para ello requiere de la garantía de libre tránsito a través del estrecho, lo que implica la necesidad de abordar un análisis profundo de la geoestrategia que incluya algunos comentarios sustanciales sobre determinados aspectos militares en el mar del Sur de China y las relaciones con los diferentes países del Sudeste Asiático.

Sin olvidar la implicación china en la estabilidad de África y en el libre tránsito a través del mar Rojo, hacia el Mediterráneo, vía el canal de Suez. Temas de enorme trascendencia económica y comercial, pero también de especial relevancia política y, por ende, militar. Prosigamos con el análisis de una serie de iniciativas de origen chino (aunque se quieran revestir de iniciativas de carácter multilateral) para articular sus intereses económicos y comerciales, pero también para influir en una transformación de la arquitectura institucional multilateral surgida tras la victoria aliada en la segunda guerra mundial. No van directamente en contra de esa arquitectura institucional, pero sí suponen una estructuración paralela que, en la práctica, constituyen una voluntad de alternativa.

Hablamos de una veintena de iniciativas, unas de gran trascendencia y otras de carácter menor, pero todas ellas encaminadas hacia un designio estratégico claro: dejar atrás la hegemonía occidental del mundo para que este refleje una nueva realidad que pondere el peso real, en todos los sentidos, de una potencia global alternativa a Estados Unidos, como lo es ya, sin ninguna duda, la China actual, pero, sobre todo, la China del inmediato futuro, la del siglo XXI.

Ese designio se concreta en ámbitos muy diversos, desde el comercio a las finanzas y las inversiones, pasando por la diplomacia y la seguridad colectiva, con independencia de algo que ya ha sido tratado, como es la gran apuesta por las infraestructuras globales. Algo que tiene mucho que ver, como se va a argumentar, con aspectos militares.

En el ámbito financiero, la iniciativa más remarcable es la puesta en marcha del Banco Asiático de Inversiones en Infraestructuras (AIIB en sus siglas en inglés), complementaria a su participación en el Banco Asiático de Desarrollo en el marco del Banco Mundial. Una membrecía que resulta para China claramente insuficiente para atender la necesidad de financiación de grandes proyectos en el continente asiático, además de que esté presidido tradicionalmente por un japonés con apoyo norteamericano. De ahí que tanto la diplomacia norteamericana como la japonesa fracasaran en sus intentos de abortar la iniciativa china o, al menos, debilitarla presionando a diversos países para que no se sumaran a ella. El banco se convirtió en una realidad imbatible a partir del momento en que se integraron en él Australia, Indonesia o Corea del Sur, junto con India, Rusia, Turquía, Irán o Arabia Saudí y, sobre todo, tras la incorporación de otros grandes actores de fuera de la región, como Brasil y, fundamentalmente, Europa (entre ellos, Alemania, Francia, el Reino Unido, Italia o España) con una contribución global de 100.000 millones de dólares equivalentes.

Especialmente significativa es la disposición del Reino Unido de formar parte de este banco, pues toma así una de las pocas decisiones contrarias al tradicional alineamiento entre su política exterior y la de Estados Unidos. Una muestra evidente del creciente *soft power* de China, que ejerce sin complejos su poder económico y financiero pero acepta al mismo tiempo formalmente las reglas que se derivan de la multilateralidad. No obstante, ostenta más del 26 por ciento de los derechos de voto en el consejo del banco, seguido de India, con un 7,5 por ciento, de Rusia con un 6 por ciento y de Alemania, con un 4,1 por ciento, mientras que España dispone de un 1,65 por ciento, aproximadamente, de acuerdo con su contribución a la dotación global.

Además de esta muy relevante iniciativa firmada solemnemente en junio de 2015 en Pekín, con la presencia de los máximos responsables de los países miembros, se han puesto en marcha otras como fruto de la creciente institucionalización de la cooperación global. Esa proactividad incluye también iniciativas en temas de seguridad o estrictamente diplomáticas entre los países BRICS (Brasil, Rusia, India, China y Sudáfrica).

Es el caso del Nuevo Banco de Desarrollo (NDB en sus siglas en inglés) como eventual expresión de un Banco Mundial alternativo. Fue creado tras constatarse que no conseguían cambiar las relaciones de poder dentro de este último. Es también el caso del Acuerdo de Contingencias y Reservas (al estilo del Fondo Monetario Internacional y en clara compatibilidad con este hasta el punto de que sólo pueden plantearse acciones conjuntas), o la denominada Iniciativa Multilateral Chiang Mai, a la que da nombre la localidad tailandesa y que incluye a los diez países de ASEAN, además de Japón y Corea del Sur y, por supuesto, China, como complemento adicional de provisión de liquidez ante situaciones coyunturales de crisis financiera de alguno de los países miembros. Son herramientas de continuidad y profundización de los mecanismos de coordinación ya existentes entre ASEAN y los tres países mencionados: ASEAN+3, o la Oficina de Investigación Macroeconómica del propio ASEAN+3, que tiene funciones en la región que podrían equipararse a lo que hace la OCDE en los llamados países desarrollados.

Estamos, por lo tanto, ante iniciativas multilaterales aunque, en mayor o menor grado, lideradas o colideradas por China. Pero hay otros avances en la progresiva inserción de la economía china en la economía global que son imprescindibles para colmar la ambición de convertirse en una potencia global que disponga de un centro financiero (en Shanghái) equiparable a Londres o Nueva York, o al creciente peso de Hong Kong o de Singapur. Para ello China necesita institucionalizar su presencia en el sistema internacional de pagos a través de una Unión China de Pagos, o profundizar en la internacionalización del yuan (y, por consiguiente, en su plena convertibilidad), o incluso crear una alternativa a las todopoderosas agencias de *rating* occidentales.

Paso a paso, sin prisa pero sin pausa. Aunque, sin duda, donde más puede observarse una política proactiva china es en los acuerdos de libre comercio e inversiones, en especial tras el mencionado repliegue de Estados Unidos en asuntos comerciales con el presidente Trump y tras el voto favorable al *brexit* en el Reino Unido. La no ratificación del TPP (Trans-Pacific Partnership), que no incluía a China, pero sí a Japón, Australia, Nueva Zelanda, Corea, Singapur, Brunei, Malasia o Vietnam, además de Canadá, Chile, México y Perú, ha supuesto un durísimo golpe para la estrategia —inteligente y lúcida— de la anterior Administración Obama con relación al cambio del «pivote hacia Asia», orientado a contrarrestar la creciente influencia china en la región. Se trata de un magnífico ejemplo de la miopía del nuevo gobierno, encorsetado en su visión cortoplacista y aislacionista.

La reacción de China ha sido de evidente satisfacción ante la oportunidad que se le ha ofrecido para acelerar su estrategia en el Pacífico o en otros lugares del planeta, como América Latina o la propia Europa. Ya se ha mencionado anteriormente la gran paradoja que supuso ver a Xi Jinping convertido, nada menos que en el foro capitalista mundial por excelencia, el World Economic Forum en la localidad suiza de Davos, en el principal adalid del libre comercio (entendido a su manera).

Aunque conviene no olvidar que China también está intentando construir una alternativa asiática a Davos: el llamado Foro Boao, situado en la isla de Hainan, en pleno mar del Sur de China, un magnífico ejemplo de la voluntad china de marcar la agenda internacional no sólo por los temas suscitados y planteados desde Occidente, sino por aquellos otros que recojan otras sensibilidades no estrictamente occidentales.

Queda claro que en la región global del Pacífico el principal instrumento de la política comercial y de fomento de las inversiones está siendo la aceleración de las negociaciones para cerrar el Partenariado Económico Comprehensivo Regional (PECR), así como el Área de Libre Comercio de Asia-Pacífico, que pretendía sumar al TPP a países como China o Rusia, algo que puede reactivarse al margen de Estados Unidos. De hecho, en la última cumbre de la APEC (Foro de Cooperación Económica en Asia-Pacífico), celebrada en Da Nang (Vietnam), los once países restantes, liderados por Japón, llegaron a un acuerdo de mínimos para revitalizar el TPP sin Estados Unidos.

Para Japón, disponer de un marco económico y comercial multilateral independiente de China es muy importante. Máxime si puede hacerlo compatible con su integración en el PECR. Los intereses geoestratégicos profundos en Asia se juegan cada vez más entre asiáticos. El presidente Obama quiso que Estados Unidos no quedara fuera de juego, sino que siguiera siendo un actor fundamental en la región. La política de Trump aleja objetivamente a Estados Unidos de esta. Ya se verá si de forma irreversible.

No obstante, la relevancia estratégica del PECR es todavía mayor, porque se trata de una iniciativa tan ambiciosa como el Banco Asiático de Inversión en Infraestructuras ya que se pone en marcha sin Estados Unidos, pero incorporando a muy relevantes países occidentales (no en sentido geográfico, sino de adscripción ideológica), como Japón, Corea del Sur, Australia y Nueva Zelanda, además de India y de los diez países que forman una ASEAN que ya mantiene acuerdos no sólo entre sí, sino con los otros participantes, y que está formada por Indonesia, Singapur, Malasia, Vietnam, Tailandia, Brunei, Myanmar, Laos, Filipinas y Camboya. Junto con la Alianza del Pacífico en América Latina, la ASEAN es, sin duda, uno de los procesos de integración que están dando mejores resultados.

Además, el PECR no trata sólo de los aspectos relativos a la promoción del libre comercio de bienes y servicios, sino que incluye avances en la liberalización de las inversiones y la homogeneización de las normas de competencia y de las regulaciones públicas, la cooperación científica y técnica, la regulación de la propiedad intelectual o los mecanismos de resolución de disputas, muy relevantes de cara a la pretendida renegociación del NAFTA planteada por Estados Unidos. Con una novedad muy resaltable: la incorporación de India al proceso. Por ello, probablemente, no tiene la profundidad ni la ambición del TPP. Pero con el nuevo escenario a China se le abre una clarísima oportunidad que está aprovechando, también en el ámbito diplomático con diversas iniciativas en el seno de los BRICS y, sobre todo, en el campo de la seguridad y la defensa.

Aquí también los BRICS son muy activos, pero conviene prestar atención a dos ámbitos multilaterales novedosos. Uno es la Conferencia sobre la Interacción y las Medidas de Construcción de Seguridad en Asia (CICA en sus siglas en inglés), iniciativa hoy protagonizada por China, pero que corresponde a una propuesta del presidente (casi eterno) de Kazajistán, Nursultán Nazarbáyev. Claro está que es muy difícil construir arquitecturas alternativas a las alianzas en el ámbito de la seguridad colectiva de buena parte de los países asiáticos o del Pacífico con Estados Unidos. Empezando, por supuesto, por Japón, Corea, Indonesia o Australia, que no forman parte inicialmente de la CICA. Se trata de un paso para construir en el futuro espacios diferentes para la seguridad en la región que los actuales basados en las alianzas bilaterales con Estados Unidos. China estará presente de forma especial. Una potencia global no puede sustraerse de la necesidad de asegurarse, aunque sea de forma limitada o, de momento, subordinada, la provisión de «bienes públicos colectivos» como la seguridad, el libre tráfico marítimo o el medio ambiente. En este punto tenemos que hablar de la Organización de Cooperación de Shanghái.

La SCO (en sus siglas en inglés) está formada por China, Rusia, Kazajistán, Kirguistán, Tayikistán y Uzbekistán (las repúblicas exsoviéticas de Asia central, con la excepción de Turkmenistán), además de India y Pakistán, enemigos tradicionales y aparentemente irreconciliables que pueden, en cambio, compartir los objetivos explícitos de la organización (que no es una institución como la Alianza Atlántica). Algo que se concreta en la lucha común contra el terrorismo, el separatismo, el extremismo o el tráfico de drogas. En definitiva, una organización mucho más centrada, por lo menos de momento, en la seguridad (incluyendo la cooperación económica y cultural) y no en la defensa común y colectiva, aunque permite contribuir a limitar la eventual intervención militar de Estados Unidos o de la OTAN en un área en la que China, Rusia o India tienen enormes intereses de carácter estratégico. Esta organización ha sido el instrumento para pedir la retirada de diferentes bases que Estados Unidos mantiene en la región. O para articular maniobras militares conjuntas, básicamente navales, tanto en el mar del Sur de China como en el Mediterráneo o en el Báltico desde el enclave ruso de Kaliningrado, con capacidades y efectivos aportados por China y Rusia.

El objetivo en los tres casos es muy claro: ninguno de ellos es monopolio natural de la OTAN, o en el caso del mar del Sur de China, de Estados Unidos. La conjunción sino-rusa le da enorme credibilidad a esa disputa por la hegemonía. Algo que enlaza con la voluntad de ambos países de estar presentes en las principales rutas marítimas, incluyendo el Ártico y las nuevas perspectivas de todo tipo (económicas, comerciales y militares) que se están abriendo con su deshielo en virtud del cambio climático.

Esa amistad y cooperación entre antiguos adversarios históricos (la Rusia de los zares y el Imperio chino, o más recientemente entre la Unión Soviética y la China de Mao) incluye el intercambio de suministros militares estratégicos, sobre todo por parte de Rusia hacia China, y nos lleva a comentar algo más pormenorizadamente esta relación que ha supuesto que en los últimos cinco años Xi Jinping y Putin se hayan reunido cinco veces cada año. Es un asunto clave para entender cómo se está configurando el nuevo escenario geopolítico, máxime si se consolida, aunque sea temporalmente, lo que se ha denominado como repliegue anglosajón.

En definitiva, esa alianza, junto con los otros aliados de ambos (en Asia central, Irán o Siria), supone ejercer un claro dominio conjunto sobre lo que uno de los padres de la geopolítica, Harold John Mackinder, teorizara en 1904 en su *The Geografical Pivot of History* como el *heartland* o «corazón del mundo». China pretende incorporar a este, de una forma u otra, a India y Pakistán. Ese esfuerzo implica la consolidación y la búsqueda de alianzas estables basadas en la confianza mutua y en los intereses compartidos. La historia de China ha podido actuar —y actúa aún, en cierto sentido— como un *antídoto*. El Imperio del Centro tenía pueblos sometidos, pueblos vasallos o pueblos enemigos. Baste recordar en este contexto la carta de respuesta del emperador Qianlong al rey británico Jorge III, en 1793, ante la petición de este de establecer relaciones diplomáticas y comerciales entre ambos imperios. Es una respuesta entre displicente, desdeñosa y humillante, propia de un Estado imperial, y de una nación/civilización, con miles de años de historia, que ha sido y es aún (pronto le superará India) el más poblado del mundo, y que hasta mediados del siglo XIX era la mayor economía del mundo y que pretende volver a serlo.

Es importante resaltar que si bien las grandes naciones europeas se conforman políticamente —y mantienen básicamente sus fronteras desde entonces— hace unos cinco siglos (y algunas, como Alemania o Italia hacia la segunda mitad del siglo XIX), las grandes naciones asiáticas lo son desde hace muchos siglos y, en algún caso, milenios. China, India, Turquía, Irán o, por supuesto, Japón mantienen sus fronteras análogas, más allá de las expansiones imperiales de determinados momentos históricos, como el Imperio persa o el Imperio otomano o, en el ámbito euroasiático, la actual Rusia con relación al Imperio de los zares o la propia Unión Soviética. Algo que nos recuerda la situación en Europa previa a la primera guerra mundial. Por eso muchos apologetas del auge asiático, como Mishra, insisten en no hablar tanto de un surgimiento como de una vuelta o resurgimiento de viejos imperios y civilizaciones orientales. En cualquier caso, en esa reconstrucción del espacio euroasiático como «corazón del mundo», la integración (o, mejor dicho, la reintegración) del subcontinente es esencial.

También es necesario mencionar grandes proyectos de infraestructuras compartidas que pueden tener, y van a tener también, un uso militar. Por ejemplo, explotando la tradicional amistad entre Rusia e India y la proximidad con Irán y Afganistán, a pesar de su distinta adscripción religiosa en el seno del islam. Pero hay muchos intereses compartidos que han llevado a la construcción también compartida de un importante puerto en Irán (Chabahar) para que India pueda «puentear» a Pakistán y a Afganistán, y disponer así de una salida al Índico. Por su parte, China y su tradicional aliado Pakistán están haciendo lo propio en el marco de su ambicioso programa de la nueva Ruta de la Seda en su vertiente marítima: la financiación del también enorme puerto en las costas pakistaníes (Gwadar) para darle salida (y ofrecer entrada) a las mercancías necesarias para seguir alimentando su exigente crecimiento económico.

Pero a nadie debe escapársele que todas esas infraestructuras también son esenciales para garantizar un esquema militar de cara al futuro, especialmente en el caso del puerto pakistaní para China. Lo que nos lleva a algunas consideraciones sobre la relación con la otra gran potencia asiática: India.

India tiene también una gran aspiración: dejar de ser un enorme país de lo que en la guerra fría se llamaba el Tercer

Mundo, ejemplo de pobreza extrema y de incapacidad para salir del círculo vicioso del crecimiento por debajo de su propio crecimiento demográfico, y pasar a ser una de las grandes potencias del siglo XXI, probablemente la tercera relativamente pronto. Por razones históricas, demográficas (va a ser ya muy pronto el país más poblado del planeta), económicas y geoestratégicas derivadas de su privilegiada situación en el centro del océano Índico. Y, claro, por su ambición.

Una ambición claramente expresada por el creciente apoyo (evidenciado en recientes contiendas electorales) a un primer ministro, Narendra Modi, nacionalista hindú que, al precio de un creciente nacionalismo excluyente, de un populismo de manual y de una condescendencia práctica con la corrupción, está orientando su política exterior hacia un reposicionamiento de India a nivel regional y global, superando su tradicional aislamiento. Para ello no ha dudado en estrechar relaciones con otras democracias asiáticas, como Japón, y, sobre todo, con Estados Unidos. Busca así hacer frente a la creciente voluntad hegemónica de China en un clima de desconfianza mutua que se alimenta de la tradicional alianza entre China y Pakistán, la guerra entre China e India en 1962 y, también, el asilo concedido al dalái lama.

De forma más objetiva, India entiende la OBOR como un intento disimulado por parte de China de aislarla mediante la construcción de bases navales y puertos en su vecindad inmediata, conformada por países como Sri Lanka, Bangladesh o, como hemos visto, Pakistán.

De ahí la creciente alianza estratégica con Japón. A ambos les une su temor a la creciente hegemonía china en el continente. Y también la firma de la Visión Estratégica Conjunta con Estados Unidos, quienes están cada vez más interesados en una visión indo-pacífica que ponga de relieve que Asia va mucho más allá de China. Algo que lleva a India a reforzar su relación con Irán y Afganistán o con los países de ASEAN.

En definitiva, hablamos no sólo de la voluntad de ejercer de contrapeso a China sino de ir más allá: ser una potencia regional que disputa a China áreas de influencia. Todo ello se transmite asimismo al área militar, con maniobras navales conjuntas de India con Japón y Estados Unidos en el mar de la China Meridional.

Es pertinente apuntar aquí un aspecto de la cultura y la historia indias que la sitúan en posición privilegiada en el mundo de la síntesis neooccidental que tratamos de analizar aquí. No hay que olvidar el peso del pasado militar británico en un país que heredó muchas de sus estructuras (aunque han convivido con una retrógrada sociedad de castas), una burocracia occidental que hoy, a diferencia de China, le facilita la inserción completa en un mundo tecnológico de valores anglosajones. Y, por supuesto, el papel de la lengua inglesa es esencial. India cuenta, por lo tanto, con algunas ventajas comparativas que pueden resultar cruciales en su pulso regional con China para establecer quién tiene la primacía en nuestra síntesis.

Por último, no podemos olvidar a la otra gran potencia euroasiática: Rusia, con quien China mantiene una pugna secular por sus respectivas áreas de influencia. Sin embargo, tanto a China como a Rusia les conviene superar sus tradicionales contenciosos, especialmente los fronterizos en la Siberia oriental, en aras de una creciente presencia de ambos en el espacio euroasiático. Se trata de un movimiento que está siendo implacable y que va en detrimento de la influencia occidental en la región.

D. La política de defensa de China en el nuevo contexto

Es obvio que al igual que otros imperios anteriores, China lo ha sido de base terrestre, tal como lo fueron los persas, los romanos o los mongoles. Ello no quiere decir que no fueran al mismo tiempo potencias navales, pero no se trató de su fortaleza esencial. En cambio, el Imperio español, el portugués o, por supuesto, el británico (y, más tarde, el estadounidense) sí han sido potencias fundamentalmente navales. Aunque hay que matizar, por supuesto: el Imperio español no podría entenderse sin los Tercios de Flandes, una gloriosa infantería imbatible durante mucho tiempo.

De manera, pues, coherente, en su actual estado de evolución y de forma coherente con la globalización, si China desea ser, como así es, una gran potencia global, necesita una capacidad militar naval que hasta ahora no ha sido una de sus prioridades históricas. Hoy, en cambio, ya lo es. Porque China considera que su soberanía, a través de diversas reclamaciones territoriales sobre los mares de la China oriental y meridional, es clave para su integridad territorial, su desarrollo económico y, lo que es más importante, su seguridad nacional. China tiene el segundo presupuesto mundial en gasto de defensa. Lo ha aumentado ¡en un 600 por ciento! desde la caída del Muro de Berlín en 1989, cuando desapareció el mundo bipolar de la guerra fría y se abrió una ventana de oportunidad que China vio con claridad para construir progresivamente un nuevo bipolarismo imperfecto. De momento, en el aspecto militar este nuevo orden es bastante asimétrico, ya que Estados Unidos sigue teniendo un presupuesto militar que supone aproximadamente el 50 por ciento del gasto militar del mundo, muy por encima del de China. No obstante, el país asiático ha llevado a cabo un enorme refuerzo de sus fuerzas convencionales tanto terrestres como sobre todo navales, aéreas, balísticas y de información.

Los objetivos de la estrategia militar china pasan por la salvaguarda de la soberanía, la unidad nacional y la seguridad en sus territorios, incluyendo la lucha contra el separatismo y el terrorismo, pero prestando cada vez más atención a la seguridad de los intereses chinos en el exterior, incluido un gran compromiso con las operaciones internacionales de paz y humanitarias —de hecho, China es el país que aporta más efectivos a estas— y también de rescate y socorro ante catástrofes naturales. En cualquier caso, eso implica una política de defensa activa y de disuasión estratégica que proyecte la capacidad de utilizar todo el poder militar necesario ante eventuales ataques, así como una política nuclear defensiva en la que el armamento nuclear sería el último recurso y siempre utilizado sólo frente a otros Estados con esa capacidad nuclear.

Además de lo dicho, China está poniendo enorme énfasis en dos ámbitos clave: el poder naval y el control de las rutas marítimas y el ciberespacio, cada vez más relevante frente a los terrenos convencionales de tierra, mar y aire. Esto no es diferente de lo que hacen Estados Unidos y Rusia y, en mucha menor medida, Francia o el Reino Unido, o también Israel. Pero hablamos de una nueva forma de guerra que va a caracterizar crecientemente los conflictos en este siglo. Se trata de un combate basado en el anonimato del atacante (que, además, puede conseguirlo a un coste muy bajo) y, por lo tanto, de difícil respuesta. Puede ser dirigido contra personas y empresas, instituciones políticas o, lo que es peor, contra infraestructuras críticas como el control del tráfico aéreo o el abastecimiento de agua o energía.

Es, pues, una forma de guerra asimétrica o «híbrida», pero muy destructiva y difícil de combatir, ya que puede llevarse a cabo por agentes no estatales, o estatales encubiertos. Por ello, los sistemas de información y su seguridad son fundamentales para la defensa de las grandes potencias. No obstante, a efectos de nuestro análisis geopolítico, es más relevante profundizar en la doctrina militar naval china. Algo de repaso de la historia nos puede ayudar, pero es de nuevo la geografía, que siempre está, la que nos puede aportar más pistas.

Como Imperio del Centro y gran potencia terrestre, China ha necesitado históricamente un acceso hacia Occidente. Por tierra podemos ejemplificarlo en la famosa Ruta de la Seda, que la conectaba con las Indias, Asia central, Oriente Medio y, finalmente, con Europa. Pero también sintió siempre la necesidad de proyectarse al resto del mundo a través de su acceso libre al Pacífico y también al Índico. Y ahora más que nunca si quiere consolidarse como potencia global.

Al igual que Estados Unidos, China desea ser una potencia bioceánica. Estados Unidos lo es por su proyección hacia el Pacífico desde que cumpliera con su «Destino Manifiesto» y conquistara el territorio al oeste de las trece colonias, tras comprar Alaska a los rusos en 1867 (¡cuántas veces se habrán arrepentido los rusos de esa decisión mercantil, si no se hubiera producido tendrían ahora el pleno control del estrecho de Bering y, por lo tanto, el acceso al Ártico!) y de la incorporación como el cincuenta estado de la Unión, hace menos de sesenta años, de las islas Hawái. Una presencia que se complementa con posesiones (o bases militares) en las islas Marianas (incluyendo Guam, antiguo territorio español hasta 1898, junto con las Filipinas) y la estratégica base de Okinawa, en territorio japonés. Por ello es inevitable el choque con los intereses vitales de China.

Pero Estados Unidos es bioceánico porque a su proyección hacia el Pacífico añade su vocación atlántica, básica durante la guerra fría y fundamento estratégico de la OTAN y de su relación con Europa, incluyendo países no integrantes de la Unión Europea pero esenciales para la defensa colectiva de Occidente, como Islandia o Noruega, o en su día la España franquista a través de una relación bilateral, aunque por razones políticas no formara parte de la OTAN. Y para esa proyección atlántica fue vital el control del Caribe y, por lo tanto, del acceso al golfo de México y a América Central, así como al norte de Sudamérica. Sin olvidar el acceso sur al Pacífico a través del canal de Panamá, bajo soberanía y control norteamericano hasta los inicios del presente siglo.

De ahí el interés de Estados Unidos por arrebatar a España el control de Cuba y Puerto Rico y por tener bajo control amigo las islas de la corona inglesa en el Caribe, hoy independientes, pero antes colonias británicas, de San Cristóbal a Trinidad y Tobago, pasando por Granada, Barbados, o Barbuda, entre otras. De hecho, ese control histórico británico tenía como principal y casi único interés estratégico cerrar el paso de los buques españoles desde el mar Caribe hacia la península y obligarles a hacerlo a través de Cuba, siempre que Jamaica (excolonia británica) no se interpusiera en su camino.

En palabras del mencionado analista Robert Kaplan, el Caribe de China es el mar de la China Meridional. Porque su control le permite el acceso libre al Pacífico pero, sobre todo, algo definitivamente estratégico: el acceso libre, a través del estrecho de Malaca, al océano Índico. Clave, pues, para ser, definitivamente, una potencia bioceánica, pero fundamental también para entender por qué Malaca fue lugar de disputa entre portugueses, holandeses o británicos, o ya en la segunda guerra mundial, pieza codiciada por Japón, que invadió Singapur, y para Estados Unidos. No hay alternativas reales desde el punto de vista del tráfico marítimo.

Por el estrecho de Malaca circulan hoy casi tantos millones de barriles de petróleo por día (más de quince millones) como por el estrecho de Ormuz. El 50 por ciento de los recursos energéticos mundiales transita por Malaca, lo que supone el 80 por ciento del gas y del petróleo importado por China, Taiwán, Japón y Corea del Sur. Más de 75.000 buques que suponen más del 30 por ciento del comercio mundial y constituyen la mayor ruta de contenedores del mundo. De hecho, Singapur mueve más contenedores que todos los puertos españoles en su conjunto.

Las amenazas al libre y seguro tránsito por Malaca son diversas: desde la piratería y los robos con violencia armada, con un especial flanco débil en Indonesia, hasta el terrorismo y la insurgencia en toda la zona. Son significativos en Indonesia, Malasia y Filipinas las colisiones, encalles y desastres medioambientales y, finalmente, las disputas territoriales y las pugnas geopolíticas a las que estamos haciendo referencia. Malaca es, pues, no sólo el nuevo centro de gravedad del planeta, sino que es un enclave estratégico vital para los intereses esenciales de las potencias de este siglo. Quien no sepa dónde está Malaca estará fuera del mundo. Para China se ha convertido en un lugar tan importante y esencial en su política exterior como Taiwán o el Tíbet.

Es cierto que China está intentando escapar de esa maldición geográfica, de la angustia de depender del libre tránsito en un estrecho de Malaca que no controla, estableciendo corredores (oleoductos y gasoductos) en diversos países del Sudeste Asiático como Birmania o Bangladés, o en conexión con grandes puertos financiados por la propia China en Pakistán o en Sri Lanka, la antigua Ceilán portuguesa. Además, esta política puede facilitar el establecimiento de bases militares propias o, de momento, la utilización de bases de países amigos o aliados. Mientras tanto, su principal acceso al Índico, y luego al Mediterráneo, a través del mar Rojo, es indudablemente el estrecho de Malaca, por donde pasa más de la cuarta parte del comercio marítimo internacional. Por lo tanto, como hemos visto, el 80 por ciento de los recursos energéticos que necesita China y buena parte de las materias primas que requiere para su crecimiento económico, o las exportaciones a todo el mundo que le permiten un superávit comercial y una posición acreedora neta frente a Estados Unidos, muy notable e indiscutiblemente estratégica a muchos efectos.

Por todo ello, asegurar el control de su mar del Sur es de vital importancia para China. No puede permitirse la posibilidad de un bloqueo del estrecho bajo ningún concepto. Y ahí vale la diplomacia y el ejercicio del *soft power*, por supuesto. De ahí la política de amistad con el nuevo gobierno filipino (que además es manifiestamente antinorteamericano en su retórica) o el intento por mantener las mejores relaciones posibles con Malasia, Singapur e Indonesia, o particularmente con Myanmar, que le garantiza acceso directo al Índico oriental, o con Camboya, estrecho aliado. Pero también incluye una política de disuasión basada en la fuerza militar naval en la zona.

China entra aquí en colisión directa con el resto de los países de la región, con los que mantiene relevantes disputas territoriales (como Malasia, Taiwán, Filipinas, Brunei o Vietnam, e incluso Indonesia) y por el control de los recursos naturales, pesqueros y del espacio aéreo. Estos conflictos potenciales ponen en el centro del debate el concepto del derecho internacional sobre las aguas territoriales, las aguas internacionales y la libre circulación en tiempos de paz, ya que estos países son clave para atravesar pacíficamente el estrecho de Malaca, que tiene más de ochocientos kilómetros de longitud y que en algunos tramos no supera los tres kilómetros de anchura.

Por ello China ocupa todo tipo de islotes y arrecifes en la zona, construye plataformas que pueden ser usadas como bases militares, ha creado zonas de exclusión, y su presencia naval (con apoyo aéreo y submarino, incluyendo drones) es manifiestamente creciente. Y eso choca no sólo con los países del Sudeste Asiático, sino sobre todo con los intereses de Estados Unidos. China está ganando el posicionamiento estratégico y la tensión es, pues, inevitable. Por ello Estados Unidos pretende reforzar su alianza indo-pacífica con India, Australia, Japón y Corea, intentando incluir a países de la ASEAN, como Indonesia o Filipinas. Algunos lo interpretan como un retorno a un clima de guerra fría. Otros, como una mera reacción defensiva ante lo inevitable. China va a proseguir su camino.

Aunque, más allá del acceso al océano Índico a través de Malaca, debemos hablar del acceso al Pacífico por el mar de la China Oriental y el mar Amarillo, donde Japón es el primer gran obstáculo potencial en caso de conflicto. Por ello la disputa territorial sobre las islas Senkaku, para los japoneses, o Diaoyutai, para los chinos, al noroeste de Taiwán, no es sólo simbólica, ya que puede bloquear, junto con la soberanía japonesa de las islas Riykyu, que incluyen Okinawa y la formidable base naval norteamericana allí establecida, la eventual comunicación marítima de China con el exterior. Máxime si le añadimos Taiwán, que China reivindica como territorio nacional (la doctrina de una sola China es el tema más sensible de su política exterior), pero que hoy por hoy es un firme aliado de Estados Unidos.

No es extraño, pues, si vemos la geografía y la historia, que China haya tomado la decisión de garantizarse el control de sus mares adyacentes construyendo una fuerza naval que no sólo controle sus fronteras marítimas, sino que vaya más allá y quiera también estar presente en los océanos. Obviamente, aún le queda mucho camino por recorrer para equipararse con Estados Unidos, un tiempo que los expertos calculan de no menos de treinta años. Pero con su propio sentido de los tiempos históricos, China impulsa este proyecto sin pausa alguna y con firme determinación. Ya dispone de un primer portaaviones de tecnología propia y su idea es contar con tres más a corto plazo. También está construyendo sistemas de misiles tierra/agua de carácter disuasorio en el mar Meridional.

Pero sobre todo está empezando a hacer algo aún más relevante a largo plazo: garantizar su presencia en lugares alejados pero vitales para sus intereses. Como cualquier potencia global. El ejemplo paradigmático es Yibuti. Este pequeño país, con una extensión similar a la Comunidad Valenciana, está situado en un punto estratégico: es la puerta sur de entrada al estrecho de Bab el Mandeb, que a través del golfo de Adén permite el acceso desde el océano Índico al mar Rojo y, por lo tanto, al Mediterráneo y a Europa, a través del canal de Suez. Por él pasa la cuarta parte de las exportaciones mundiales, con una relevancia estratégica comparable al estrecho de Ormuz, en el otro extremo de la península arábiga, o al del ya reiteradamente mencionado estrecho de Malaca, o a los estrechos de Gibraltar o del Bósforo, en el Mediterráneo.

Yibuti fue colonia francesa hasta hace cuarenta años, cuando accedió a su independencia. Fruto de su pasado, aún mantiene una importante base naval gala en su territorio. Sus gobiernos han utilizado esa enorme relevancia geoestratégica para acoger también la mayor base militar norteamericana en el continente africano, bases menores de Japón o Italia, y están cerca de acoger asimismo una base de Arabia Saudí. Pero lo más relevante es que China inauguró en agosto de 2017 una gran base en el país, que se podría añadir a la potencial presencia militar china en Pakistán o en Sri Lanka. La razón es evidente: China necesita garantizarse el libre tránsito en la zona, además de tener bajo control otro potencial riesgo estratégico derivado del eventual control iraní en el norte de los estrechos de Bab el Mandeb y de Ormuz, en virtud del resultado final de la guerra civil en Yemen.

Debemos acostumbrarnos, pues, a ver buques de guerra chinos en diversos mares y océanos, como ya lo estamos a ver buques de Estados Unidos procedentes de sus diversas flotas. Y deberemos prestar especial atención a lo que no se ve necesariamente, desde drones y submarinos hasta instrumentos propios de la ciberguerra. El tránsito del pivote hacia el Pacífico de Estados Unidos choca abiertamente con la nueva política exterior y de defensa de China, y nos aleja de los tradicionales escenarios de disputa: Oriente Medio y Europa.

E. Un comentario sobre la crisis con Corea del Norte y su impacto sobre Japón y Corea

La amenaza a la seguridad global que supone la escalada, con evidente riesgo nuclear, del armamento norcoreano puede generar una crisis de consecuencias imprevisibles. Con gravísimo riesgo para Japón y Corea del Sur, pero también para territorios norteamericanos, como las islas Marianas y, en particular, la isla de Guam, que ya ha sido directamente amenazada por el régimen de Kim Jong-un. Curiosamente, los regímenes antidemocráticos suelen añadir alguna palabra con referencia a la democracia a los nombres con los que se definen: es el caso de la República Democrática de Corea o de la antigua República Democrática Alemana (RDA).

Con relación a nuestro análisis del papel de China, es necesario profundizar un poco más en los efectos de tal crisis en las relaciones sino-estadounidenses. Una crisis que obliga a encontrar terrenos de entendimiento y de colaboración en beneficio mutuo. Además, en este caso, incorporando también a Rusia y, por supuesto, a Japón y Corea del Sur. La historia tiene mucho que decirnos, de nuevo. A los episodios trágicos de la segunda guerra mundial, que afectaron especialmente a las relaciones, siempre muy conflictivas, entre Corea y Japón, se suma el recuerdo también trágico de la guerra de Corea en los años cincuenta, en plena guerra fría.

Esa es la razón por la que los japoneses no quieren involucrarse en el conflicto. Les afecta directamente ya que están al alcance de los misiles norcoreanos, potencialmente armados con cabezas nucleares. El primer ministro, Shinzo Abe, reelegido en 2017 en unas elecciones marcadas por la crisis norcoreana, se afana por adaptar la política exterior y de defensa a tal escenario. Al que se añade, sin duda, el desafío de China y su amistad con Rusia (percibidos ambos como un riesgo en Japón) y una posición de Estados Unidos, con la Administración Trump, proclive a derivar las responsabilidades de la seguridad y la defensa en sus antiguos aliados.

Todo ello está llevando a Japón a incrementar (forzando incluso la interpretación de su Constitución) su compromiso con su propia defensa, más allá del mandato constitucional que impuso el general McArthur en nombre de Estados Unidos como potencia vencedora. Un marco que limitaba la política militar a la autodefensa y delegaba su seguridad en el paraguas nuclear estadounidense y en la presencia permanente de la Armada de Estados Unidos en los diferentes mares de la región.

Pero esta situación, surgida por la derrota en la segunda guerra mundial, no es más que un paréntesis en la historia de un Japón que es, como siempre lo fue, prisionero de su geografía. Los 200 kilómetros que separan el archipiélago de la masa euroasiática (y los 800 que lo separan de China) es la razón de que jamás hayan sido invadidos con éxito, algo que a su vez explica que sean una sociedad étnicamente muy homogénea. Lo intentaron los mongoles, que fueron derrotados militarmente, pero también por enormes tormentas que diezmaron su flota —como la Armada Invencible española de Felipe II al intentar invadir Inglaterra— gracias a potentes vientos que los japoneses denominan *kamikazes*, a los que se atribuye un origen divino.

También explica el larguísimo período de aislamiento en la época de los Shogun, roto a la fuerza por las cañoneras del comodoro Perry. Hecho que culmina en la Restauración Meiji entre 1866 y 1869 e inicia un intenso período de industrialización y rearme militar que le lleva a disponer de la tercera flota naval del mundo a principios del siglo XX. Una fuerza que le permite derrotar sorprendentemente a los rusos en la guerra de 1904-1905, originada por las apetencias de ambos países sobre Manchuria y la península de Corea. Derrota que supuso uno de los motivos que desencadenaron una de las revoluciones rusas previas a la que triunfaría finalmente en 1917, hace ya un siglo.

Esas pretensiones imperialistas surgirían del hecho de que Japón, por los motivos antedichos, no percibía amenazas reales desde su noroeste, mientras al sur y al este sólo estaba el Pacífico. Esa es la razón por la que se autodenominaran como el país del Sol Naciente. Ese carácter isleño rodeado de inmensos mares le dio al pueblo japonés una orientación marítimo-naval (como la de los portugueses), comercial, primero, y militar, después, que explica el expansionismo japonés hacia el continente, especialmente en dos territorios: Manchuria y Corea, anexionada desde 1910 (aunque también cabe incluir Taiwán, bajo dominio japonés desde 1895 hasta 1945). Pretensiones que tienen su culminación en la década de los treinta cuando Japón ocupó Manchuria e intentó una invasión a gran escala de China.

Durante la segunda guerra mundial, además de intentar desalojar a los occidentales del Pacífico, los japoneses penetraron profundamente en el Sudeste Asiático, llegando a controlar Singapur y, por lo tanto, el estrecho de Malaca. Este enorme desafío a las potencias aliadas, iniciado por el ataque a Pearl Harbor de diciembre de 1941, concluyó con la derrota incondicional de Japón tras el lanzamiento en agosto de 1945 de las bombas nucleares en Hiroshima y Nagasaki. Estos hechos tienen uno de sus episodios más gráficos —y humillantes— en la entrevista entre el emperador Hiro Hito y el general McArthur, en la que se impuso un nuevo régimen político y una política de defensa supeditada por completo a los designios norteamericanos.

Estos viejos fundamentos son los que se están modificando de manera clara. Japón está aumentando y aumentará significativamente unos gastos en defensa que contemplan, incluso, un portaaviones. Esta reorientación de la política defensiva constituye un debate profundamente divisivo en la sociedad japonesa. No obstante, esta nueva orientación tiene su razón de ser en la percepción creciente de dos amenazas a su seguridad: la proveniente de una China pujante y cada vez más agresiva y, por supuesto, del peligro real de una agresión sin precedentes desde Corea del Norte.

Para interpretarlo correctamente tenemos de nuevo que recurrir a la historia y a la geografía. Una geografía, la de Corea, con tan mala suerte como la que históricamente han tenido Polonia o los países bálticos, y que la sitúa en el epicentro de las apetencias imperialistas de Rusia, Japón y China. Además de los mongoles y los manchúes. Por ello Corea ha querido mantenerse al margen de los grandes conflictos de la región, pero lamentablemente para su pueblo, no ha podido.

Después de una larga y dolorosa dominación japonesa, cuyas heridas están lejos de cicatrizar, y tras el final de la segunda guerra mundial y la derrota de Japón, la península quedó dividida por el paralelo 38 en dos partes que respondían a influencias de potencias antagónicas en el escenario de la inaugurada guerra fría. Al norte se estableció un régimen impuesto por los soviéticos y después bajo la supervisión de China: una férrea dictadura comunista de carácter hereditario que implantó una economía plenamente dirigida por el poder sin ningún espacio para la iniciativa privada, sistema que ha sumido al país en una miseria difícilmente comparable.

Al sur se instaló una dictadura prooccidental con una economía de mercado muy intervenida pero de enorme eficacia a la hora de crecer y generar prosperidad. El sur supo construir una democracia homologable y forjar uno de los países más desarrollados del mundo, además de levantar un sistema educativo y universitario excepcional. Conviene recordar que al finalizar la segunda guerra mundial, el sur de Corea era más pobre que el norte. Hoy, la renta per cápita del sur es, como mínimo, cincuenta veces la de un norte asolado por algo que podría definirse como monarquía comunista, sin otro parangón que el régimen camboyano de Pol Pot y sus genocidas Jemeres Rojos entre 1975 y 1979.

Para entender el actual desafío en y desde Corea, es necesario analizar lo que sucedió en la guerra que afectó a la península y que se inició en el año 1950 del pasado siglo. Los soviéticos habían retirado sus tropas de la península en 1948, los norteamericanos hicieron lo propio en el sur al año siguiente. En ese contexto, las tropas norcoreanas entraron en el sur en junio de 1950, en plena guerra fría, con la intención de reunificar la península por la fuerza. Decisión basada en un pésimo cálculo sobre la eventual respuesta estadounidense. Las tropas del norte alcanzaron rápidamente el extremo sur del territorio. En septiembre, Estados Unidos, amparado por una resolución de las Naciones Unidas, envió una flota enorme y entró en Corea para forzar a retroceder a los norcoreanos no sólo más allá del paralelo 38, sino hasta casi la frontera con China, lo que provocó una contraofensiva china. Finalmente, se aceptó un armisticio con el paralelo 38 de nuevo como frontera.

Nunca desde entonces ha habido un acuerdo de paz, sino una tregua o alto el fuego. Las dos Coreas siguen, pues, técnicamente en guerra, aunque ambas partes se reúnan ocasionalmente para establecer conversaciones en Panmunjom, en la Zona Desmilitarizada, en una teatralización absurda y tragicómica que dura desde hace ya más de seis décadas. El riesgo de serio conflicto sigue ahí, en un macabro juego que va más allá del equilibrio de intereses que caracterizó la guerra fría. Porque la posibilidad de un ataque masivo contra Seúl es real (está a 50 kilómetros de la frontera), por no mencionar que, ahora, está encima de la mesa (técnica y políticamente) la posibilidad de extender ese ataque a Japón e, incluso, a Guam.

El régimen norcoreano ha ido avanzando en su estrategia nuclear al margen de las sanciones y de la presión internacional, primero enriqueciendo uranio con fines militares, desarrollando misiles cada vez más potentes y de alcance intercontinental, miniaturizando las ojivas para encajarlas en los misiles y, más recientemente, experimentando aparentemente con una bomba de hidrógeno con una potencia destructiva muy superior a las lanzadas sobre suelo nipón en 1945. La amenaza es, pues, real e inocultable.

Aunque ello no obsta para que cualquier ataque norcoreano no fuera correspondido de inmediato causando la destrucción y la muerte en Corea del Norte y, desde luego, la eliminación del régimen. Pero el coste podría ser dramático para Corea del Sur y Japón.

En esa macabra partida de mus (más descriptiva incluso que una de póker), Corea del Norte cree que su capacidad nuclear es disuasoria y una garantía inequívoca para la supervivencia de un régimen que, por lo tanto, sólo podría caer por medio de una acción exterior muy compleja. Nadie, pues, está interesado en la guerra. Bien parece que habrá que acostumbrarse a una Corea del Norte nuclear al margen de la legalidad internacional y sólo contenida por el impacto de sanciones efectivas al régimen y a sus dirigentes, más que las que pueden afectar al conjunto de una población ya condenada a la miseria y a todo tipo de privaciones. Para China, cada vez más preocupada por una Corea del Norte plenamente dependiente para su supervivencia del comercio entre ambos países, sería peor una península unificada y prooccidental con una presencia militar norteamericana hasta su propia frontera en el río Yalu.

Por esa razón tanto China como Rusia desean asegurar la pervivencia del régimen norcoreano y, al mismo tiempo, limitar su capacidad de desestabilización del statu quo. Es un claro ámbito de posible entendimiento entre las potencias globales, pero sin olvidar que Rusia, Japón o Corea del Sur tienen mucho que decir. La solución o la contención de este problema pasa por no establecer acuerdos que marginen a las potencias medias más directamente afectadas. Este enfoque más cooperativo en la región, lejos de los *diktats* del viejo mundo bipolar, y que implica a países de culturas distintas sería otra muestra de la síntesis neooccidental de la que venimos hablando.

Para Estados Unidos está en juego su credibilidad frente a sus aliados. Para Japón y Corea, su propia seguridad ante una amenaza gravísima. Y para China, su voluntad de presentarse como una gran potencia responsable que, defendiendo sus intereses estratégicos, promueve al mismo tiempo la paz y la seguridad como bienes públicos en los que asume su responsabilidad.

Una clara muestra de ese estrecho equilibrio es la Resolución 2375, de 11 de septiembre de 2017, mediante la que el Consejo de Seguridad de las Naciones Unidas adoptó por unanimidad una serie de sanciones muy duras contra el régimen de Pyongyang con la aquiescencia de Pekín. Dichas sanciones incluyen restricciones al tránsito marítimo de buques norcoreanos, a sus exportaciones textiles o a sus importaciones energéticas. Sin subestimar su alcance, no parecen aún determinantes para provocar un cambio real de actitud del régimen norcoreano. Estas medidas fueron producto de un acuerdo de mínimos entre Estados Unidos y China para evitar la imposición de sanciones unilaterales por parte norteamericana. Aunque ponen a China ante el dilema de sostener un régimen que sirve de Estado tapón frente a una hipotética reunificación coreana aliada de Estados Unidos o, en cambio, correr el riesgo cada vez mayor de sostener un régimen dispuesto a cualquier movimiento incontrolado.

Por ello, salvo intervención china, el régimen del excéntrico Kim va a ser más duradero de lo deseable, para absoluta desgracia de los ciudadanos norcoreanos a los que somete.

F. Sobre la sostenibilidad del auge de China

Es necesario encarar un último apunte sobre un gran debate recurrente desde hace décadas: ¿hasta qué punto es sostenible el crecimiento económico chino? Y, sobre todo, ¿cuánto tiempo será ese crecimiento compatible con la cohesión social y la estabilidad de su sistema político?

A pesar de todo tipo de augurios, los dirigentes comunistas chinos van ya por su quinta generación. Todas las previsiones de colapso del sistema han sido desmentidas constantemente por la realidad. Tanto desde el punto de vista de la sostenibilidad de altísimas tasas de crecimiento durante décadas como de la ruptura de la cohesión social como producto de los enormes desplazamientos de población desde el campo a la ciudad y las ingentes necesidades de todo tipo de bienes públicos (vivienda, agua, infraestructuras, educación, sanidad y un largo etcétera) y, sobre todo, desde la perspectiva de la perdurabilidad de un régimen político autoritario de partido único en una sociedad de crecientes clases medias acostumbradas a la libertad económica y presumiblemente ansiosas de libertad política.

Estas consideraciones suelen hacerse desde un enfoque intelectual de claro sesgo occidental producto de la experiencia de nuestras revoluciones burguesas. Una forma de analizar que tiende a olvidar las especificidades de una sociedad y una cultura milenarias. Pero es cierto también que la exigencia de libertad, democracia y respeto a los derechos humanos ha ido permeando al conjunto de un planeta cada vez más interconectado gracias la circulación de los flujos de información, algo que también afecta a sociedades no occidentales como la china. En este debate hay diversas posiciones contrarias que podemos englobar en tres.

Una primera sostiene que, en el medio plazo, China será capaz de desmentir de nuevo los pronósticos agoreros y proseguirá su camino de modernización y desarrollo económico y social. Todo ello en aplicación de una clara estrategia que compagina los equilibrios macroeconómicos con los financieros globales y la consolidación de un consenso general en torno a un régimen político que ofrece estabilidad y prosperidad, y cuya legitimidad descansa en la recuperación de la posición secular de China en el concierto internacional de naciones en el nuevo orden en construcción en este nuevo siglo.

Algo que exige, en cambio, una gran capacidad para hacer frente a las demandas sociales derivadas de la vertiginosa urbanización de la población. Desde este punto de vista se entiende que el propio crecimiento económico irá aportando los recursos necesarios para dotar de vivienda, agua, educación, sanidad, infraestructuras o transporte a sus ciudadanos, como en la práctica ha ido sucediendo hasta ahora. Mientras tanto, el presidente Xi está apartando a los posibles contrincantes dentro del Partido Comunista y reprimiendo fuertemente a los disidentes de todo tipo. El pretexto es la lucha contra la corrupción, que ha permitido encarcelar a poderosos miembros de la *nomenklatura*, como Bo Xilai, jefe del Partido Comunista en Chongquin, o al «zar de la seguridad», Zhou Yongkang.

Es cierto también que existen enormes dudas sobre su sistema bancario, pero no es menos cierto que, analizada en su conjunto, la economía china, al ser fuertemente acreedora neta frente al resto del mundo, tiene un alto margen de maniobra para un saneamiento adecuado si surgiera tal necesidad.

Quizá el reto más serio a corto plazo sea el medioambiental. Por ello China ha asumido las condiciones del Acuerdo de París de 2016. Sin abordarlo seriamente puede enfrentarse a reacciones incontrolables por parte de una población seriamente afectada. El régimen lo sabe y se está tomando este tema muy en serio. Los dirigentes chinos tienen una estrategia claramente definida y no se van a apartar de ella. Ello exige una política implacable en defensa de la unidad nacional y un control férreo, como se ha dicho, de todo tipo de disidencia política a corto y medio plazo. Y así han sido, nítidamente, las posiciones aprobadas durante el XIX Congreso del Partido Comunista de China, que ha encumbrado el poder casi absoluto de Xi Jinping.

Sin embargo, este escenario *optimista* no es compartido por todo el mundo. Hay un segundo escenario que podríamos llamar «escéptico» y que es más crítico con la capacidad de las autoridades chinas para encauzar los enormes desafíos que tienen por delante. Incorpora la convicción de que China tiene que modular sus políticas y que no es posible seguir con las elevadas tasas de crecimiento de las últimas tres décadas. Pero se defiende, en cambio, que seguirá creciendo significativamente y siempre por encima de Occidente. Lo que significa que seguirá ganando terreno en términos relativos aunque tendrá crecientes dificultades para garantizar la cohesión tanto nacional como social. Es decir, China no va a poder escapar de las contradicciones inherentes a un rapidísimo desarrollo y le va a costar resolverlas. Pero eso no significa que se vaya a acercar a ningún escenario parecido al colapso.

Esta última afirmación es la que ponen en duda los que creen que China va a entrar a corto plazo en una espiral insostenible. Lo argumentan diciendo que el reto medioambiental va a imponer límites infranqueables al actual modelo de crecimiento, o que la evolución demográfica (debida a la famosa política del hijo único) conduce a una decadencia irreversible del país por envejecimiento y pérdida de población. Además, debido a la corrupción y al inmovilismo del régimen político, la capacidad de innovación será relativamente escasa y generará pérdidas de competitividad relativa. Finalmente, en este tercer escenario el régimen autoritario y centralista no sería capaz de canalizar ni las demandas sociales y políticas ni las relacionadas con la diversidad y pluralidad interna desde el punto de vista de la cohesión nacional. Devolviéndole la pelota a Mao cuando decía que el imperialismo (norteamericano) era un tigre de papel, los defensores de la tesis «catastrofista» creen que el tigre de papel es, en realidad, la propia China.

Veremos a quién da la razón la historia, pero, a día de hoy, China juega un papel más importante que nunca en los dos últimos siglos. Nadie duda de que dispone de una estrategia clara y paciente para ser una potencia global, y que su rival en el escenario mundial es Estados Unidos. Mientras China parece actuar a largo plazo, Estados Unidos se presenta sumido en tácticas cortoplacistas y miopes, sin ninguna visión estratégica de su papel en el mundo que viene. Está en juego el mundo post-occidental y el carácter de la síntesis neooccidental que estamos analizando.

3

El retorno de Rusia: ¿potencia global o potencia regional?

A. La historia de Rusia y el determinismo geográfico

Pido disculpas por recordar la archisabida cita de Winston Churchill sobre Rusia, pronunciada en 1939 al inicio de la segunda guerra mundial y poco después del estupefaciente pacto entre la Alemania nazi de Hitler y la Unión Soviética de Stalin: «Rusia es como un acertijo envuelto en un misterio que está dentro de un enigma». Menos conocida es, sin embargo, su propia interpretación de la llave para entenderla: la del interés nacional de una Rusia que explica ese pacto infame y contra natura desde el punto de vista ideológico, aunque no desde una perspectiva estrictamente geopolítica.

El interés histórico nacional de Rusia ha sido garantizar su seguridad. Una seguridad dramáticamente determinada por una geografía que, como siempre, explica una muy buena parte de su historia. Desde los orígenes del pueblo ruso, en torno a Kiev en la actual Ucrania, la geografía les hizo huir de la invasión mongola hasta Moscú. No obstante, al no tener fronteras naturales protectoras, sigue siendo un lugar muy difícil de defender. La enorme llanura que, sin solución de continuidad, va desde los Urales hasta la frontera pirenaica occidental de Francia, cruzando casi toda Polonia, media Alemania, Bélgica y los Países Bajos y la parte occidental de Francia, constituye una tentación evidente para todo tipo de invasiones militares.

Los rusos han sufrido múltiples de ellas: de los polacos a principios del siglo XVII, de los suecos a principios del XVIII, de los franceses a principios del XIX y de los alemanes, por dos veces, ya en el siglo XX. Cinco invasiones en los últimos cuatrocientos años. Sin contar las invasiones previas por parte de los mongoles. Ello a pesar de que, como la historia nos demuestra, las invasiones desde el oeste han acabado siempre en fracaso ante los enormes problemas logísticos asociados a la inmensidad rusa o, como le pasó a Napoleón o a Hitler, por el «general invierno». Las incursiones procedentes del este no han sido posibles desde las últimas incursiones mongolas de hace siglos. Ese flanco contaba, además, con la protección natural de los Urales.

Esa es la razón que da sentido a la memorable frase de la emperatriz Catalina II, la Grande, que gobernó entre 1762 y 1796: «La mejor manera de defender las fronteras de Rusia es extendiéndolas». Algo que han practicado los gobernantes rusos desde Iván el Terrible, quien en el siglo XVI amplió sus dominios hasta las actuales fronteras de la Rusia europea. Ya en el siglo XVII conquistaron la actual Siberia y el *hinterland* ruso se consolidó en torno a las fronteras de la Rusia actual. Se eliminó así la posibilidad real de recibir ataques desde el norte, al dominar el Ártico, y desde el este, al lindar con el Pacífico.

Se trataba de garantizar su seguridad por el sur y, sobre todo, por el oeste. A ese empeño se dedicaron Pedro el Grande (1682-1725) y su sucesora, Catalina la Grande. Ocuparon Ucrania, Bielorrusia y los países bálticos, y consolidaron su presencia en el Cáucaso y en el Asia central. Algo muy parecido a lo que después sería la Unión Soviética: control sobre el Ártico, el Báltico, el mar Negro y el mar Caspio. Y del Pacífico norte hasta el mar del Japón. Además, la Unión Soviética, extendió su hegemonía en media Europa, partiendo Alemania en dos y comprendiendo las naciones europeas del centro y el este de Europa, los llamados países satélites que formaban parte del Pacto de Varsovia. La máxima plasmación del sueño imperial ruso, de su «interés nacional».

Esta construcción nacional tan particular es la razón por la que el actual presidente de Rusia calificara la caída del Muro de Berlín, el desmoronamiento de la Unión Soviética y el cambio de bando de los antiguos países europeos sometidos, incluidos los bálticos, que formaban parte de la propia Unión Soviética, hoy miembros de la Unión Europea y de la OTAN, como «la mayor catástrofe geopolítica del siglo XX». Y es así desde una perspectiva rusa. Por su historia y, sobre todo, por su geografía. Sin tener todo eso en cuenta, no seremos capaces de interpretar su actual política exterior.

Rusia percibe como un riesgo y una amenaza todo lo que implique reducir su perímetro de seguridad. Su lejanía de las «aguas cálidas» (con la única excepción de Sebastopol, en Crimea, y también Kaliningrado, en el Báltico sur), además de la carencia de un acceso franco y sin competidores a los océanos, le impide consolidarse como una potencia naval y, por lo tanto, global. Se lo impide Japón en el Pacífico (de ahí la guerra ruso-japonesa a principios del siglo pasado, que terminó con una clara y sorprendente victoria militar japonesa, o el conflicto por las islas Kuriles, barrera natural al norte de Japón, después de su ocupación por la Unión Soviética, aprovechando la rendición japonesa que terminó con la segunda guerra mundial). Turquía le frena en el Bósforo y los Dardanelos, y Dinamarca y Suecia en el estrecho de Skagerrak para conectar con el mar del Norte, a pesar del enclave en suelo europeo de Kaliningrado.

En este contexto, el alineamiento occidental en el Cáucaso o en sus fronteras europeas tras la pérdida de las repúblicas bálticas y de Polonia y del debilitamiento de su posición en los mares Báltico y Negro por la independencia de Ucrania, constituyen, en el sentido literal del término, *casus belli*.

B. Los conflictos recientes

Aunque constituyan flagrantes violaciones del derecho internacional, en este marco cobran sentido hechos como el ciberataque a Estonia en 2007 (precedente, por una parte, de lo que ha venido luego y, por otra, del impresionante desarrollo tecnológico de Estonia en este terreno, algo que ha convertido a ese país en puntero en la «ciberestrategia»), la guerra en Georgia de 2008, la práctica independencia de la región de Transnistria, en Moldavia, la guerra de Chechenia (atendiendo al principio de integridad territorial que, en cambio, Rusia no reconoce en otros casos), los conflictos entre Armenia y Azerbaiyán, enquistados desde la independencia de las repúblicas que formaban parte de la Unión Soviética tras su desmoronamiento, o la guerra en Ucrania y la anexión de Crimea en 2014. También nos explica los últimos movimientos en el enclave ruso de Kaliningrado, rodeado de países de la Unión Europea y de la OTAN.

En el caso de la autoproclamada como República de Transnistria, sólo reconocida internacionalmente por otros tres países que, a su vez, no tienen reconocimiento internacional (Osetia del Sur, Abjasia y Nagorno Karabaj), hablamos de una de las consecuencias colaterales del súbito desmoronamiento de la Unión Soviética. La Unión Soviética incorporó por la fuerza la antigua Besarabia, íntimamente ligada históricamente a Rumanía, a raíz del pacto germano-soviético de 1939, y la integró con Transnistria (que formaba parte de la república soviética de Ucrania hasta entonces), creando la nueva república soviética de Moldavia, que después de diversas vicisitudes durante la segunda guerra mundial, durante la que fue invadida y anexionada de facto por Rumanía, aliada del Eje, se consolidó como tal dentro de la Unión Soviética.

A partir de su desmoronamiento con la caída del Muro de Berlín y las tensiones independentistas que acabaron con el régimen soviético (en mayor medida que el colapso de su sistema económico), una de las repúblicas que proclamó su independencia fue la de Moldavia, en 1991. Pero anteriormente, en 1990, lo hizo la región de Transnistria, zona con un fuerte sentimiento eslavo y rusófilo, además de una considerable presencia militar soviética y, por ende, rusa. Algo que la naciente república moldava no aceptó, dando inicio así en 1992 a una guerra que culminaría en julio de ese mismo año con un alto el fuego que dejó las fronteras prácticamente inalteradas en las dos orillas (aunque no exactamente) del río Dniéster, que desemboca en el mar Negro, en la ciudad ucraniana de Odessa. Desde entonces, Transnistria actúa de facto como un país independiente apoyado por Rusia, aunque el derecho internacional no la reconoce como tal y la comunidad internacional la sigue considerando parte de Moldavia. Para Rusia constituye un enclave aliado más allá de las fronteras con Ucrania que en su momento podría permitirle acceso al mar Negro, al oeste de la península de Crimea.

Otro conflicto, que hunde sus raíces en la convulsa historia del Cáucaso, es el existente entre Armenia, república exsoviética de mayoría cristiana ortodoxa con un idioma indoeuropeo de raíces milenarias, y Azerbaiyán, república exsoviética de mayoría musulmana y azerí, en torno al enclave mayoritariamente armenio de Nagorno Karabaj, dentro de las fronteras actuales de Azerbaiyán. Se trata de un conflicto que se sumerge en la noche de los tiempos, aunque la disputa sobre la soberanía en sus términos modernos tiene un siglo de vida. Curiosamente, cuando se desmoronaron los imperios otomano y zarista, en 1917, al finalizar la primera guerra mundial, las tres naciones del Cáucaso (Armenia, Azerbaiyán y Georgia) constituyeron la República Federal Transcaucásica, que duró poco más de tres meses debido a las disputas territoriales y fronterizas entre armenios y azeríes. El mayor motivo de fricciones, que rápidamente derivó hacia la guerra abierta, fue el de la región Nagorno Karabaj. El conflicto bélico duró hasta 1920, cuando la Unión Soviética intervino militarmente e impuso, no sin contradicciones internas, la división territorial que hemos conocido hasta su desmoronamiento, incluido el pequeño enclave de Najichevan, dependiente de Azerbaiyán, situado en territorio armenio, fronterizo con Irán y con una pequeña franja limítrofe con Turquía.

Aun así, la Unión Soviética no pudo impedir, incluso antes de su desaparición, que se iniciara una nueva guerra en 1988, con antecedentes de conflictos sangrientos de carácter étnico (el factor religioso nunca ha sido, en este caso, el más relevante, como hemos comentado) y fuertemente nacionalista. En el caso armenio, además, con un componente indudablemente expansivo: la voluntad de reconstruir la Armenia Unida en el conjunto del Cáucaso, incluyendo territorios de los actuales Irán y Turquía. Esto provocó la intervención militar soviética, pero al desmoronarse la Unión Soviética, el conflicto derivó definitivamente hacia una guerra abierta en 1992 con la declaración de independencia por parte de Nagorno Karabaj. Armenia contaba con el apoyo de su diáspora y de Estados Unidos, mientras Azerbaiyán tenía el de Irán y Turquía y, también, paradójicamente, el de Israel, al parecer por presiones de la influyente minoría judía en el país azerí.

Propiciado por Rusia, en 1994 se acordó un alto el fuego que consolidó el dominio militar armenio no sólo sobre Nagorno Karabaj, sino también sobre una parte adicional del territorio azerí, situaciones ambas de facto pero que no han sido reconocidas por la comunidad internacional. Sin embargo, los conflictos se han sucedido, enfrentamiento bélico incluido durante cuatro días en 2016. Los embates cesaron, de nuevo, por la intervención rusa.

Rusia intenta, pues, mantener el Cáucaso bajo su influencia, aunque la proximidad política de los azeríes con Turquía e Irán, así como su autonomía económica derivada de su riqueza en hidrocarburos, convierten a Armenia en un país aliado más sólido y más dependiente económicamente. Además, el interés geopolítico por el Cáucaso explica, asimismo, la intervención rusa en Georgia, país históricamente muy vinculado a Moscú. Conviene recordar que Stalin era georgiano, así como el último ministro de Asuntos Exteriores soviético, Eduard Shevardnadze, quien llegó a ser presidente de Georgia entre 1995 y 2003.

La excusa perfecta fue el intento en 2008 del entonces presidente georgiano Mijaíl Saakashvili (muy popular entre los nacionalistas georgianos pero aventurero e imprudente) de recuperar militarmente el control efectivo sobre Osetia del Sur, de mayoría rusa y muy ligada a la república rusa autónoma de Osetia del Norte. Saakashvili creyó ingenuamente que iba a contar con apoyo europeo y norteamericano, pero provocó la intervención rusa y el resultado final fue la derrota de Georgia y la independencia de facto tanto de Osetia del Sur como de la región de Abjasia, al norte de la república, limítrofes con Rusia y el mar

Negro, y eventual alternativa a la base naval rusa de Sebastopol. Ambos territorios sólo están reconocidos por Rusia y algunos aliados como Nicaragua o Venezuela, pero carecen del menor reconocimiento internacional. No obstante, con su actuación contundente y rápida, Rusia lanzó un mensaje claro: no tolerará la incorporación de Georgia a la OTAN, pese a su condición de país aspirante, una vez que ha quedado clara su determinación de acudir a la guerra si considera que sus intereses vitales en el Cáucaso pueden verse afectados.

C. El conflicto de Ucrania

Esa es la ultima ratio del conflicto en Ucrania: Rusia no puede aceptar que lo que entiende como su perímetro mínimo de seguridad se acerque directamente a sus propias fronteras. Ya tuvo que aceptarlo con la incorporación de las repúblicas bálticas a la OTAN y a la Unión Europea, además de los antiguos países aliados del extinto Pacto de Varsovia.

Rusia argumenta que hubo un acuerdo firme aunque no escrito entre Gorbachov y los líderes occidentales (particularmente Reagan y Bush padre), que estos nunca confirmaron. Rusia (entonces aún la Unión Soviética) aceptaba la reunificación alemana y la retirada de sus tropas de la antigua Alemania Oriental a cambio del compromiso de Occidente de no ampliar la OTAN con sus antiguos países satélites. Rusia, por lo tanto, se mostró traicionada con las sucesivas ampliaciones de la Alianza Atlántica. Primero, en 1999, con la entrada de Polonia, Hungría y la República Checa, y, en 2004, de Eslovaquia, Rumanía, Bulgaria, Eslovenia y las tres repúblicas bálticas. Ampliación que se completó en 2009 con la incorporación de Croacia y Albania. Y, por supuesto, la de Montenegro en 2017.

Hay que analizar el conflicto ucraniano desde esa perspectiva, aunque Rusia tiene otros conflictos abiertos que conectan con la historia y la geografía. Es el caso de la península de Crimea, bajo dominio turco y poblada históricamente por los tártaros, e incorporada al Imperio zarista desde finales del siglo XVIII tras una de las numerosas guerras con los otomanos, la de 1774. Esa es la razón por la que rusos y turcos han sido tradicionalmente enemigos. Históricamente se han disputado las mismas áreas de influencia en el mar Negro, los Balcanes o el Cáucaso.

Esa pertenencia a Rusia prosiguió con la Unión Soviética, aunque los nazis la ocuparon en 1941, acabando con una república autónoma tártara, dentro de la Rusia soviética, creada en 1921. Al reconquistarla, Stalin decidió rusificarla y deportó masivamente a los tártaros (acusados de colaboracionismo nazi) y la dejó como una mera provincia dentro de la república socialista soviética rusa. En 1954, con el ucraniano Nikita Jrushchov como secretario general del PCUS, se decidió incorporarla a la república socialista soviética de Ucrania bajo el doble argumento de que no tenía fronteras con Rusia y sí con Ucrania y que, dentro del espacio soviético (que se suponía eterno) no importaban esas adscripciones administrativas. Vimos después cómo el desmoronamiento de la Unión Soviética tuvo muchísimo más que ver con las tensiones territoriales acumuladas y relativamente soterradas por la represión de un régimen totalitario que con la propia y evidente ineficiencia de su sistema económico y político.

Para los rusos, en cambio, Crimea era *suya*, máxime si su estratégica base naval en el mar Negro (la única en aguas cálidas) se había establecido en Sebastopol, escenario de la llamada guerra de Crimea a mediados del siglo XIX entre la Rusia zarista y el Imperio otomano, aliado con franceses y británicos para impedir el expansionismo ruso a costa de los turcos.

La obsesión por Sebastopol explica la tormentosa relación entre Rusia y Ucrania desde su independencia tras la desaparición de la Unión Soviética. Proclamación que pasó, una vez asumida su pertenencia al territorio de Ucrania, por un arrendamiento ruso de la base por veinte años, renovable por acuerdo de las partes, que tenía su primer vencimiento ¡en 2017! Se renovó por veinticinco años más, hasta 2042, de manera ya improrrogable. Esa es la razón por la que para Rusia es vital una Ucrania subordinada desde el punto de vista geopolítico, por una parte, y una recuperación del control sobre Crimea y, en particular, sobre Sebastopol, por otra. De ahí que aprovechara la crisis de las manifestaciones populares proeuropeas y nacionalistas antirrusas que comenzaron en Kiev a finales de 2013 en la plaza o *maiden* de la Independencia para, bajo el pretexto de proteger a las poblaciones rusohablantes ante el derrocamiento del gobierno ucraniano prorruso y su sustitución por otro de signo prooccidental, ocupar Crimea e integrarla, en marzo de 2014, a la Federación Rusa como república autónoma tras un referéndum popular.

Por otro lado, Rusia ha defendido siempre que la revuelta popular ucraniana del Euromaidán fue, en realidad, un golpe de Estado auspiciado por la Unión Europea. Tenía, por lo tanto, derecho a oponerse a una nueva situación que consideraba ilegal desde el punto de vista del derecho internacional. Sebastopol se constituyó como ciudad federal bajo autoridad directa del gobierno central ruso. Aunque apenas algunos países, como Afganistán, Corea del Norte, Siria, Cuba, Nicaragua o Venezuela, han reconocido dicha integración, otros aliados naturales de Rusia, como Kazajstán, Bielorrusia o Armenia, no lo han hecho. Temen sufrir en el futuro una intervención militar rusa en sus propios territorios. Tampoco China ha quebrado su compromiso inalterable con la defensa del principio de integridad territorial de los Estados.

No obstante, Rusia jamás va a volver a ceder Crimea. Por otro lado, Occidente no va a comprometer aún más su relación con la potencia eslava por un tema en el que, más allá de la quiebra flagrante de la legalidad internacional y el respeto a la integridad territorial de los Estados, considera que a Rusia le asisten razones históricas difícilmente objetables.

Sin embargo, la actitud occidental es distinta con relación a la actitud rusa en el conflicto ucraniano. Más allá de Crimea, para Occidente es una cuestión estratégica evitar que Ucrania vuelva a la órbita rusa. Y, para Rusia, impedir que Ucrania se integre en la OTAN y, eventualmente, estreche su relación con la Unión Europea. Probablemente Rusia se juegue más y le dé más importancia al asunto que Occidente. Finalmente, si no se forma parte de la OTAN, Moscú está mucho más cerca que Washington. Siempre se ha dicho que si para los rusos San Petersburgo es la cabeza y Moscú el corazón, Kiev es el alma. No en vano los rusy, población histórica de la Rus de Kiev, proceden históricamente de allí.

De ahí que la revolución de Euromaidán hiciera sonar todas las alarmas y que se reactivara la perenne palanca de la dependencia energética, esa arma permanentemente utilizada por Rusia para compensar su debilidad en otros terrenos, como el de la cooperación económica y su competitividad tecnológica. Pero, sobre todo, debido a que el presidente Putin la viera como una oportunidad para neutralizar por mucho tiempo cualquier posibilidad de integrar Ucrania en la Alianza Atlántica y de que sus fronteras seguras quedaran a menos de ochocientos kilómetros de Moscú, lo que es asumido por Rusia como un riesgo inaceptable para su seguridad. El mandatario ruso no ha dudado en utilizar la fuerza militar, directamente en Crimea, y subrepticia e indirectamente, pero de forma evidente, en Ucrania oriental apoyando los movimientos secesionistas de las denominadas repúblicas de Donetsk y de Lugansk, en la región oriental del Donbáss, fronteriza con Rusia.

Los enfrentamientos militares han sido muy duros y sangrientos, pero han cristalizado en un statu quo que implica, a pesar de los diferentes Acuerdos de Minsk (primero entre los contendientes, incluida Rusia, y luego con la participación activa de Francia y Alemania), una independencia de facto de un Donbáss dividido en dos repúblicas independientes y dominadas por alianzas inestables entre los oligarcas locales y los servicios de inteligencia, ambos ligados a los intereses rusos. Ucrania ha perdido todo control efectivo de parte de su frontera oriental con Rusia.

Poco puede hacer ante el poder militar ruso y ante la resignación de Occidente, a pesar de las importantes sanciones desplegadas tanto por Estados Unidos como por la Unión Europea. Al fin y al cabo, Ucrania (con sus dos almas, la proeuropea y la prorrusa) tampoco justifica un enfrentamiento permanente y tenso con Rusia, aunque se siga apoyando un progresivo alineamiento de Ucrania con la Unión Europea en los aspectos económicos, comerciales y tecnológicos. Rusia, en este contexto, no parece interesada en una integración formal del Donbáss. Le basta con el carácter desestabilizador y de presión que su existencia ejerce sobre Ucrania, argumentando la necesidad de reformar su sistema político en un sentido federal y, en la práctica, confederal.

D. La respuesta de la Alianza Atlántica y el papel de Kaliningrado

Eso no obsta para que se le envíen claros y rotundos mensajes a Rusia que dejen claro que sus operaciones militares en Georgia o en el Donbáss tienen como límite las fronteras actuales de la Alianza Atlántica, y que es total la determinación de defender a, por ejemplo, los países bálticos ante cualquier injerencia rusa con la excusa de proteger a minorías rusófonas en esos países.

De ahí la respuesta disuasoria de la OTAN con la puesta en marcha de la Enhanced Forward Presence (Presencia Avanzada Reforzada), aprobada en Varsovia en 2016. Iniciativa que viene a sumarse a la misión para defender el espacio aéreo de los países bálticos aprobada anteriormente. Así, los ministros de Defensa acordaron en octubre de 2016 la creación de cuatro batallones multinacionales (con unos 4500 efectivos) para que se desplieguen en los tres países bálticos y en Polonia, los más directamente amenazados (al menos, en su percepción subjetiva) por la agresividad rusa. Países que quisieran que la movilización permanente fuera mucho mayor en lo que se denomina la «*Deterrence by Denial Approach*».

Aunque lo más disuasorio no es el despliegue, sino su carácter multinacional y el mensaje de que es la OTAN en su conjunto la que estaría directamente implicada en caso de eventual conflicto. El despliegue se produce en Polonia, bajo mando norteamericano (junto con Rumanía y el Reino Unido), en Estonia, bajo mando británico (con Francia y Dinamarca), en Lituania, bajo mando alemán (con el Benelux, Noruega, Croacia y Chequia) y en Letonia (bajo mando canadiense, con participación albanesa, italiana, polaca, eslovena y, de manera notable, de las Fuerzas Armadas españolas). Es decir, nada menos que un total de diecisiete países de los veinticuatro que constituyen la Alianza en su flanco este.

Otro debate es el de la necesidad de un compromiso semejante en el flanco sur ante las evidentes amenazas provenientes del norte de África y del Sahel. Probablemente la Alianza necesite desarrollar una doble estrategia: hacia el este, frente a Rusia, y hacia el sur, frente a la debilidad estatal, el terrorismo yihadista, el tráfico de drogas y de armas, o las mafias de la inmigración ilegal. En cuanto al despliegue en el Báltico, la participación española incluye, además de más de trescientos militares, carros de combate Leopard y Pizarro, aviones caza, morteros pesados, transportes oruga o misiles contra carro.

Pero, añadido a ese despliegue de la OTAN, un país occidental formalmente neutral como Suecia ha realizado sus mayores maniobras militares en el Báltico desde el final de la guerra fría, frente al enclave ruso de Kaliningrado y con base en la estratégica isla de Gotland, con apoyo estadounidense y de Dinamarca, Estonia, Lituania, Francia, Noruega y también Finlandia, otro país en teoría neutral o no miembro.

Es probable que esa sea la razón por la que Rusia respondió con otras maniobras militares masivas que generaron enormes dudas sobre la dimensión real de los efectivos desplegados, muy superior a la anunciada. Y a esas maniobras en territorio bielorruso (Zapad-17) le han sucedido nuevas demostraciones de la OTAN en Polonia. En el caso de Zapad-17, al margen del debate sobre el número real de efectivos desplegados y la falta de transparencia de quienes las acometieron, Rusia ha mostrado músculo militar, mostrando, por ejemplo, el primer Ejército de Tanques de Guardia, que fueron los invasores de Checoslovaquia en 1968 tras la Primavera de Praga, así como un nuevo carro de combate —el T-14 Armata— con prestaciones incluso superiores a las de los actuales Leopard. También ha intentado recomponer su alianza con Bielorrusia, que ha accedido a llevar a cabo unas maniobras militares conjuntas por primera vez.

No es algo que deba causarnos sorpresa, pues Rusia considera a Bielorrusia más como un vasallo que como un aliado. Además, ha utilizado los suministros de hidrocarburos como elemento de presión. Bielorrusia se ha opuesto a esos chantajes y en un delicado equilibrio ha resistido todos los intentos de absorción a través de un acercamiento a Occidente. Por ejemplo, no reconociendo la anexión de Crimea, pues teme por su propio futuro, o manteniendo buenas relaciones con Ucrania, además de negándose a la instalación de nuevas bases rusas en su territorio. Compleja relación que conviene no abordar de forma simplista.

Con este juego de maniobras y contramaniobras nos encontramos, al fin y al cabo, en un macabro pulso en el que tiene un importante papel que jugar el enclave de Kaliningrado, un territorio de apenas 15.000 km^2 (algo mayor que Murcia) con un millón de habitantes. Aunque su historia es larga e interesante. Primero fue prusiana y luego alemana (la antigua Königsberg, cuna de Kant o de Federico I de Prusia), y tras la primera guerra mundial, fue integrada en Alemania con el llamado Corredor de Danzig.

Tras la ocupación soviética al final de la segunda guerra mundial, la Unión Soviética impuso una recomposición de fronteras entre Polonia, Alemania y la propia Unión Soviética, cambios que supusieron grandes desplazamientos de población. Incluida la anexión de lo que pasó a denominarse Kaliningrado en homenaje a Mijaíl Kalinin, presidente del Soviet Supremo hasta 1946, siguiendo la curiosa fijación socialista de imponer a las ciudades históricas los nombres de sus líderes, como fueron los casos de Leningrado o Stalingrado.

Debemos recurrir de nuevo a la historia y a la geografía. Para la Unión Soviética y, por ende, para Rusia, el dominio de Kaliningrado implica un acceso al Báltico, al sur de San Petersburgo y de las tres repúblicas bálticas, en aguas más calientes, facilitando, aunque no del todo, su acceso al mar del Norte y, por consiguiente, al Atlántico Norte. Por eso Kaliningrado es vital para Rusia. Constituye una base militar en sentido amplio y, también, un elemento formidable de presión contra la OTAN y, en particular, contra Lituania y Polonia. Conviene no olvidar que si Rusia estableciera un corredor a través de Bielorrusia entre su territorio y Kaliningrado (la franja Suwalki), aislando así a las repúblicas bálticas, su ocupación sería cuestión de dos o tres días.

En consecuencia, ante el despliegue antes mencionado de la OTAN en los países bálticos y en Polonia (incluyendo un sistema antimisiles como el desplegado en Rota y que es de una gran importancia estratégica que revaloriza significativamente el papel de España como aliado de Estados Unidos en el seno de la Alianza Atlántica), la respuesta rusa ha sido clara: la disposición a instalar misiles de alcance corto y medio que amenazan directamente capitales como Berlín, Londres o París. Volvemos al gran juego que se desarrolló en Europa en los años ochenta con el despliegue de los misiles de corto y medio radio por parte de la OTAN en territorio alemán. Aunque las circunstancias son otras, no son menos peligrosas que las que entonces vivimos. Prestemos, pues, mucha atención a Kaliningrado.

En este repaso de los conflictos abiertos en el espacio postsoviético nos queda por abordar Oriente Medio y las complejísimas relaciones de Rusia con Irán o Turquía. Y, por supuesto, la lucha común contra el yihadismo, incluyendo la intervención directa de Rusia en Siria. De estos asuntos hablaremos más adelante, al tratar específicamente el conflicto de Oriente Medio con sus múltiples y tortuosas derivadas.

Por el momento, de lo antedicho surge la pregunta: ¿tiene capacidad Rusia para ser una potencia global?

E. ¿Tiene cabida Rusia como potencia en un nuevo mundo imperfectamente bipolar? ¿Tiene su lugar en un mundo tripolar?

Evidentemente, Rusia lucha por conseguirlo. Ya no es ni puede volver a ser la gran potencia que durante décadas fue la Unión Soviética. La Unión Soviética fue la potencia global que competía con Estados Unidos durante la guerra fría. Se lo permitió su extensión geográfica (¡cuarenta y cinco veces España!, y casi como toda América del Norte), su población (trescientos millones de habitantes), su poderío militar (la segunda potencia nuclear del mundo y en ejército convencional) y, sobre todo, por su *soft power*, asociado a su influencia ideológica y política al representar la alternativa a Occidente. Es decir, gracias a su oposición a la democracia representativa (considerada «burguesa»), a la economía de mercado (el capitalismo) y a la hegemonía de Estados Unidos (en su terminología, el «imperialismo»).

Frente a ello, la Unión Soviética contraponía la dictadura del proletariado como fase previa (jamás concluida) de la sociedad sin clases, la economía de planificación centralizada, con propiedad estatal de todos los medios de producción, y el apoyo explícito a todos los movimientos de liberación que se opusieran a Occidente. Y, por supuesto, el enfrentamiento militar localizado. El equilibrio del terror y la doctrina de la destrucción mutua asegurada hacían imposible la confrontación directa, pero se coexistió en una lucha sin fin por la redefinición de los espacios estratégicos de cada uno de los bandos de la guerra fría. Desde Centroamérica y Sudamérica hasta África o el Sudeste Asiático, pasando, por supuesto, por Europa. Una estrategia que también entraba en disputa con China en muchos terrenos por el papel hegemónico en el llamado campo socialista. Pero Rusia estuvo siempre muy por encima de una China subdesarrollada con escasa proyección exterior.

Todo esto pasó a la historia al caer el Muro de Berlín y tras el desmoronamiento de la Unión Soviética en 1991. Se pasó efímeramente a un supuesto mundo unipolar que pronto se demostró inexistente, como el nuevo papel de China en este siglo pone de manifiesto. La realidad es que Rusia, heredera de la Unión Soviética en muchos sentidos (aglutina, por ejemplo, toda su capacidad nuclear, o su puesto como miembro permanente en el Consejo de Seguridad de las Naciones Unidas), tiene enormes debilidades que le impiden ser una potencia global. Esa es la razón por la que el presidente Obama, de un modo un tanto peyorativo, la calificaba de «potencia regional».

Aunque la antigua Unión Soviética se descompuso en nada menos que quince países soberanos, Rusia sigue siendo el país más extenso del mundo. Pero también es uno de los de menor densidad demográfica. Rusia tiene ahí un hándicap evidente: una población escasa, que no llega a los 150 millones (insuficiente para una superpotencia), y una evolución demográfica que la aboca al suicidio a largo plazo, no muy distinto del que nos afecta a algunos países occidentales.

Con la caída del ideal socialista al mismo tiempo que la Unión Soviética, cayó también su poder ideológico. Hoy Rusia no dispone de ningún *soft power* significativo. Por eso utiliza el poder militar de manera, digamos, «desacomplejada». Su interés es su seguridad, no la influencia de su sistema social, económico o de gobierno. En cualquier caso, sí persigue debilitar los sistemas políticos, económicos y sociales de las democracias representativas. Lo hace a través de la guerra asimétrica, mediante el uso de instrumentos hasta ahora no convencionales: la ciberguerra y el uso masivo y brutalmente manipulador de las redes sociales, contando con agentes traidores como el fundador de Wikileaks, Julian Assange, y aprovechando todo tipo de conflictos políticos en Occidente, desde las elecciones en Estados Unidos o Francia, al secesionismo catalán o el *brexit*. Pero no es, en puridad, un poder genuinamente ideológico.

Por supuesto, tampoco es un poder económico. No dispone de una economía propia de una superpotencia. Su PIB nominal es sólo muy ligeramente superior al de España y apenas un tercio del de Alemania. Está aquejada de enormes debilidades estructurales, entre ellas una excesiva dependencia de los ingresos por las ventas de su principal materia prima, el petróleo y, sobre todo, el gas, su pobre estructura bancaria y de crédito, su escaso gasto privado en innovación y tecnología, y su recurso habitual a la depreciación del rublo para recuperar ingresos internos y productividad, con el consiguiente empobrecimiento cíclico de sus niveles de renta y de riqueza.

Por todo ello, a pesar de un activismo en política exterior que a menudo acompaña del uso de la fuerza militar, Rusia puede aspirar a ser una potencia regional de primer orden más allá de sus fronteras, pero limitada a su «extranjero próximo», que es como define Rusia lo que considera que debe ser su área de influencia vital, una zona que coincide aproximadamente con los confines de la extinta Unión Soviética. También tiene un papel que jugar en otras áreas en las que pugna por esa influencia con otras potencias regionales: es el caso de Oriente Medio.

Por lo tanto, en esta síntesis neooccidental que se perfila en el horizonte, el papel y la influencia de Rusia será menor de lo que le gustaría, y desde luego mucho menor del papel que tuvo en el mundo bipolar de la guerra fría. No será un actor meramente gregario, como ya hemos podido comprobar estos últimos meses en escenarios tan distintos como Oriente Medio o incluso Estados Unidos, pero su fuerza a largo plazo en la configuración estructural del mundo que analizamos sí será menor. Es importante recordar que China era ya un gran país durante la guerra fría, aunque muy encerrado en sí mismo y con escasa proyección hacia el exterior, acuciada por sus enormes problemas internos. Era la Unión Soviética la que disputaba a Estados Unidos el liderazgo mundial. La Unión Soviética era una potencia global, pero hoy Rusia no puede aspirar a eso. Aunque intente aparentarlo, incluidas algunas veleidades más allá de Oriente Medio, por ejemplo, en Cuba o, más recientemente, Venezuela.

En cambio, China se ha proyectado espectacularmente hacia el exterior y se ha convertido en una potencia cada vez más pujante. Y eso marca claramente la actual relación entre ambas. Después de muchos desencuentros históricos, antiguos y recientes. Conviene recordar las guerras fronterizas en la década de los setenta, así como la pugna por la hegemonía ideológica dentro del campo socialista, donde el maoísmo se contraponía al postestalinismo. Pero tras estos desencuentros históricos, hoy las relaciones políticas sino-rusas son excelentes. Ya hemos repasado algunas de las numerosas iniciativas multilaterales que Rusia y China comparten, desde los BRICS (el acrónimo de una asociación económica-comercial de las cinco economías nacionales emergentes más importantes del mundo, Brasil, Rusia, India, China y Sudáfrica) al Grupo de Shanghái. Las relaciones económicas y comerciales son escasas pero estratégicamente muy relevantes, tales como los enormes contratos de suministro de gas ruso a largo plazo. Además, suelen mantener posiciones similares en grandes conflictos internacionales y en el seno del Consejo de Seguridad.

Como hemos venido enfatizando, la geografía siempre está y la historia siempre vuelve. Y Rusia y China se enfrentan a un brutal desequilibrio demográfico en el Pacífico. La parte rusa, la Siberia oriental, está prácticamente despoblada, mientras la parte china, Manchuria, está superpoblada. Sólo las separa una frontera amplísima y difícilmente defendible. Se enfrentan objetivamente también por sus intereses —por definición incompatibles a largo plazo— en Asia central y en el mar Caspio, más aún con la decidida apuesta china por la nueva Ruta de la Seda. Esa buena relación actual chocará en el futuro con los intereses de ambas partes. Aunque compartan el interés común de terminar con la hegemonía de Estados Unidos, discreparán sobre cómo conseguirlo. Porque en ese *cómo* se confrontan estrategias distintas y, a menudo, no compatibles entre sí.

Sin embargo, a esa debilidad estratégica rusa conviene añadirle unos significativos matices: por una parte, es necesario considerar el peso de la utilización desacomplejada que hace Rusia de su poder en el escenario energético global, una palanca de extraordinaria influencia. Por otra parte, son importantes las enormes perspectivas que se presentan con el deshielo del Ártico, pues abren Rusia al Atlántico y al Pacífico sin los constreñimientos ya citados del Báltico y del mar Negro, algo que permite también romper el maleficio de los cuellos de botella de Malaca, Ormuz o Bab el Mandeb. Ambos temas merecen unas consideraciones específicas.

F. La geoestrategia energética de Rusia en un mundo global

Obviamente, la geoestrategia en torno a la energía sobrepasa ampliamente los objetivos de este ensayo, aunque es inevitable referirse a ello para explicar ciertos aspectos del repliegue norteamericano en Oriente Medio y los inextricables conflictos en esa región, la política exterior de China o los incipientes y potenciales conflictos en el Ártico, al que nos referiremos luego. Hacerlo desde la perspectiva rusa puede ayudarnos a entender algunos de los grandes elementos que están en juego.

No vamos a entrar en el futuro escenario energético derivado de las obligaciones acordadas en el Acuerdo de París sobre el Cambio Climático (firmado por todos los países excepto Siria, y denunciado escandalosamente por Estados Unidos por decisión del presidente Trump), ni en la expansión creciente de todo tipo de energías renovables (que dentro de quince años pueden representar un tercio del total de la producción energética mundial), ni en la entrada de nuevos actores y nuevas fuentes gracias a las nuevas tecnologías de extracción de combustibles fósiles en aguas profundas o de la técnica del *fracking*, tanto para el petróleo como para el gas. Ello merecería un ensayo específico y muy extenso.

En cambio, a efectos de este libro, sí conviene analizar el impacto estratégico del nuevo mapa de los hidrocarburos, base todavía muy perdurable de lo que llamamos combustibles fósiles (aunque sean líquidos o gaseosos), como lo es también el carbón. En particular, del petróleo y del gas.

En cuanto al petróleo, la entrada de nuevos actores está minimizando el papel de la Organización de Países Exportadores de Petróleo (OPEP), aunque Oriente Medio seguirá siendo un actor esencial (aunque declinante) al contar con las mayores reservas y con costes de extracción más baratos. A otros productores y exportadores, como Venezuela y otros países latinoamericanos, habrá que añadir las posibilidades enormes derivadas de la eventual mayor explotación de las enormes reservas en el mar Caspio o en el océano Ártico. Aunque más allá de la oferta creciente y una demanda que parece que va a aumentar en menor medida (y que incluso puede empezar a bajar a mediados de la próxima década), el petróleo tiende a ser desplazado por un uso cada vez más intensivo del gas natural, tanto por su mucho menor efecto contaminante como por su competitividad en sectores tan relevantes como la automoción, y la introducción del coche eléctrico. Sólo hace falta observar las inversiones de las grandes compañías energéticas mundiales. Hoy son ya el doble en el gas que las previstas en el sector petrolífero. A pesar del impulso a las renovables, el gas se perfila como una alternativa competitiva y relativamente limpia, al menos para los próximos veinte años.

De ahí el enorme esfuerzo inversor en *pipelines* o gasoductos. Proyectos con una repercusión geopolítica a menudo muy relevante, tales como las plantas de regasificación en los países consumidores (como España, que dispone de siete) y, por ende, de licuefacción, en los países exportadores. Por eso, y a pesar de las fluctuaciones de los precios mundiales, la fortaleza de Rusia sigue siendo probablemente la más relevante en todo el planeta. Dispone, por lo tanto, de un arma geopolítica de gran magnitud que lleva a Occidente a la búsqueda incesante de alternativas no siempre coherentes con los intereses estratégicos a largo plazo de los países hasta ahora dependientes.

En cuanto al petróleo, Rusia es el mayor productor del mundo con 11 millones de barriles diarios, aunque en reservas es el octavo (a expensas del Caspio y del Ártico). En el caso del gas, en cambio, es de largo el país con mayores reservas y, en producción, sólo le supera Estados Unidos. Una situación privilegiada que el presidente Putin ha utilizado de forma muy intensa para afianzar su objetivo de devolver a Rusia el estatus de gran potencia y ejercer su influencia tanto hacia su suroeste, en el continente europeo, como hacia el sureste, llegando a ingentes acuerdos de suministro en 2014 (coincidiendo con la crisis ucraniana) con China.

Para ello, gracias al carácter estatal de las principales compañías energéticas y, en particular, de Gazprom (en la que el Estado dispone de algo más del 50 por ciento, después de renacionalizarla), ha podido aplicar una política en la que los precios y, por lo tanto, los beneficios económicos se han subordinado a los intereses geopolíticos. Al menos hasta cierto punto, dado que el presupuesto público depende en gran medida de los ingresos energéticos. El ejemplo paradigmático es Ucrania, llave a su vez de buena parte del suministro a los países de Europa central y oriental, particularmente los pertenecientes al espacio postsoviético que hoy son miembros de la Unión Europea y de la OTAN.

Las tres repúblicas bálticas y Finlandia reciben el ciento por ciento de sus necesidades de gas de Rusia. Bielorrusia y Ucrania, entre el 70 y el 90 por ciento. Similares porcentajes reciben la República Checa, Eslovaquia, Bulgaria, Austria o Grecia, y en menor medida pero también importante, Polonia, Eslovenia o Hungría. Además, en torno a un tercio de las necesidades de Alemania o Italia dependen del gas ruso. En el caso de Ucrania, que ha recibido históricamente precios subvencionados, supone una gran debilidad estratégica al albur de posibles reacciones rusas en función de sus intereses geopolíticos.

Así, tras la Revolución naranja de finales de 2005, Rusia decidió dejar de vender gas a Ucrania a precios preferentes y esta se apropió del gas que, a través de su territorio, tenía como destino el resto de Europa. Se generó así una crisis de gran trascendencia que terminaría, finalmente, con un nuevo acuerdo que, sin embargo, no evitó una nueva crisis en invierno de 2009. Por último, después de los episodios de 2014 ya comentados, se anularon los descuentos. No obstante, Kiev sigue dependiendo muy significativamente de Rusia y está al capricho de cualquier recrudecimiento del conflicto.

En todo caso, todo ello pone de manifiesto una enorme debilidad estratégica de Europa. También del sur, dada la dependencia de los suministros desde el norte de África y, en particular, de Libia y Argelia. Una pieza en este damero maldito muy relevante es el gasoducto Nord Stream que conecta directamente Rusia con Alemania por debajo del Báltico tras recorrer más de 1200 km. Si bien se soslayan así los problemas de paso por territorio ucraniano (y polaco), aumenta también la dependencia del norte de Europa, introduce intereses contrapuestos en el seno de la Unión y debilita la posibilidad real de desarrollar una auténtica política común energética que diversifique y aumente sus fuentes de aprovisionamiento. Algo que se ha puesto de manifiesto con el proyecto de un Nord Stream II, al que se oponen siete países de la Unión, pero que tiene un fuerte apoyo por parte de Alemania. Conviene no olvidar que quien preside esos proyectos es el excanciller alemán entre 1998 y 2005, el socialdemócrata Gerhard Schröder.

Esa es la razón por la que Europa se ha planteado abrir nuevas fuentes de suministro alternativo, de ahí la creciente relevancia estratégica de Asia central, en torno al mar Caspio. Una región que formaba parte de la Unión Soviética y siempre ha estado en el centro de los intereses de Rusia, Irán, Turquía, China, India o, ahora, la propia Unión Europea. Sus enormes reservas de petróleo y gas impulsan diversos proyectos de gasoductos, pero la región sufre de enormes desequilibrios hídricos que juegan un papel de «contrapartida» no siempre expresada de forma pacífica y amistosa. De hecho, muchos de los conflictos que vamos a contemplar en este siglo van a tener como origen la lucha por el agua, tema que sobrepasa el alcance del presente ensayo.

A nuestros efectos bastará con comentar someramente que los países excedentarios de agua (Kirguistán y Tayikistán) apenas disponen de recursos de hidrocarburos que, en cambio, las otras tres repúblicas (Kazajistán, Uzbekistán y Turkmenistán) sí tienen. A su vez, estas últimas dependen en buena medida del agua proveniente de las otras dos. Caprichos trascendentales de la geografía.

En cualquier caso, desde que el Caspio dejó de ser un «mar soviético» y pasó a tener cinco países ribereños, estas repúblicas han sido hasta ahora incapaces de llegar a un acuerdo sobre el reparto de sus reservas de gas y petróleo. Sin embargo, gracias a la posición geográfica de Azerbaiyán, en la costa occidental caucásica, se están desarrollando diversos proyectos que permiten conectar el petróleo y el gas caspianos con Europa sin pasar por Rusia. Generalmente, esos proyectos pasan por Turquía y parte de Kazajistán y Turkmenistán, y pueden conectar con Asia subcontinental a través de Irán o Afganistán. O, incluso, suministrar gas a Siberia oriental.

G. Especial consideración del Ártico

Un complejo tablero de juego plagado de riesgos estratégicos de una complejísima geometría variable. Algo que se complica aún más cuando se analizan las consecuencias que se pueden derivar de la nueva situación en el Ártico y su deshielo, lo que permitirá abrir nuevas rutas marítimas hasta ahora inéditas, así como la explotación de sus enormes recursos energéticos depositados en su subsuelo marítimo. Todos están ya moviendo sus piezas. En particular y sin disimulo alguno, Rusia, a la que se le abren extraordinarias oportunidades para reforzar su carácter de gran potencia con acceso directo, por primera vez en su historia, tanto al Atlántico como al Pacífico. Algo cuya trascendencia no debe ser minimizada.

Cinco países tienen acceso directo a las aguas del Ártico: Rusia, Canadá, Noruega, Estados Unidos (por Alaska) y Dinamarca (por Groenlandia), todos ellos, excepto Rusia, miembros de la OTAN. En el Consejo Ártico, foro común creado en 1996 para encauzar las discusiones que suscite el control y la accesibilidad de la región, participan también, por su proximidad a la zona, Islandia, Finlandia y Suecia, además de organizaciones indígenas. Doce países (entre ellos España) han sido admitidos como observadores (aún no la Unión Europea, aunque ya lo ha solicitado) además de otras organizaciones intergubernamentales, interparlamentarias y ONG.

Por su carácter inhóspito y deshabitado, el Ártico ha sido una zona relativamente marginal que no ha merecido históricamente gran atención, aunque en la guerra fría el control del estrecho de Bering era fundamental para ambos bloques. Lo pueblan en su conjunto no más de cuatro millones de habitantes, la mayor parte indígenas, sobre todo en Canadá y Groenlandia. Pero esto ha cambiado sustancialmente. El deshielo derivado del cambio climático y el descubrimiento de enormes reservas de hidrocarburos, junto a ingentes recursos minerales (tales como oro, platino, estaño, níquel o, incluso, diamantes) y enormes bancos pesqueros, así como las posibilidades de explotación turística han cambiado radicalmente las reglas del juego.

Por ello los cinco países ribereños hacen esfuerzos para reforzar sus derechos sobre la zona, así como para fijar un criterio para delimitar al máximo las aguas internacionales libres para la navegación, dado que las fronteras no están acordadas y hay muchas reclamaciones cruzadas. Con ese objetivo se han utilizado expediciones científicas, geológicas y geográficas, aunque también hay posicionamientos militares (por parte de Canadá o, sobre todo, de Rusia, como veremos) e incluso movimientos simbólicos, como el efectuado por parte de Rusia en 2007 al clavar su bandera en la vertical del polo Norte, a 4 km de profundidad. Claro está que no se trata de un debate científico o simbólico. Estamos ante la pugna soterrada de importantes intereses geopolíticos.

De hecho, con las nuevas condiciones climáticas, serán practicables buena parte del año tanto la ruta al noroeste como la del noreste. La primera permitirá, a través del norte de Canadá, unir el Atlántico norte con el Pacífico, algo que constituye una alternativa al canal de Panamá. También permitirá unir la costa este de Estados Unidos con la costa asiática. Por su lado, la ruta al noreste y al norte de Rusia permitirá unir la orilla europea del Atlántico norte con el Pacífico. Esto permitirá evitar el canal de Suez y las procelosas aguas del Cuerno de África en torno a Bab el Mandeb. Un cambio sustancial que otorga un papel clave a Canadá y Rusia, además de ser de gran interés para Europa, China, Corea, Japón y, también, para Estados Unidos, al abaratar significativamente los costes y el tiempo de transporte de sus flujos comerciales.

La cara B de estos cambios es que pueden tener un impacto ambiental considerable, un problema que forma parte de la agenda del Consejo Ártico y de los debates multilaterales donde crece el activismo de las organizaciones ecologistas. Pero la búsqueda de un equilibrio razonable no va a impedir un nuevo escenario que, además de los aspectos medioambientales, resulta también inquietante por el potencial rearme de la zona que puede incentivar. En particular, de Rusia, que ve su despliegue militar como una oportunidad para recuperar y reforzar su estatus de gran potencia global.

Así, se conoce ya que Rusia dispone de más de un centenar de instalaciones militares en la zona, incluidos bases y aeródromos (uno de ellos es la construcción habitable más al norte de la Tierra, en el grado 80), así como un gran despliegue de radares para controlar todo el espacio aéreo del Ártico, incluyendo la identificación de objetivos y misiles a una distancia de unos 500 km. También está desplegando seis rompehielos portamisiles propulsados con energía nuclear y una veintena de rompehielos convencionales. En cambio, Estados Unidos dispone de tan sólo dos. También se han desplegado en la zona submarinos rompehielos, tanto tripulados como no tripulados (en este último caso, Estados Unidos sí lleva una enorme ventaja), así como drones aéreos.

Rusia también ha ampliado las capacidades y competencias de la Guardia Costera, construyendo un número muy elevado de buques, incluidos patrulleros rompehielos. Un gran esfuerzo presupuestario que implica maniobras militares de carácter disuasorio que también pretenden mandar una señal muy clara, particularmente a la OTAN: el Ártico es una zona vital para los intereses rusos y no están dispuestos a dejar que se vean afectados.

Ante esa realidad, sólo Noruega está respondiendo con movimientos militares. De hecho, dispone de sus gabinetes militares por encima del círculo polar e intenta que la OTAN haga frente a la nueva situación. En definitiva, la geopolítica en torno a la energía y al Ártico es contemplada por Rusia como una palanca bifronte para que la duda sobre si será una potencia regional o global se decante a favor de esto último, a pesar de su escaso peso económico o demográfico o de su escaso *soft power*, problemas ya analizados.

Si le añadimos la utilización masiva de la llamada «guerra híbrida», mediante instrumentos cibernéticos (la ciberguerra a la que nos hemos referido someramente), y la utilización del espacio, cabe concluir que Rusia no da esa pugna en absoluto por perdida. La historia puede volver y depararnos un futuro inquietante. Quizá la guerra fría no acabó con el desmoronamiento de la Unión Soviética y se está reproduciendo bajo nuevas formas y realidades. Sea como fuere, en ningún caso estamos ante el profetizado «fin de la historia».

4

Los conflictos de Oriente Medio y la naturaleza cambiante del yihadismo

A. Algo de historia (y de geografía)

Aunque el uso correcto en nuestra lengua nos debería llevar a hablar de Oriente Próximo, utilizaremos la terminología anglosajona que, en traducción literal de *Middle East*, se ha generalizado también en nuestro idioma. Oriente Medio ha sido teatro de conflictos, conquistas, guerras y cambios políticos innumerables durante milenios. Antes de profundizar en el análisis, es obligado repasar y hacer algunos comentarios de determinados episodios históricos ocurridos en la región tras la caída del Imperio otomano, al final de la primera guerra mundial.

Es inevitable comenzar por el archifamoso Acuerdo Sykes-Picot, de 1916, al que dan nombre los apellidos de los diplomáticos del Reino Unido y Francia que acordaron la partición del Oriente Medio postotomano en un cínico ejercicio de colonialismo imperialista propio de la época. El espíritu de dicho Acuerdo era, además, profundamente «westfaliano», entendiendo por tal un acuerdo que trataba de establecer fronteras, muchas veces artificiales, creando Estados sometidos a vasallaje occidental, cuyas potencias se repartían áreas de influencia. Un reparto trazado sobre el mapa y basado en los Estados-nación como los que estableció la Paz de Westfalia en 1648, que puso fin a la guerra de los Treinta Años y a las guerras de religión que asolaron el continente durante los siglos XVI y XVII. Un molde viejo y ajeno para una realidad nueva que no iba a encajar en él.

Siria y Líbano quedaron bajo control o influencia francesa, además del sur de Turquía (que después recuperaría para la moderna Turquía su fundador, Mustafá Kemal Atatürk) y el noreste de Irak; los actuales Israel y Palestina se situaban bajo control internacional de la Sociedad de Naciones, precursor fallido de entreguerras de lo que hoy son las Naciones Unidas, aunque bajo mandato británico de facto, de ahí el germen inmediato del conflicto entre ambos pueblos. Jordania, el resto de Irak y Kuwait quedaban bajo control británico. Ignorando las promesas sinceras del coronel Lawrence de conceder la independencia a Arabia como contrapartida por su ayuda contra los otomanos, la península arábiga quedó igualmente bajo control del Reino Unido; así como Egipto, en régimen de protectorado hasta que consiguiera en 1922 una independencia tutelada que no sería plena hasta la toma del control definitivo del canal de Suez en 1956.

Además, el Acuerdo incluía el compromiso de ceder el control de Estambul y del Bósforo y los Dardanelos a Rusia, aunque eso no llegó a materializarse por la firma de la Paz de Brest-Litovsk en 1918 entre la Rusia bolchevique y el Imperio alemán. Fueron los bolcheviques quienes sacaron a la luz ese acuerdo secreto para denunciar el imperialismo franco-británico. En paralelo, se produjo la conocida como Declaración Balfour, por el nombre del ministro de Asuntos Exteriores del Reino Unido. A finales de 1917, el político británico asumió la voluntad de apoyar la creación de un «hogar nacional judío» en Palestina, su territorio histórico, tras la diáspora que comenzara dos milenios antes, y en la Tierra Santa de los cristianos.

De aquellos polvos, los actuales lodos, como expresa con mucha precisión el tradicional refranero castellano. Uno de los pretextos del terrorista Estado Islámico es precisamente destruir todo vestigio del Acuerdo Sykes-Picot. Los palestinos consideraron y consideran la Declaración Balfour ilegítima al atentar contra sus derechos sobre el territorio, en disputa desde entonces. El reciente reconocimiento del presidente Trump de Jerusalén como capital israelí no deja de ser un apoyo a unos acuerdos internacionales pergeñados en Occidente que son radicalmente contestados desde el terreno.

Los británicos quisieron asegurarse el acceso a los yacimientos petrolíferos de la zona, además del dominio que ya ejercían de facto a través de la Compañía Anglo-Iraní sobre los yacimientos en territorio persa. Los franceses se aseguraban el control del Mediterráneo oriental entre Turquía y Egipto. Una expresión inigualable de la aplicación más estricta de la geopolítica a costa de repartirse los restos del naufragio de la derrota otomana.

Todo ello llevó a establecer regímenes tutelados en toda la región, que perduraron hasta después de la segunda guerra mundial, en la mayor parte de los casos como monarquías débiles y corruptas en Irán, Irak o Libia, monarquías teocráticas como en Arabia Saudí, o semifeudales como en Jordania o Kuwait. Más adelante, en la década de los setenta y tras la independencia, se instauraron regímenes monárquicos en otros emiratos o sultanatos del Golfo dentro de la península arábiga, tales como Omán, Emiratos Árabes Unidos, Bahréin o Qatar.

Ese era el contexto que existía cuando la guerra fría, que había comenzado sutilmente a manifestarse en las postrimerías de la guerra, se hizo evidente y conformó el marco político global de los siguientes cuarenta y cinco años. La fuerza motriz de los cambios fue el nacionalismo panarábico, que tomó el poder en Egipto, con Gamal Abdel Nasser en 1952 tras derrocar al rey Faruk, y más tarde en Siria e Irak a través de sus respectivos partidos baazistas, exponentes de un nacionalismo árabe laico en la región.

Este movimiento político tuvo efímeras concreciones, como la creación de la República Árabe Unida, conformada por Egipto y Siria, entre 1958 y 1961, la llamada Unión de Repúblicas Árabes entre Libia, Egipto y Siria, que no llegó a cuajar, u otros intentos como los de diferentes experimentos fallidos de federación entre los países mencionados. También Sudán y, en un momento, Irak pasaron por experiencias federalizantes inconclusas.

Más allá de esos intentos políticos fallidos, lo cierto es que por entonces se produjo una enorme ola de adhesión y simpatía de la calle árabe hacia el movimiento y, en particular, hacia la figura de Nasser, al que se veía capaz de recuperar el orgullo frente a muchos siglos de humillación y sometimiento. El momento culminante ya mencionado fue la vergonzante retirada del ejército franco-británico (con apoyo israelí), del canal de Suez, fruto de la imposición del presidente norteamericano Dwight Eisenhower, que evitaba así una maniobra contra la nacionalización decretada por un Nasser en el culmen de su prestigio.

En cualquier caso, y a pesar de ese apoyo norteamericano, el mundo árabe nacionalista fue decantándose cada vez más hacia el bloque soviético, en gran medida por el apoyo norteamericano a Israel. Además, y no en vano, los movimientos nacionalistas árabes, más nacionalistas que religiosos, tenían el socialismo en su programa de gobierno y procedieron a una profunda estatalización de sus economías. También desarrollaron una política exterior sustentada en el Movimiento de Países no Alineados, que pretendía representar a los países del denominado Tercer Mundo, pero que, en la práctica, se oponía a Occidente y favorecía objetivamente los intereses de la Unión Soviética. Compartían políticas estatistas, retórica anticolonialista, cooperación militar y económica, además de proyectos de grandes infraestructuras como la presa de Aswan, en Egipto, enorme obra financiada y construida con la ayuda soviética.

De manera que, sobre todo a partir de los años sesenta y, en particular, de la década de los setenta, el mundo árabe se dividió en una lógica de bloques propia de la guerra fría: las repúblicas nacionalistas aliadas de la Unión Soviética, por un lado (Egipto, Siria, Irak, Libia o Argelia), y las monarquías semifeudales, por otro (Arabia Saudí, el resto de los países de la península arábiga con la excepción de Yemen del Sur, también Marruecos y, con muchos matices, Jordania, todas ellas aliadas de Estados Unidos). Además, Estados Unidos contó con el apoyo de Irán hasta el derrocamiento del sah de Persia, Reza Pahlevi, por la Revolución islámica del ayatolá Jomeini en 1979.

La influencia soviética (hoy rusa) en la región tenía una lógica más geopolítica que ideológica, aunque incluía e incluye un factor profundamente determinante y distorsionador como es el conflicto árabe con Israel, un contencioso que incluye a países musulmanes no árabes, tales como Irán o Turquía.

Aunque resulte hoy sorprendente dado el apoyo casi incondicional de Estados Unidos a Israel, el nuevo hogar judío contó con un apoyo inicial muy fuerte por parte de Stalin debido a la importante presencia e influencia judía en la Unión Soviética y por la emigración de judíos soviéticos a Israel. Pero eso duró poco. Israel se alineó con Estados Unidos gracias, a su vez, al *lobby* judío norteamericano. El mundo árabe, y a pesar de la alianza con Estados Unidos de buena parte de él, se alineó en general, y con matices, contra el nuevo Estado de Israel. En general, esto supuso que los regímenes enfrentados a Israel recibieran un claro apoyo de la Unión Soviética, mientras Israel obtenía el respaldo occidental y, en especial, de Estados Unidos.

Después de la primera derrota árabe en 1948, en junio de 1967 tuvo lugar la llamada guerra de los Seis Días. Una contienda que se saldó con una derrota militar árabe sin paliativos y el canto del cisne de los nacionalismos panárabes que, a pesar de la retórica, jamás recuperaron la influencia que tuvieron con anterioridad. En particular, el claro liderazgo de Nasser en el conjunto del mundo árabe quedó seriamente tocado y desapareció tras su muerte en 1970. Y con ello también buena parte de la influencia de la Unión Soviética en la región, aunque este poder se mantuvo a través de unas relaciones estrechas (que ha continuado Rusia) con Siria, único país de la zona que tiene en su territorio una importante base militar rusa que explica en buena medida su intervención militar en el actual conflicto.

La guerra de los Seis Días supuso la ocupación israelí de la Franja de Gaza y la península del Sinaí, arrebatadas a Egipto, además de Cisjordania, que estaba bajo soberanía del reino de Jordania, y los Altos del Golán, tomados a Siria. Y, sobre todo, supuso la destrucción de cualquier capacidad y esperanza árabes de ganar una guerra contra Israel. No obstante, hubo otro intento en octubre de 1973 con la guerra que ha pasado a la historia con la denominación de Yom Kipur, fiesta nacional israelí y día de la expiación, el perdón y el arrepentimiento en la religión judía.

El resultado de dicha guerra fue negativo para la coalición árabe (básicamente Egipto y Siria), ya que pretendía recuperar los territorios ocupados y no lo consiguió, a pesar de algunos éxitos iniciales. Es importante recordar que ambos bandos tuvieron un gran apoyo político y logístico de las dos grandes potencias respectivas. La guerra se saldó con un nuevo triunfo de Occidente en su apoyo a Israel y en ella está el origen de la creciente divergencia dentro del mundo árabe desde entonces en relación con Israel y, sobre todo, en relación con la lógica de bloques de la guerra fría.

Siria siguió claramente alineada con la Unión Soviética, primero, y con Rusia, después. Hasta nuestros días. Pero Egipto cambió de bando y dio un vuelco a la historia. El presidente egipcio que sustituyó a Nasser tras su muerte, Anwar el-Sadat, fue el impulsor de la guerra del Yom Kipur. Tras el fracaso llegó a la conclusión de que la derrota militar de Israel y su destrucción como Estado eran una quimera que jamás podría conseguirse mientras perdurara el apoyo de Estados Unidos al Estado de Israel. Aunque lo más importante fue su progresiva convicción de que el alineamiento con la Unión Soviética era perjudicial para su propio país, su desarrollo económico y la paz y seguridad de sus conciudadanos. El resultado de esa evolución fueron los Acuerdos de Camp David de 1978 entre el propio Sadat (que acabaron costándole la vida en un atentado durante un desfile militar en Egipto en 1981) y el primer ministro israelí Menájem Begín, bajo los auspicios del entonces presidente de Estados Unidos Jimmy Carter.

Dichos acuerdos supusieron un cambio trascendental: Egipto se libraba de la tutela soviética y pasaba a ser un aliado vital para Estados Unidos. Decantaba así definitivamente a Jordania a favor de la paz con Israel y como aliado de la superpotencia occidental. Eso dejaba a Siria como casi único aliado incondicional de la Unión Soviética en Oriente Medio. La derrota geoestratégica del bloque soviético que supuso Camp David cambió las reglas del juego en toda la región. Un cataclismo similar, en sentido contrario, a la toma de Saigón, la capital de Vietnam del Sur, por parte de las fuerzas vietnamitas del norte y del Vietcong —las guerrillas comunistas del sur—, en 1975, que cambió, también, las reglas del juego en el Sudeste Asiático a favor de los intereses del bloque antioccidental.

Desde entonces, los conflictos en Oriente Medio ya no pudieron interpretarse en clave de guerra fría, sino que volvieron (aunque nunca dejaron de estar parcialmente ahí) a la lógica interna de los diferentes intereses sobre el terreno y que responden a razones históricas, geográficas, étnicas, religiosas y, también, de carácter político y económico. Además de contar con un profundo contenido geoestratégico. Por ello Oriente Medio ha sido y es una región vital en el gran juego de poder que se libra a escala global. Ya el presidente Eisenhower la definió como el área estratégicamente más importante del mundo.

Una vez producido el cambio de bando de Egipto, la historia más reciente cobra una lógica efectivamente muy distinta. Vamos a intentar descifrar algunas claves.

La primera consecuencia fue que el conflicto con Israel dejó de ser contra el mundo árabe en general, para pasar a ser un conflicto con el pueblo palestino. Es cierto que el mundo árabe ha seguido retóricamente apoyando a los palestinos. Además, hizo acto de presencia un nuevo actor: el Irán revolucionario, que ha querido tomar el relevo del nacionalismo árabe en la lucha contra Israel y el imperialismo norteamericano en la región.

Pero esta nueva orientación centrada en el conflicto entre Israel y Palestina, sobre todo tras el fracaso de los Acuerdos de Oslo de 1993 entre Israel y la Organización para la Liberación de Palestina (OLP), devino obsoleta a raíz de las denominadas Primaveras Árabes y por la intervención militar de Estados Unidos (con apoyo británico) en Afganistán y, particularmente, en Irak unos años antes. Ambos fenómenos han trastocado completamente los parámetros tradicionales que nos permitían interpretar los acontecimientos en la región y constituyen un ejemplo paradigmático de las dificultades de Occidente a la hora de entender sus complejidades.

Esa es una segunda consecuencia: los países árabes nacionalistas y republicanos, autoritarios, represivos y corruptos, eran un factor de estabilidad. Su caída, celebrada al principio por Occidente, hubiera sido un motivo de alegría si hubieran sido sustituidos por regímenes democráticos en el marco de sociedades abiertas y libres. Y nada más lejos de la realidad. Allí donde se abrió la democracia (con la significativa y muy valiosa excepción de Túnez, país al que hay que apoyar sin reservas en su esfuerzo en constituirse en una auténtica democracia aconfesional), el resultado fue la toma del poder por partidos islamistas, como en el caso de los Hermanos Musulmanes en Egipto, al que siguió un golpe militar en 2013, o la implantación del caos y la guerra civil, como ha sucedido en Libia o en Siria.

Tercera, ha implicado un recrudecimiento explícito de las luchas sectarias dentro del islam. Pugnas que se entrecruzan con las tradicionales luchas geopolíticas entre los diferentes países relevantes de la zona. El Acuerdo Sykes-Picot no tuvo en cuenta estas diferencias sectarias intraislámicas a la hora de tirar de escuadra y cartabón para trazar las fronteras de los países árabes postotomanos. Esto hizo que países como Irak quedaran divididos internamente, y dichas diferencias sectarias hicieron mucho más difícil la estabilización y pacificación del país tras la invasión norteamericana en 2003.

Y cuarta, ha supuesto una renovada implicación de las diferentes potencias no árabes, tradicionalmente implicadas por su propia historia, y ahora constituidas en actores principales: Rusia, Turquía, Irán (es decir, los imperios ruso, otomano y persa), además de Estados Unidos y, en menor medida, Europa. Una complejidad que nos obliga, en consecuencia, a profundizar un poco más.

B. El conflicto entre Israel y Palestina

El conflicto derivado de la creación del Estado de Israel en 1947, y reconocido internacionalmente un año después, ha pasado por diferentes fases. En sí mismo y en relación con la situación en el conjunto de Oriente Medio.

En muchos momentos parecía el único gran conflicto por resolver en la región tras la descolonización y los procesos de independencia de los diferentes Estados árabes, unidos durante muchos años en torno a un objetivo: destruir Israel. Meta que sigue siendo explícita para el yihadismo radical y, en cierta medida, también para el palestino Hamás (al menos hasta muy recientemente) y para la chií Hizbulá, que actúa aquí como vanguardia de Irán.

En cambio, pese a la retórica hostil y contraria a sus políticas, ya no es el objetivo de la mayoría del mundo árabe: no lo es de Egipto y Jordania desde los acuerdos de paz de Camp David, ni de las monarquías del Golfo a partir de la llamada Iniciativa Árabe de Paz de 2002, que asumía la creación de dos Estados en los territorios en litigio, reconociendo la existencia y la seguridad de Israel en los confines de las fronteras previas a la guerra de los Seis Días, y un Estado palestino que incluyera la Franja de Gaza y Cisjordania. No muy lejos de las resoluciones de las Naciones Unidas y de los denominados «parámetros de Clinton», que han constituido lo más cercano y riguroso a la instauración de una paz estable y equilibrada.

Es evidente, sin embargo, que la situación y el futuro de Oriente Medio, como se ha puesto palmaria y trágicamente de manifiesto, trasciende de largo el conflicto con Israel. El conflicto ha servido muchas veces de excusa para mantener regímenes corruptos y dictatoriales bajo el perenne y recurrente argumento del enemigo exterior. Hemos pasado de un conflicto entre Israel y el mundo árabe (en el marco de la guerra fría) a un conflicto circunscrito a la disputa por los territorios ocupados entre Israel y Palestina y, también, Siria y, en algunos momentos, Líbano (después de la ocupación temporal israelí del sur de ese país), con una fuerte implicación de una comunidad internacional dividida entre las garantías a Israel sobre su seguridad y la respuesta a las reivindicaciones palestinas, siempre en el marco de las resoluciones del Consejo de Seguridad aprobadas después de la guerra de los Seis Días, hace ya más de cincuenta años.

Ante la magnitud de la tragedia que asola Oriente Medio, hoy el conflicto palestino-israelí parece de orden menor. Pero conviene no minimizarlo: el drama está plenamente vigente y las actuales circunstancias políticas de los bandos presentes no permiten vislumbrar atisbos de solución duradera y mutuamente aceptable. El mencionado reconocimiento por parte del presidente Trump de Jerusalén como capital del Estado israelí aleja la posibilidad de que Estados Unidos pueda volver a jugar un papel de mediador equilibrado y aleja aún más la solución del conflicto.

El origen intelectual del problema es relativamente simple: dos pueblos que reivindican su derecho a la soberanía sobre un mismo territorio y que lo hacen desde una perspectiva doble: nacionalista y religiosa. Israel y Palestina, judíos y musulmanes árabes. El origen histórico es también simple: lo que los fundamentalistas judíos llaman Eretz Israel (el Gran Israel) fue la morada histórica de los judíos durante milenios, antes de su trágica diáspora por todo el mundo tras la destrucción de su capital sagrada, Jerusalén, por las tropas romanas del emperador Tito, hace dos mil años. Pero siempre perduró el recuerdo histórico de la «tierra prometida» a los judíos por Yahvé, y la aspiración del retorno.

Después de innumerables vicisitudes históricas, el territorio se pobló de moradores árabes musulmanes (que también consideran Jerusalén como su tercera Ciudad Santa tras la Meca y Medina) y cayó bajo el dominio secular del Imperio otomano, potencia hegemónica musulmana, pero no árabe, que siempre integró administrativamente Palestina a la región siria, junto con el actual Líbano. Formaba parte, pues, del sometimiento general de los árabes al Imperio otomano y al califato de la Sublime Puerta.

La derrota otomana en la primera guerra mundial fijó poco después los actuales confines de la República turca y dejó esos territorios bajo mandato británico en el marco del Acuerdo Sykes-Picot. Muchos judíos, huyendo además de la persecución genocida a la que se les sometía en Europa central y oriental, incluida la Unión Soviética, empezaron a emigrar a Palestina. Allí compraron terrenos que les permitieron reivindicar la puesta en práctica de la ya mencionada Declaración Balfour (1917) al finalizar la segunda guerra mundial, treinta años después, y aprovechando la ola de solidaridad general producto de la revelación a la opinión pública del Holocausto.

Los británicos trasladaron el problema a las Naciones Unidas, que resolvió aprobar la creación del Estado de Israel y de un Estado palestino repartiendo el territorio en disputa. La ONU otorgó a Israel una extensión menor de la que después ocuparía hasta la guerra de 1967. Dejaba Jerusalén bajo supervisión internacional y dividida en cuatro barrios (el cristiano, el judío, el armenio y el musulmán). Los israelíes aceptaron la Resolución 181, aunque no lo hicieron ciertos grupos paramilitares que utilizaban métodos terroristas y que venían enfrentándose a los palestinos desde años antes. Pero los árabes no transigieron con tal solución. Se produjo así en 1948 la primera guerra.

Una guerra en principio desigual, pero que tras diferentes episodios bélicos y diversas treguas forzadas por las Naciones Unidas terminó en los distintos frentes con varios armisticios a principios de 1949. La firma de estos acuerdos permitió a Israel aumentar su territorio en una cuarta parte, hasta las fronteras previas a la guerra de los Seis Días, y supuso además la ocupación por parte de Jordania de Cisjordania y de la Franja de Gaza por Egipto, incluyéndolos en sus respectivos Estados. Se produjo, además, la partición de Jerusalén entre Israel y Jordania.

Ni Egipto ni Jordania consideraron cumplir con la Resolución 181 que suponía la creación de un Estado palestino en dichos territorios. Siria siempre los ha incluido, al igual que al Líbano, dentro de lo que denominan la Gran Siria. La tragedia del pueblo palestino no descansa, pues, únicamente sobre la creación del Estado de Israel. Sus correligionarios árabes tienen mucho que ver también, como muestra el hecho de que siempre consideraran a los palestinos en sus territorios como refugiados sin derecho a la ciudadanía.

El resultado de la famosa guerra de los Seis Días de junio de 1967 se decantó gracias al genio militar y la anticipación israelíes frente a la beligerancia verbal y los movimientos de tropas de egipcios, jordanos y sirios. La derrota árabe fue estrepitosa y marcó el principio del fin del nacionalismo panárabe propiciado por la figura carismática de Nasser. Israel ocupó la totalidad de Jerusalén, Cisjordania, el Sinaí y la Franja de Gaza, así como los Altos del Golán. Las Naciones Unidas dictó las Resoluciones 242 y 338 que, desde entonces, constituyen el marco de legalidad internacional vigente para una eventual solución del conflicto.

Y así siguió hasta la siguiente guerra, ya mencionada anteriormente: la del Yom Kipur, en 1973. En términos territoriales dejó las cosas como estaban pero permitiría más adelante llegar a los trascendentales Acuerdos de Paz de Camp David de 1978 entre Carter y Sadat. Implicaban la devolución de la península del Sinaí a Egipto (sin la Franja de Gaza), así como la renuncia de Jordania a la soberanía sobre Cisjordania y la parte occidental de Jerusalén. Se empezaban a escribir unas eventuales futuras fronteras de un hipotético Estado palestino en los territorios ocupados de Cisjordania y Gaza.

Los palestinos reaccionaron con violencia y con una gran ofensiva diplomática (con el apoyo del bloque soviético) bajo el liderazgo mucho tiempo indiscutible de Yasser Arafat. Incluía facciones terroristas a menudo descontroladas que llevarían a cabo los atentados contra los atletas israelíes durante los Juegos Olímpicos de Múnich en 1972.

El conflicto se fue agudizando y enquistando. Generó desde entonces no pocos quebraderos de cabeza en las cancillerías mundiales, pero también en los países árabes limítrofes como Jordania, que expulsó militarmente a los palestinos, obligados a situar su cuartel general en Túnez o en el Líbano, con centenares de miles de refugiados que aún siguen allí en nuestros días.

Es en este contexto en el que aparecieron las primeras tentativas para llegar a algún tipo de acuerdo de paz. Particularmente después de la llamada primera intifada (rebelión popular palestina contra las fuerzas israelíes), que empezó en 1987. Esta voluntad de acuerdo tras un conflicto que empezaba a resultar extenuante, favorecida por la presión exterior, desembocó en negociaciones serias y algún pacto aún hoy muy mencionado. Los más significativos fueron los mencionados Acuerdos de Oslo de 1993. Fueron el resultado de la llamada Conferencia de Madrid, celebrada en 1991 entre Israel, Siria, Líbano y Jordania (que integraba, en la práctica, a la OLP) bajo impulso del gobierno español, y auspiciada por Estados Unidos y la Unión Soviética.

Los Acuerdos de Oslo se firmaron entre la OLP, Israel, Estados Unidos y Rusia. Dejaban abierta la posibilidad de un acuerdo definitivo en un plazo de cinco años. Esa fue, precisamente, su principal debilidad. Trágicamente, acabaron costándole la vida al primer ministro israelí Isaac Rabin, que fue asesinado por un integrista radical judío en una dramática coincidencia con el asesinato de Anwar el-Sadat a manos de un integrista radical islamista. Ambos fueron asesinados por buscar la paz y lo fueron por los enemigos internos de sus bandos. Como en muchas ocasiones de la historia, caen los mejores y más generosos en manos de los peores y más extremistas.

En dichos Acuerdos se encontraban algunas de las bases para un pacto definitivo y se marcaba un camino fundamentado en el establecimiento de una confianza mutua desde la lealtad hacia los compromisos asumidos. Lamentablemente, no fue posible. Esas bases sostenían, primero, el establecimiento provisional de un autogobierno palestino (la Autoridad Nacional, presidida, tras unas elecciones libres entre los palestinos, por Arafat) en la Franja de Gaza y en parte de Cisjordania (empezando por Jericó), pero ampliable a la totalidad de esta, con competencias en educación y cultura, salud, orden público, bienestar social y promoción económica, incluidos seguridad social, turismo, aduanas o impuestos directos.

Segundo, la competencia exclusiva de Israel en materia de política exterior y defensa, así como de la seguridad de los ciudadanos israelíes en Cisjordania y sus asentamientos, y el control de fronteras para garantizar la seguridad del Estado de Israel.

Y, por último, se dejaron para el futuro los escollos que impidieron ir más allá del acuerdo que se alcanzó: el estatus final de Jerusalén (y hoy más complicado aún de alcanzar tras la decisión de Trump de reconocerla como capital israelí) y los temas relativos a los refugiados y al futuro de los asentamientos israelíes en los territorios ocupados. No hay que perder de vista que para Israel, el control militar de las montañas de Cisjordania es clave para su seguridad y para evitar el establecimiento en la zona de artillería pesada que pudiera usarse para atacar sus posiciones vitales.

En todo caso, el período establecido de cinco años culminó sin que se pudiera progresar en el camino dibujado por los firmantes y dio lugar a la segunda intifada, que se desarrolló en plenas negociaciones entre israelíes y palestinos en Camp David, auspiciadas por el presidente Clinton en la fase final de su segundo mandato. Este segundo levantamiento palestino duraría hasta 2005, y en su origen tuvo que ver también la visita del primer ministro Ariel Sharon a la Explanada de las Mezquitas en 2000, un gesto que encendió los ánimos ya caldeados tras el fracaso de las conversaciones.

Gracias al inmenso trabajo de Dennis Ross, mediador en el conflicto, y ante el estancamiento de las conversaciones, el presidente Clinton presentó a finales de diciembre del año 2000 (siendo ya electo George W. Bush) los parámetros que resumían las condiciones para una paz duradera entre ambos contendientes. Las condiciones fueron aceptadas por ambas partes, aunque con unas reservas que Clinton aceptó cuando vinieron de Israel y rechazó cuando fueron expuestas por Palestina. Por parte israelí, las decisiones recaían en último extremo en un primer ministro, Ehud Barak, pendiente de unas elecciones que presumiblemente iban a apartarle del poder; y, por parte palestina, en Yasser Arafat, atenazado por su oposición radical interna y por las presiones internacionales de sus posibles aliados, pero, sobre todo, por su responsabilidad ante la historia.

Probablemente, cualquier posible solución deba pasar por buena parte de lo establecido en los parámetros de Clinton. Pero como dijo la secretaria de Estado norteamericana durante la segunda Administración de Clinton, Madeleine Albright, citando la famosa cita de Thomas Friedman, corresponsal de *The New York Times*, «Los palestinos jamás pierden la oportunidad de perder una oportunidad». Cuando poco tiempo después, en Taba (Egipto), se intentó volver al marco posibilista, ya era demasiado tarde. Cambió el gobierno en Israel, una nueva Administración norteamericana, menos comprometida con el proceso de paz, tomó posesión, y Arafat murió en París en 2004, tras una extraña y fulminante enfermedad que aún genera sospechas de envenenamiento, sin ver su sueño cumplido, con un pueblo palestino profundamente dividido y con unas condiciones de vida trágicas. Pésimo balance para el veterano luchador.

Con relación a la división del territorio, los parámetros de Clinton intentaban encontrar una solución a los llamados asentamientos israelíes en Cisjordania (incluido Jerusalén oriental) mediante un intercambio *(swap)* de territorios relativamente equilibrado que aseguraba la soberanía de dos Estados en términos análogos a las fronteras de 1967, con un corredor implícito entre Cisjordania y Gaza, aunque la Franja no formó parte explícita de dichos parámetros. En cuanto a los refugiados, se fijaba su derecho al retorno, pero en condiciones que no afectaran al equilibrio interno de Israel de acuerdo con lo que fijara una comisión internacional al respecto. Se ayudaría también al restablecimiento de dichos refugiados en territorio del nuevo Estado palestino.

En cuanto a la seguridad, se establecía la presencia durante tres años de una fuerza internacional y del Ejército israelí en el valle del Jordán y los puntos elevados durante tres años adicionales, hasta que se acordara un estatus que garantizara la seguridad de Israel, además de mantener tres importantes bases de alerta temprana en la zona sensible. Y, por último, para Jerusalén, había cesiones simbólicas por ambos bandos, desde el Muro de las Lamentaciones al Monte del Templo o la Explanada de las Mezquitas, con soberanía compartida sobre las excavaciones arqueológicas y con soberanía exclusiva sobre los diferentes barrios sobre la base de consideraciones de carácter étnico.

Los israelíes mantuvieron reservas en temas de seguridad y en otros simbólicos, como la soberanía sobre el Monte del Templo, mientras los palestinos argumentaron falta de concreción en los mapas y, sobre todo, en relación con el derecho al retorno de los refugiados. Se estuvo más cerca que nunca de la paz. Pero no fue posible. Hoy el conflicto sigue enquistado y subsumido en el enorme caos en el que se ha instalado la región.

Además, los sucesivos gobiernos israelíes, en especial con el derechista Benjamin Netanyahu al frente, han endurecido sus posturas, y los palestinos consumaron, tras la muerte de Arafat, su cisma interno. La organización integrista suní Hamás (con íntimas relaciones con los chiíes Siria e Irán) tomó el control de Gaza, lo que supuso la casi desaparición de la Autoridad Nacional Palestina en ese diminuto y hacinado territorio. No obstante, parece que se ha iniciado un camino todavía muy incierto para una eventual reconciliación auspiciada fundamentalmente por Egipto.

Se prevén unas nuevas elecciones que podrían propiciar un gobierno de concentración entre Hamás y Al Fatah y otras facciones palestinas. De momento, Hamás ha cedido formalmente (aunque no en la práctica) la administración del territorio a la Autoridad Nacional de Mahmud Abás, reconociendo su incapacidad para gobernar con un mínimo de eficacia y controlar la frontera con el Sinaí. Pero ese eventual acuerdo tiene también importantes enemigos, como el Estado Islámico ha demostrado con brutales atentados en la península que ponen en riesgo la apertura y el control efectivo de la frontera con la Franja de Gaza.

El conflicto secular sigue, pues, ahí. Sin solución a la vista. Pero ha pasado a un segundo plano ante la crisis global en la región.

C. El gran conflicto de fondo: la lucha sectaria y geopolítica por la hegemonía en el mundo musulmán

Así como el cristianismo padeció la guerra de los Treinta Años entre 1618 y 1648 o, más recientemente, el conflicto de Irlanda, el islam alberga en su seno una enorme diversidad de maneras de entender sus creencias con consecuencias trágicas: conflictos bélicos sangrientos impregnados de persecución religiosa contra los considerados herejes. No es sólo, pues, un combate contra los infieles o los ateos, sino la búsqueda del exterminio o la dominación de los que no comparten una determinada manera de entender la religión.

En el islam apreciamos fenómenos análogos a las divisiones del cristianismo. Más allá de las diferentes interpretaciones consideradas heréticas a lo largo de su historia inicial, como el arrianismo, a lo largo de su historia se produjo un cisma entre los ritos orientales (hoy ortodoxos) y occidentales (el catolicismo romano, bajo la autoridad espiritual del papa) o, ya en la historia moderna, apareció el protestantismo en sus diferentes formulaciones, como la luterana, la calvinista o la anglicana y otras. Casi desde los inicios, a finales del siglo VII cristiano, surgió un gran cisma que ha permanecido hasta nuestros días: el que existe entre los musulmanes suníes y los chiíes.

Su origen va ligado a las diferentes posiciones surgidas a la muerte del profeta y la continuidad de su legado religioso y político. El islam tiene, desde Mahoma, una vocación expansiva que le lleva a la conquista de territorios con afán evangelizador, pero también de dominación política, bajo la implantación de la *sharia* o el conjunto de leyes y usos derivados de la aplicación estricta del Corán.

Así, para algunos sucesores de Mahoma que hoy son mayoría en el mundo musulmán y, particularmente, en el mundo árabe (en torno a un 85 por ciento del total), la continuidad de su legado debe sustentarse en las tradiciones tribales de Arabia. Son los suníes, es decir, los partidarios de la tradición y se consideran a sí mismos los ortodoxos. Debían ser, pues, los designados por esas tradiciones tribales los que tomaran el mando y ejercieran la autoridad política y religiosa. Para otros, la sucesión del profeta debía seguir una línea dinástica y correspondía a sus herederos asumir el liderazgo. Eran partidarios del yerno de Mahoma, Alí, y son los conocidos como chiíes, literalmente, los «partidarios de Alí».

A la muerte de Mahoma, sus seguidores se reunieron en su sanedrín (la *Saquifa*) y en ausencia de Alí decidieron que el sucesor del profeta y nuevo califa sería Abu Bakr. Esa decisión derivó en un enfrentamiento bélico que tuvo su máxima expresión en la batalla de Kerbala, donde los partidarios de Alí fueron derrotados y asesinados, la misma suerte que corrió el yerno del profeta. Desde entonces, sus partidarios reivindican su derecho a liderar el conjunto de la comunidad islámica frente a los «usurpadores» de la sucesión dinástica.

El origen de esta división o lucha por el poder conllevó diferencias doctrinales relacionadas con la interpretación del Corán y sobre a quién le correspondía la máxima responsabilidad, algo no muy diferente a las cuitas relacionadas con la interpretación del Evangelio en el mundo cristiano. Para los chiíes, el papel de los intérpretes entre Alá y los fieles (los imanes) y de los dirigentes religiosos (con autoridad política sobre los dirigentes civiles, es decir, los ayatolás) es clave, mientras que para los suníes la interpretación del Corán fue establecida por los cuatro primeros califas, creadores de las cuatro escuelas del sunismo, y no disponen de una estructura jerarquizada en el clero como el chiismo. Entienden que fe y obra son inseparables y que todo responde al designio divino, sin intermediarios. Si alguien pretende alguna autoridad en la comunidad musulmana, se debe a su condición de líder político con poder territorial (los califas) o a la de «guardianes de los Santos Lugares» (como la dinastía saudí). No es que en el sunismo no exista una jerarquía entre imanes que dirigen la oración y los fieles, pero es mucho más débil que en el chiismo.

Como en el cristianismo, en cada una de esas dos facciones existen múltiples formas de entender la religión y sus ritos. Dentro del sunismo encontramos interpretaciones radicales (el yihadismo actual, muy ligado a la interpretación salafista del Corán), rigoristas (como el wahabismo, doctrina oficial de Arabia Saudí) o más flexibles y moderadas, mayoritarias en países musulmanes como Indonesia, Egipto, el norte de África, en amplias zonas del Sudeste Asiático o en el subcontinente, como el caso de Pakistán, aunque con muchos matices que comentaremos más adelante.

Dentro del chiismo existen a su vez diversas expresiones ligadas a la interpretación del Corán por parte de los primeros imanes. Los duodecimanos son los más importantes, ya que recogen las enseñanzas de los doce primeros, pero muchos priorizan o rechazan interpretaciones concretas de alguno de ellos, como los ismaelitas o los zaidianos. Y otros van más allá en la heterodoxia interpretativa, como los drusos o los alauitas (que nada tienen que ver con la dinastía reinante en Marruecos). Se alejan tanto de la ortodoxia dominante que, para muchos musulmanes, ni tan siquiera pueden ser considerados como tales. En el caso de los alauitas, sus elementos doctrinales les acercan además mucho más al cristianismo original que a las formulaciones más rigoristas del islam.

Por todo ello, la habitual interpretación simplista que se formula desde Occidente al contemplar el mundo musulmán carece de todo rigor analítico e intelectual. El mundo musulmán es enormemente complejo, va mucho más allá del mundo árabe y comprende realidades tan alejadas entre sí como la turca, la iraní, la afgana, la pakistaní, la indonesia, la del Sahel o la del golfo de Guinea, entre otras muchas. Estamos ante una enorme comunidad formada por 1200 millones de creyentes en sus diferentes formas doctrinales, cada una de ellas con expresiones y organizaciones distintas del poder político, así como diferencias doctrinarias respecto a cómo deben relacionarse entre ellas. Debemos mencionar, además, las enormes distorsiones derivadas del colonialismo europeo y, más recientemente, del intervencionismo norteamericano.

Eso explica, por ejemplo, la persistencia de regímenes como el de los Assad en Siria hasta nuestros días, o el de Sadam Hussein en Irak hasta 2003. Se trata de repúblicas con fronteras relativamente artificiales y poco respetuosas con las diferencias étnicas, tribales y religiosas. Dieron lugar a regímenes políticos basados en coaliciones de minorías frente a las mayorías internas. En el caso de Siria, de los alauíes (secta de los Assad) con los cristianos, judíos y demás chiíes frente a la mayoría suní. En el caso de Sadam, de los suníes con los cristianos y judíos frente a la mayoría chií. Coaliciones de geometría variable sólo sostenidas desde la represión y el autoritarismo.

Previo al colonialismo europeo, los otomanos intentaron gobernar esas regiones atendiendo a las diferentes realidades sectarias y geográficas. Dividieron administrativamente el actual territorio iraquí entre la zona norte, kurda, con centro en Mosul, una zona suní con centro en Bagdad en la tradicional Mesopotamia, un inmenso y fértil valle entre el Tigris y el Éufrates (donde algunos ubican el edén), y, por último, un sur chií con centro en Basora muy ligado al actual Irán y con claridad demográficamente mayoritario.

Curiosamente, estas divisiones administrativas no estaban muy alejadas de la historia, como supieron ver desde Alejandro Magno hasta los persas: nos referimos a los repartos administrativos de los asirios, los babilonios y los sumerios. La historia siempre vuelve, como venimos argumentando.

Sin profundizar en toda esa enorme complejidad seremos incapaces de entender muchos de los conflictos actuales.

D. El Líbano como ejemplo

Esta complejidad afecta a un entrañable y atormentado pequeño país mediterráneo: el Líbano, instalado en un inacabable conflicto desde su independencia de Francia, en 1943. Paradigma de la extrema complejidad de la región: cristianos maronitas, drusos, chiíes, suníes, sirios, palestinos y un largo etcétera, sustentado en unos precarios equilibrios políticos, étnicos y religiosos reflejados en su arquitectura constitucional que no ha podido impedir larguísimos años de guerra civil entre 1975 y 1990. Líbano es calificado por algunos como «el país de los cónsules» debido a la constante injerencia de potencias extranjeras en su devenir político.

Líbano está hoy muy lejos de ser un Estado convencional, dominado como está en buena medida por las milicias proiraníes de Hizbulá (consideradas terroristas por Estados Unidos y por la Unión Europea), que tienen un papel creciente en el conflicto sirio y el secular enfrentamiento con Israel, protagonismo nunca bien comprendido por las potencias occidentales. A su vez, el país de los cedros se ha convertido en actor secundario, pero muy importante, en la pugna entre Arabia Saudí e Irán en sus afanes por extender sus áreas de influencia o, al menos, limitar o reducir las de su adversario.

Hizbulá —literalmente, el «partido de Dios»— se fundó en 1982. Está encabezado desde entonces por Hassan Nasrallah y su objetivo es luchar contra la ocupación israelí del sur del país a través de la fusión de diversas milicias chiíes. En 1985 se convirtió también en un movimiento político, hoy fundamental en el gobierno libanés. El momento culminante de su prestigio político en el mundo árabe se produjo en 2000, cuando el primer ministro israelí Ariel Sharon se vio obligado a retirar las tropas del sur del Líbano tras un intenso enfrentamiento bélico que duró un mes y culminó con una resolución —la 1701— del Consejo de Seguridad. Se establecía una fuerza de interposición —la Fuerza Provisional de las Naciones Unidas para el Líbano, en la que participa España de forma significativa— que ha supuesto dejar las cosas desde entonces en una situación de empate, ya que la FPNUL parte de una situación de hecho, pero sólo reconoce interlocución con el gobierno libanés y con sus Fuerzas Armadas, y no con quien está sobre el terreno, que es Hizbulá.

Aunque para enmarcar correctamente el conflicto libanés, conviene traer a colación algo de historia y recordar la permanente injerencia siria en el país. No en vano para los ideólogos de la Gran Siria, el Líbano siempre ha formado parte de ella. De hecho, desde 1976 hasta el año 2005 tropas sirias estuvieron en territorio nacional libanés con el pretexto de proteger a los bandos prosirios. Una presencia que terminó cuando aparecieron claras evidencias de que los servicios de inteligencia sirios estaban detrás del asesinato del primer ministro libanés, el magnate suní Rafik Hariri, padre del posteriormente primer ministro Saad Hariri. Cuando el régimen sirio de Bashar el Assad corrió serio peligro, fueron las milicias chiíes de Hizbulá las que acudieron en su auxilio.

Otro elemento esencial para interpretar la trágica historia de ese pequeño país es el hecho de que acoja, desde la guerra de 1948 de los árabes contra Israel, a centenares de miles de refugiados palestinos, pretexto para la ocupación del sur del país por parte de Israel. Su argumento real era que se perpetraban ataques y atentados desde la zona. Refugiados a los que cabe sumar los procedentes del drama sirio y que, por su adscripción suní, pueden alterar los equilibrios existentes. La compleja composición étnica y religiosa llevó a un acuerdo institucional según el cual el presidente debe ser un maronita, el primer ministro un suní y el presidente del parlamento un chií.

Hoy la demografía —al margen de lo comentado sobre la oleada de refugiados sirios— y el poder real se han decantado hacia los chiíes, y ello no es ajeno al creciente protagonismo de Hizbulá, tanto en lo político como en lo social (son proveedores eficientes de servicios que el Estado no es capaz de suministrar) y, sobre todo, militar. Todo ello se ha puesto de manifiesto en la dificultad de elegir un nuevo presidente —Michel Aoun, un general cristiano maronita—, complementado por un primer ministro suní, Saad Hariri, y el cuasi perenne presidente del parlamento, el chií Nabhi Berri.

Sin embargo, estos compromisos deben enmarcarse en los seculares enfrentamientos entre dos alianzas: la Alianza del 14 de

Marzo, antisiria, formada por suníes, drusos, parte de los maronitas y algunas fuerzas laicas, y la Alianza del 8 de Marzo, prosiria y formada por Hizbulá, los chiíes de Berri, los maronitas de Aoun y otras fuerzas menores. Un auténtico rompecabezas que nunca ha sido bien comprendido por las potencias occidentales.

A lo que cabe sumar la exacerbación de la pugna entre Irán y Arabia Saudí y la voluntad de esta última de desestabilizar el Líbano para limitar la influencia de Hizbulá y, por lo tanto, de Irán, incluida la presión sobre Hariri para que renuncie a su puesto. Otro movimiento del joven príncipe heredero saudí Mohámed bin Salmán que ha sido contrarrestado por una Francia que siempre se ha sentido responsable de la estabilidad del país desde la descolonización.

El objetivo saudí sería forzar a Hizbulá a retirarse de Siria y cesar su apoyo a Assad y enfrentar a la Alianza del 14 de Marzo, no sólo a Siria, sino también directamente a Irán. En todo caso, el futuro no está aún escrito y puede desembocar en una ofensiva contra Hizbulá que incorpore como aliados tanto a Israel como a Arabia Saudí, lo que no podrá dejar indiferente a Irán. La víctima propiciatoria evidente es el trágicamente castigado y desesperado pueblo libanés, convertido en rehén de múltiples, complejos y, a menudo, oscuros intereses de todo tipo de fuerzas externas.

Esa escasa comprensión de la complejidad regional, tan bien ejemplificada en el Líbano, explica muchos de los fracasos de Occidente en la región. Y cabe decir que ese déficit intelectual ha dominado el reciente intervencionismo norteamericano. Demasiada visión occidental y nula sensibilidad oriental. Un mal negocio del que aún estamos pagando los costes.

E. El saldo trágico de las Primaveras Árabes

Esa sesgada visión occidental está también tras la escasa comprensión de la naturaleza real de lo que, ignorando la realidad subyacente, se dio en llamar en un principio Primavera Árabe.

Hablamos de movimientos inicialmente en pro de la democracia que reivindicaban la dignidad de ciudadanos que querían un futuro de prosperidad y libertad pero que, como después se vio (con la mencionada y remarcable excepción de Túnez, el país más occidental en cuanto a las características de su sociedad), casaban mal con las auténticas realidades que se escondían detrás de la forzada estabilidad que garantizaban regímenes autoritarios y represivos. Paradójicamente, la revuelta inicialmente prodemocrática abrió la puerta a la expresión de mayorías reprimidas de cariz islamista (como en Egipto) o a la explicitación y exacerbación de atávicos antagonismos tribales y étnicos que poco tienen que ver con el concepto occidental de democracia, basada en ciudadanos libres e iguales ante la ley.

La incomprensión de ese fenómeno latente, unido al síndrome de culpabilidad por haber sostenido hasta entonces regímenes incompatibles con nuestros valores, llevó a Estados Unidos y a Europa a apoyar esas movilizaciones en la creencia de que se extendería así la democracia representativa de corte occidental en países que juzgaban preparados para ella. La realidad ha mostrado trágicamente que ese enfoque era profundamente erróneo y esa esperanza realmente vana. El saldo ha sido más inestabilidad, guerra, auge del integrismo islamista y terrorista, además de pérdida de influencia en la región en beneficio de antiguas potencias imperiales.

El proceso empezó en Túnez a finales de 2010, cuando un vendedor ambulante víctima de abuso policial por parte del régimen de Ben Ali se inmoló en señal de protesta, generando un movimiento amplísimo de contestación contra el régimen. Los acontecimientos se sucedieron rápidamente. Cayó el gobierno y la familia Ben Ali huyó del país a mediados de enero de 2011. Se constituyó un gobierno provisional de unidad que convocó elecciones libres y multipartidistas para elegir un Parlamento constituyente en el mes de octubre, donde el principal partido fue islamista (aunque relativamente moderado) pero la mayoría laica. Después de muchas vicisitudes, incluidos episodios de violencia terrorista y asesinatos de líderes políticos, a principios de 2014 (tres años después de la huida de Ben Ali) se aprobó por consenso la nueva Constitución tunecina. Se estableció el carácter islámico (no islamista) del Estado, pero se descartó la *sharia* como fuente de derecho. Se fijaron derechos y libertades propios de un Estado laico, democrático y republicano cuya máxima expresión es el establecimiento de la plena igualdad de género, incluidas normas de discriminación positiva para garantizar el acceso de la mujer a las asambleas electas.

La de Túnez es la única Primavera Árabe que ha tenido éxito en su voluntad democratizadora e inclusiva. Por ello este país norteafricano es objetivo de un terrorismo islamista que busca subvertir su economía y crear las condiciones para un cambio de régimen que revierta las conquistas democráticas. La Unión Europea ha establecido un marco estratégico de colaboración y ayuda vital que debería profundizarse aún más.

A raíz de la ignición tunecina, la rebelión se extendió por la práctica totalidad de los países árabes, en mayor o menor grado. Generaron cambios de gobierno o de legislación en países como Marruecos, Argelia, Jordania, Omán, Kuwait o Irak; intervenciones militares extranjeras, como la de Arabia Saudí en Bahréin; represión en otros; cambios de régimen como en Egipto; y guerras civiles en Siria, Yemen o Libia. Un panorama desigual que afecta mayormente a regímenes republicanos, algunos de ellos aliados clave de Estados Unidos, como es el caso de Egipto.

El apoyo norteamericano a las revueltas ha sido percibido como una traición y ha generado enorme desconfianza en otros aliados tradicionales, como las monarquías del Golfo, aunque estas tengan políticas muy distintas entre sí, hasta el punto de haber generado un grave conflicto entre Qatar y Arabia Saudí y sus aliados dentro del Consejo de Cooperación del Golfo.

Inmediatamente después de la revuelta tunecina, Egipto siguió su camino. Tras las masivas manifestaciones desde enero de 2011 con epicentro en la plaza Tahrir, en El Cairo, el veterano presidente Hosni Mubarak, que había sustituido al asesinado Sadat, abandonó el poder en febrero y, poco después, se convocaron comicios en junio de 2012. Estos dieron la victoria a los hasta hacía poco proscritos Hermanos Musulmanes, con apoyo, entre otros, de Turquía y de Qatar. El nuevo presidente era su líder, Mohamed Morsi, que inició una política de islamización y acometió la redacción de una nueva Constitución de cariz islamista.

Las masivas protestas que siguieron a esos proyectos crearon el clima para un golpe de Estado militar, en 2013, encabezado por el general Al Sisi, quien convocó elecciones en las que los Hermanos Musulmanes estaban de nuevo ilegalizados y su líder, Morsi, encarcelado con una condena a muerte. El convocante, el mariscal Al Sisi, que había sido ministro de Defensa de Morsi, ganó las elecciones. Se redactó una nueva Constitución que consagraba de facto el poder militar y el retorno a las políticas del derrocado presidente Mubarak: un largo y sangriento periplo para volver al punto de partida.

Egipto volvió a ser una dictadura militar de carácter laico, aliada de Estados Unidos y de Arabia Saudí hasta el punto de cederle la soberanía de unas islas estratégicas en el mar Rojo, en la vertiente sur del canal de Suez. Debido a su tamaño y relevancia, Egipto juega un papel determinante en toda la región y, particularmente, en la cuestión Palestina. El acuerdo entre Hamás y la Autoridad Nacional Palestina ha sido posible gracias, como ya se ha dicho, a la mediación egipcia.

Aún más trágico ha sido el destino de Yemen. Dividido durante la guerra fría (el sur con los soviéticos, el norte con Occidente), en 1990 se reunificó en forma de república, no sin episodios de violencia y de guerras civiles, antes y después. Al hilo de las Primaveras Árabes se produjeron grandes protestas que desembocan en la destitución del presidente Ali Abdullah Saleh y su sustitución por el vicepresidente Mansur al-Hadi, hecho que generó un enfrentamiento civil que se convirtió en guerra abierta ante los ataques de los hutíes (de obediencia chií y aliados de Irán) y la toma del control de la capital, Saná, lo que provocó la huida de al-Hadi a Adén, en el sur del país.

Los hutíes, aliados circunstanciales del expresidente Saleh, al que acabaron asesinando en diciembre de 2017 ante sus cambios de alianzas, recibieron un claro apoyo de Irán, mientras las fuerzas gubernamentales de al-Hadi fueron apoyadas por Estados Unidos y, sobre todo, por Arabia Saudí y sus aliados del Golfo, además de por Egipto, con intervención militar masiva incluida. El resultado de todo ello es aún incierto. Sea como fuere, estamos ante una enorme tragedia humanitaria en el país más pobre de la región. Yemen se encuentra en el epicentro de confrontaciones globales y regionales que van más allá de la propia guerra civil.

Una de ellas es la relativa al ya mencionado control del estratégico estrecho de Bab el Mandeb, conexión entre el mar Rojo y el océano Índico y, por lo tanto, del acceso al Mediterráneo a través del canal de Suez. Difícilmente las grandes potencias pueden aceptar un control iraní, directo o indirecto, de los dos grandes estrechos que permiten la salida de los hidrocarburos de la península arábiga y del Golfo al Índico: Ormuz y Bab el Mandeb.

Otra está íntimamente ligada: hablamos de la confrontación global por la hegemonía dentro del mundo musulmán entre las potencias suníes (en especial Arabia Saudí) y la gran potencia chií (Irán). Y una tercera: aprovechando el caos, la presencia de Al Qaeda y de diversos grupos yihadistas se ha hecho visible, amenazando profundamente la ya muy precaria seguridad de la zona. Un cóctel de extrema complejidad que intentaremos ir desgranando al analizar los conflictos de Irak y Siria.

Pero antes puede ser también esclarecedor analizar someramente otro sangriento conflicto con implicaciones para la seguridad europea dada su importancia en la ruta de las migraciones a Europa: el de Libia.

Este enorme país norteafricano estuvo férreamente gobernado desde 1969 por el coronel Muamar el Gadafi hasta su derrocamiento y posterior brutal linchamiento en 2011, 42 años después. El origen de su peculiar régimen (la Gran Yamahiria Árabe Libia Popular Socialista o «Estado de las masas») se sitúa en el derrocamiento del rey Idris I, jefe del Estado libio desde su independencia oficial de Italia en diciembre de 1951. El régimen de Gadafi evolucionó desde un socialismo declarativo, que escondía una completa estatalización de la economía impregnada de corrupción sin límites, a un asamblearismo insólito de base tribal, y del panarabismo al panafricanismo, con complicidades explícitas con el terrorismo internacional antioccidental. El atentado de 1988 contra un avión comercial conocido por la ciudad sobre la que se produjo, Lockerbie (Escocia), es su más conocida y trágica expresión. Tras el bombardeo norteamericano que afectó muy directamente a la propia familia de Gadafi, al morir en él una de sus hijas, el régimen fue tornando hacia un mayor alineamiento con Occidente y con la Unión Europea, incluyendo una fuerte relación con la antigua potencia colonial, Italia, y en menor grado también con España.

En cualquier caso, el Estado libio es una creación colonial ya que el territorio ha estado históricamente dividido desde la colonización romana en la Cirenaica, al noroeste (con centro en Tobruk y Bengasi), y la Tripolitania, al noroeste (cuya capital es Trípoli) y con el centro marítimo del país en Sirte, de donde proceden los gadafa, dotados de personalidad tribal distinta, y cuna de Gadafi. En el interior suroeste del país, en pleno desierto (el Fezzan), hay una fortísima implantación de los tuaregs y fronteras difusas y enormemente permeables con otros países del Sahel, como Níger, Chad, Sudán o la propia Argelia. Su unidad nacional jamás ha podido superar un tribalismo preexistente que ha resurgido con enorme fuerza tras la caída del régimen de Gadafi.

Dicha caída se inserta en la ola de protestas de las Primaveras Árabes. En el caso de Libia, estas devinieron en auténtica oposición armada al régimen. La violencia represiva fue de tal magnitud que llegó a incluir ataques aéreos contra la población civil, lo que forzó a las Naciones Unidas a decretar en marzo de 2011 el establecimiento de una zona de exclusión aérea. Su aparente violación por parte del ejército de Gadafi permitió a la aviación francesa, con apoyo de misiles norteamericanos y británicos, y ayuda logística de, entre otros países, España, atacar posiciones militares gubernamentales y causarle enormes daños. Las diferentes fuerzas opositoras (de raíz más tribal que ideológica, aunque también con inspiración religiosa) acabaron ganando una guerra que terminó en octubre con el linchamiento del coronel cuando huía de Sirte.

Inmediatamente surgieron graves discrepancias en el seno de la oposición, agrupada inicialmente bajo el denominado Consejo Nacional de Transición. Estas divisiones internas se reflejaron en diferentes enfrentamientos armados que desembocaron en 2014 en una guerra civil que perdura hasta la actualidad. El caos resultante facilitó, además, la penetración de grupos yihadistas afines a Al Qaeda y después al Estado Islámico, organización que se hizo fuerte en el centro del país y llegó a dominar Sirte —de donde fueron expulsados por el Ejército Nacional Libio, del general Hafter—, en la costa mediterránea.

Además, existen todo tipo de milicias encabezadas por señores de la guerra cuyas alianzas son volubles y no reconocen ningún tipo de autoridad central. Por otra parte, los tuaregs dominan buena parte del suroeste del país y mantienen lazos con los gadafa y con milicias radicales del norte de Níger y del Chad. Dentro de este extraordinariamente embarullado escenario se enfrentan, sin embargo, dos legitimidades: la del mariscal Jalifa Hafter, exestrecho aliado de Gadafi hasta su exilio a finales de los años ochenta, que encabeza el Ejército Nacional Libio con el apoyo político y militar del parlamento de Tobruk —único reconocido internacionalmente y que se ha reconciliado con los gadafa— y, externamente, de Egipto y de Emiratos Árabes Unidos, por su clara oposición a los Hermanos Musulmanes y su eficacia en la lucha contra el EIIL. Hafter domina toda la Cirenaica, al este del país, así como crecientes zonas en el oeste, incluidos los alrededores de Trípoli, donde reside el llamado gobierno de Acuerdo Nacional, encabezado por el primer ministro Fayez al-Sarraj, prooccidental y apoyado por las Naciones Unidas y legitimado internacionalmente, pero que apenas consigue mantener su autoridad sobre la capital y no dispone de unas fuerzas armadas que puedan considerarse como tales. Aunque sus milicias, con fuerte apoyo aéreo norteamericano, lograran algo tan importante como la recuperación de Sirte, que había caído en manos del Estado Islámico.

Ambos bandos comparten enemigos comunes: las milicias incontroladas, los islamistas —básicamente, los Hermanos Musulmanes—, que han formado un parlamento alternativo no reconocido internacionalmente pero apoyado por Qatar y Turquía, además de los tuaregs, y, finalmente, el Estado Islámico. Por ello, gracias a la mediación del presidente francés Emmanuel Macron, llegaron en julio de 2017 a un alto el fuego como preludio a unas elecciones presidenciales en 2018, en las que Hafter tendría grandes posibilidades de salir elegido y encabezar un auténtico gobierno de unidad nacional. Su modelo político es muy similar al del presidente egipcio Al Sisi: gobierno autoritario, prohibición de los partidos islamistas y preponderancia del poder militar sobre el civil.

Está por ver cómo se desarrollarán, pues, los acontecimientos, pero lo único claro es que la caída de Gadafi devino en una cruenta guerra civil, la vuelta del tribalismo, la entrada con fuerza del Estado Islámico en el país y produjo una enorme inestabilidad que afecta muy directamente a Europa al campar a sus anchas todo tipo de mafias que comercian con refugiados e inmigrantes y que son el origen de la enorme presión sobre la isla italiana de Lampedusa y, en general, sobre el Mediterráneo oriental.

Estamos de nuevo ante unos conflictos *proxy*, tan habituales trágicamente en la región, entre el wahabismo, los Hermanos Musulmanes y el Estado Islámico y Al Qaeda dentro del bando suní, con participación externa de Estados Unidos, Gran Bretaña, Francia y Rusia (todos ellos apoyando a Hafter, que reniega del «islam político» y, en general, del islamismo) en un inextricable conflicto sin fin, sujeto a la evolución de las posiciones militares. En definitiva, a pesar de los esfuerzos internacionales, nadie parece en Libia realmente interesado en una paz estable y duradera. El objetivo no es la paz sino la victoria. Un balance, pues, muy negativo.

Es cierto que Gadafi era un dictador histriónico y sanguinario. Pero lo que siguió a su caída fue el caos y la tragedia. No es casual que el presidente Obama declarara que su mayor error en Oriente Medio había sido la intervención militar en Libia. Y que su mayor acierto fue, en cambio, no haber intervenido en Siria a pesar del compromiso de hacerlo si se demostraba, como así fue, que el régimen de Bashar al Assad había utilizado armas químicas contra sus adversarios.

Las Primaveras Árabes (con la ya alabada excepción tunecina, con todos sus riesgos e incógnitas) han derivado en durísimos inviernos en forma de golpes militares, represión, guerras civiles, tragedia y muerte. Con una víctima más que evidente: la aspiración democrática y de una vida digna y libre de muchos ciudadanos árabes. Con apoyo occidental se desencadenaron fuerzas hibernadas y reprimidas que, en cambio, no compartían esos ideales y que han acabado con cualquier posibilidad de revolución genuinamente democrática.

Occidente midió mal sus fuerzas, y ese error de cálculo ha resultado en caos. Se cumplió con la primera parte del objetivo: derrocar regímenes autoritarios, corruptos y represivos. Aunque se han asumido flagrantes contradicciones ya que se ha seguido apoyando a monarquías absolutistas en la región. Pero la segunda parte se ha saldado con un rotundo fracaso: salvo en Túnez, las aspiraciones democráticas han desaparecido en el corto y el medio plazo.

F. El conflicto sirio

Otro de los países que vivió el episodio de las Primaveras fue Siria. Al principio, los movimientos opositores, aparentemente democráticos e incluso liberales laicos, fueron recibidos con simpatía por la comunidad internacional y recibieron apoyo de Occidente. El régimen sirio, dictatorial y sangrientamente represivo, era y es aliado de Irán y Rusia, que tiene una estratégica base militar en territorio sirio a la que no está dispuesta a renunciar. Siria, es por lo tanto, adversario de Occidente, de Turquía hasta hace poco y de Arabia Saudí y sus aliados. Además de enemigo de Israel, que mantiene ocupados los Altos del Golán, territorio sirio, desde la guerra de los Seis Días en 1967. Todo lo cual contribuyó a la solidaridad de la opinión pública occidental con las revueltas en contra del régimen. Se volvió a cometer el error de pasar por alto parte de la naturaleza real y hostil hacia Occidente y sus valores que aquellas revueltas escondían parcialmente.

Hablamos de un régimen que, de manera similar al régimen iraquí de Sadam Hussein y, en cierta manera, del de Gadafi en Libia, ha descansado sobre su capacidad de aglutinar minorías étnicas y/o tribales y religiosas en contra de las mayorías internas. Esos regímenes se han constituido históricamente como factor de estabilidad política y de unidad nacional aunque fuera sobre la base de Estados con fronteras artificiales de origen colonial. Es cierto, como dijimos, que lo han conseguido mediante métodos repulsivos: represiones sangrientas y masivas (y, en algunos momentos, con carácter genocida) de toda discrepancia y utilizando la política exterior en beneficio de la permanencia en el poder.

El caso de Siria, aún más que el de Irak, es un enorme caleidoscopio de todos los conflictos que se mezclan de forma intrincada y complejísima en la atormentada región de Oriente Medio. Se superponen y solapan varios conflictos internos extrapolables a toda la región. Podemos simplificarlos en tres.

El primer conflicto interno es meramente político y se da entre la visión laica del mundo árabe y la visión islamista. De hecho, el Partido Baaz, panárabe y muy vinculado desde su nacimiento a los movimientos nacionalistas y socializantes que tienen su máxima expresión en el *rais* egipcio Nasser, es un movimiento laico que busca la modernización de los países árabes separando religión y política, como hiciera en su día en Turquía Mustafá Kemal Atatürk tras la derrota otomana en la primera guerra mundial.

Durante mucho tiempo, la oposición real, aunque reprimida ferozmente, fue no tanto la oposición democrática como la que pretendía la instauración de un régimen político en el que la *sharia* fuera la fuente fundamental de derecho. Una lucha que Europa conoció dramáticamente y resolvió con la ya analizada Paz de Westfalia hace casi cuatro siglos. El conflicto entre religión y política está, de nuevo, en primer plano en Siria. Y no cabe simplificarlo ni restarle importancia. Una división que también existe entre los llamados rebeldes. Aunque, lamentablemente, es cada vez menos relevante. Los partidarios de la libertad y la democracia han perdido relevancia y peso hasta el punto de casi desaparecer. En la balanza pesan ahora otras cosas, por desgracia.

El segundo conflicto es, pues, de naturaleza religiosa y sectaria. El régimen, formalmente no confesional, responde a equilibrios entre diferentes confesiones pero de matriz alauita, más próximo al chiismo e, incluso, al cristianismo. Se enfrenta a facciones rebeldes internas que reivindican el islamismo suní desde diferentes grados de radicalidad. Exigen la implantación de la *sharia*. A su vez se enfrentan a la versión más radical del integrismo islamista de matriz suní, tanto desde los partidarios en sus diferentes franquicias de Al Qaeda como del Estado Islámico.

Un tercer conflicto es geoestratégico. Siria es el corazón de Oriente Medio y no en vano fue la sede del califato de Damasco. Tiene acceso al Mediterráneo y frontera con Turquía, además de conexión con el mundo chií a través de Irak. Es pieza clave en el conflicto con el Estado israelí. Por supuesto es también determinante en el conflicto secular del pueblo kurdo. Todo ello explica el enorme interés geoestratégico de rusos, turcos e iraníes en la región. Como venimos analizando y resaltando, la historia siempre vuelve y la geografía siempre está, como ha quedado claro en las negociaciones para intentar establecer un armisticio entre el gobierno sirio y las diferentes facciones rebeldes, tanto en las de la capital kazaka, Astana, como las que tienen lugar intermitentemente en Ginebra (Suiza).

Los patrocinadores de las negociaciones han sido Rusia, Irán y Turquía. Y acontece una singularidad impensable hace apenas unos pocos años: sin participación de Estados Unidos ni de la Unión Europea. Estados Unidos porque no quiere aunque pudiera, y la Unión Europea porque no puede aunque quisiera. Un magnífico y significativo ejemplo de cómo está cambiando el mundo: un mundo cada vez más post-occidental, pero al mismo tiempo impregnado o moldeado por muchos de sus valores. No en vano en un primer momento fueron las propias Primaveras Árabes las que reclamaron conceptos como libertad, igualdad o dignidad, plenamente occidentales.

Es por ello que hablamos de síntesis neooccidental más que de la sustitución de todo su acervo. Sin duda, el mundo musulmán y árabe es el que peor adaptabilidad está mostrando a dicha síntesis y, por lo tanto, su potencial como foco de conflicto en el nuevo orden mundial que se configura se prevé muy alto. El conflicto entre secularistas y confesionales ha pasado a un plano subordinado frente a las confrontaciones sectarias y a los conflictos de poder relacionados con la supervivencia de los regímenes de la región y de su capacidad de influencia en ella en términos geopolíticos. Las víctimas han sido las menguantes y silenciadas minorías liberales y democratizadoras. Sólo parece haber lugar para los extremistas que buscan a largo plazo la aniquilación del adversario, más allá de que el sentido de la realidad les obligue, por presión e intereses de las potencias intervinientes en la zona, como Turquía, Rusia e Irán, a pactar armisticios y a redistribuir el poder. Caldo de cultivo para los yihadistas partidarios del *tafkir* (la eliminación no sólo de los infieles, sino también de los que consideran herejes) y para el resurgimiento de movimientos separatistas, en particular el de los kurdos, repartidos entre Turquía, Siria, Irak e Irán.

La derrota sin paliativos del laicismo democratizador y liberal nos debe llevar a profundizar y ponderar más en nuestros análisis las relaciones sectarias entre todos los participantes en el conflicto. Es cierto que a menudo tales relaciones suelen enmascarar intereses estratégicos y políticos profundamente arraigados que se camuflan en motivaciones religiosas. Y aún más, se entrecruzan intrincados lazos tribales y de clanes que pueden aliarse y enfrentarse entre sí, en un ejercicio constante de geometría variable prácticamente incomprensible para un observador externo.

En este contexto, las interpretaciones más simplificadoras suelen remitirse al secular conflicto entre chiíes y suníes y, de forma aún más simplista y superficial, a la contraposición de las potencias respectivas; es decir, Irán y Arabia Saudí. El enfoque de una aproximación a esta realidad ha de ser necesariamente transversal.

La contraposición entre el sunismo y el chiismo no existía antes de la Revolución iraní que derrocó al sah Pahlevi, aliado incondicional de Estados Unidos junto a las monarquías del Golfo frente a los regímenes socializantes y prosoviéticos de las repúblicas nacionalistas árabes. Durante ese período, el propio sah apoyó las iniciativas saudíes en favor de la unidad musulmana, como la organización de la Conferencia Islámica, más allá, pues, de unas divisiones sectarias relativizadas en esos momentos. Apoyaron, asimismo, a organizaciones islamistas tales como los Hermanos Musulmanes, factor desestabilizador en las repúblicas árabes. Sin embargo, eso generó un movimiento de contestación interno en Irán (tanto suní como chií) en contra del sah, al que se consideraba un dictador sanguinario y lacayo de Estados Unidos.

Dicho movimiento conduciría al derrocamiento de Pahlevi en 1979 y la llegada de un nuevo régimen, la República de Irán, bajo la autoridad de la máxima figura religiosa del chiismo. Primero, el ayatolá Jomeini, y más tarde, y hasta hoy, Alí Jamenei, tras la muerte del primero en junio de 1989. El nuevo sistema daba carta de naturaleza a la subordinación del poder político (elegido por los ciudadanos, pero bajo control estricto del régimen en cuanto a su idoneidad) al poder religioso, una política exterior claramente antioccidental y, sobre todo, contra el «gran Satán» americano e Israel. El dominio de los religiosos sobre la moral pública es claro.

Este esquema ha pasado por diversas vicisitudes. Incluso los primeros presidentes tras la Revolución eran fundamentalmente laicos y democratizadores. La República islámica ha vivido una pugna permanente entre los denominados radicales, que cuentan con el apoyo de la todopoderosa y temible Guardia Revolucionaria, el ejército paralelo que protagonizó el asalto a la embajada norteamericana y la toma de los rehenes poco después del triunfo de la Revolución, y los moderados, siempre hablando en términos relativos.

La Revolución iraní tuvo desde el principio vocación exportadora y crítica con las monarquías absolutistas. Por ello empezó a ser vista como una seria amenaza tanto ideológica como política por buena parte de los países árabes de mayoría o de poder suní, que temían su desestabilización. En especial los que tenían porcentajes significativos de población chií, como Kuwait, Bahréin, la propia Arabia Saudí y, en particular, Irak.

Ese sería uno de los motivos principales de la agresión iraquí contra Irán a finales de 1979, una guerra que duraría ocho años. El conflicto estalló cuando el ejército iraquí cruzó masivamente el Shatt-al-Arab (tramo final en el que confluyen el Tigris y el Éufrates), frontera sur entre ambos países, hasta su desembocadura en el golfo Pérsico, para intentar anexionarse Jezestán, provincia iraní de mayoría árabe. La larga guerra se resolvería con el regreso a las fronteras de partida después de centenares de miles de muertos por ambas partes, y acabó consolidando aún más al régimen iraní y desestabilizando la economía occidental a raíz de la llamada segunda crisis del petróleo, tras la primera provocada por la guerra árabe-israelí del Yom Kipur, en 1973.

El fracaso iraquí llevó al régimen de Sadam a poner en marcha una segunda agresión poco después del final de la guerra con Irán. Las dictaduras y los nacionalismos suelen buscar enemigos y causas exteriores como fuente de legitimación interna. Se produjo así la ocupación de Kuwait, ignición de la llamada primera guerra del Golfo. Había caído ya el Muro de Berlín y estábamos en la fase final del desmoronamiento de la Unión Soviética.

George Bush padre tuvo la enorme inteligencia de encabezar la recuperación del orden internacional sobre la base de las resoluciones de las Naciones Unidas y la implementación de una gran coalición internacional consensuada, aunque con el protagonismo militar indiscutible de Estados Unidos. La Operación Tormenta del Desierto transcurrió entre el 2 de agosto de 1990 y el 28 de febrero de 1991. Fue un éxito operativo y político y provocó la retirada iraquí de Kuwait y el aislamiento internacional de Sadam Hussein.

George Bush padre supo además contener dicha operación en los límites fijados por la legalidad internacional emanada de las resoluciones de las Naciones Unidas y de la doctrina llamada R2P *(Responsibility to Protect)*. En contra de muchos de sus asesores, no quiso completar la operación y derrocar al régimen baazista de Bagdad. Probablemente porque no estaba en condiciones de asegurar un recambio razonable y prefirió mantener la estabilidad política de un país profundamente afectado por divisiones étnicas y religiosas, en el norte con los kurdos, y en el sur con los chiíes, muy cercanos a los iraníes. Como trágicamente se constató años después tras la segunda guerra del Golfo, estas divisiones podían dinamitar su unidad y dar paso al caos y hacerlo en beneficio de los principales enemigos del orden internacional: los yihadistas radicales.

Eso es, precisamente, lo que vimos después de la segunda guerra del Golfo con la intervención directa norteamericana que invadió el territorio iraquí —con ayuda británica— con el objetivo explícito de derrocar al régimen bajo el pretexto (que después se demostró falso) de que tenía vínculos estrechos con Al Qaeda y de que disponía de un enorme arsenal de armas de destrucción masiva.

Todos esos episodios confrontan de nuevo los intereses vitales de Irán, a quien le interesa un Irak con hegemonía de su mayoría chií, y Arabia Saudí, referente suní del islam. Esta rivalidad se puso dramáticamente de manifiesto en la guerra civil en Siria. Irán apoyó desde el principio al régimen de Assad por afinidad religiosa (discutible, porque sólo muy recientemente el chiismo ha aceptado al alauismo como una de sus ramas), pero, sobre todo, por cercanía política y geoestratégica. La propia rivalidad intrabaazista llevó al régimen sirio a apoyar a Irán frente a la agresión iraquí en 1990. Por su parte, Arabia Saudí y sus aliados apoyaron desde el inicio a los así llamados rebeldes, básicamente islamistas de raíz suní. A este complejo panorama hay que sumar el temprano apoyo turco a dichos opositores y el alineamiento sin fisuras de Rusia con el régimen de Bashar Al Assad.

Algo que nos anticipa el tercer pivote del complejísimo tablero sirio: la dimensión geoestratégica y el papel de las potencias exteriores. Empezando por la confrontación entre Irán y Arabia Saudí, el papel de otros actores regionales como Qatar y el de las grandes potencias: Estados Unidos, la Unión Europea, Rusia y Turquía.

Como hemos visto, las relaciones entre Irán y Arabia Saudí han pasado por diferentes etapas de tensión y distensión, incluso durante los años de gobierno del radical presidente iraní Mahmud Ahmadineyad (2005-2013). Pero todo cambió a raíz de la creciente desconexión norteamericana de la región en los años del presidente Obama, su falta de apoyo a sus aliados (Ben Alí, en Túnez, pero, sobre todo, Hosni Mubarak, en Egipto) y su aceptación de los nuevos regímenes, incluido el de los Hermanos Musulmanes en Egipto. Asimismo, Obama apoyó y firmó el controvertido acuerdo nuclear de julio de 2015, en el marco de las Naciones Unidas, entre Irán y los cinco países miembros permanentes del Consejo de Seguridad, más Alemania y la Unión

Europea. El acuerdo está seriamente cuestionado desde la llegada de Donald Trump al Despacho Oval. Ha llegado a afirmar que se trata «del peor pacto jamás firmado» en la historia de su país y se alinea con los «halcones» de su aliado regional, Israel.

Todo ello provocó una enorme desconfianza en Riad, que dejó de ver a Estados Unidos como el aliado incondicional que había sido siempre. Los efectos de ese alejamiento fueron inmediatos: el rearme masivo saudí y de sus aliados en el Golfo (básicamente, los Emiratos Árabes Unidos) y una política exterior y militar mucho más agresiva, desde la intervención directa en Bahréin en 2011 en el marco de las Primaveras Árabes a la participación masiva con medios aéreos en la guerra civil de Yemen. Además de la ayuda a los diferentes grupos yihadistas en el conflicto sirio (incluyendo, al principio, al propio Estado Islámico) y, de manera ostensible, del apoyo al derrocamiento del régimen de los Hermanos Musulmanes en Egipto, lo que estableció una férrea alianza con el nuevo presidente Al Sisi.

Ese reposicionamiento se ha intensificado con la llegada del rey Salman en enero de 2015 y con el creciente poder de su hijo, el príncipe heredero, Mohamed Bin Salman, ministro de Defensa e impulsor del Plan Visión de Arabia Saudí 2030, un paquete de reformas que busca reducir la enorme dependencia de su economía de las exportaciones de petróleo y modernizar la economía y las costumbres, entre ellas la esencial de la incorporación a la vida económica y social de la mitad de su población: las mujeres. Aunque resulte sorprendente desde nuestra forma de ver las cosas, no ha sido hasta 2017 cuando la mujer ha obtenido el permiso oficial para conducir en el Reino del Desierto.

El príncipe heredero, conocido por el acrónimo MBS, está llevando a cabo una política interior y exterior extremadamente agresiva. En el interior, propiciando un relevo generacional no exento de grandes y potencialmente desestabilizadoras purgas. En el exterior, con una política muy proactiva que incluye la fuerza militar para intentar contrarrestar los avances de Irán en Yemen y en Siria. También interviene de manera activa en el avispero libanés. Hasta ahora, todo ello con resultados como mínimo inciertos.

En este contexto, a principios de 2016, el gobierno saudí ejecutó, junto a varias decenas de condenados por terrorismo, a un destacado dirigente y clérigo chií en medio de importantes protestas de esa minoría. En Teherán, las manifestaciones culminaron con el incendio de la Embajada saudí, de forma que se rompieron de inmediato las relaciones diplomáticas.

En este escenario de alta tensión, y después de años de desencuentros con más o menos altibajos, el deseo de Qatar de mantener una política exterior autónoma desembocó en la ruptura, a su vez, de relaciones diplomáticas. Además, supuso el bloqueo de su espacio aéreo y todo tipo de sanciones económicas y comerciales contra Qatar por parte de Arabia Saudí y sus socios Emiratos Árabes Unidos, Bahréin o Egipto, entre otros. De momento, el bloqueo ha supuesto un fracaso gracias al apoyo a Qatar por parte de Turquía e Irán y de la capacidad qatarí a la hora de abrir nuevas vías para sus flujos comerciales, como un enorme puerto en Hamad, en Doha, algo que le permite mantener su principal vía de ingresos, las exportaciones de gas natural licuado, al margen del boicot y del bloqueo.

Estamos, por lo tanto, ante un conflicto que más que sectario es de poder y de influencia. Aunque ambas partes usen a menudo argumentos religiosos, lo cierto es que se mueven por intereses geoestratégicos. Por ello su implicación en los diferentes conflictos es casi siempre de signo opuesto, más allá de las diferencias de carácter sectario. Sus posicionamientos respectivos en Siria o en Yemen constituyen casos paradigmáticos.

G. El papel de Rusia y sus problemas internos

Toda esta situación se entrecruza con los intereses geoestratégicos de las políticas neoimperiales de Rusia y Turquía en la región, aunque con diferentes características. En el caso de Rusia, no añadiremos demasiado respecto a lo ya comentado en el capítulo dedicado a ese país. Pero sí sobre su papel específico en el conflicto de Siria y su propio problema interno con relación a los conflictos independentistas y su conexión con el yihadismo radical.

La intervención soviética en Afganistán tuvo mucho que ver con la consolidación de Al Qaeda, paradójicamente apoyada por Estados Unidos, que más adelante sirvió de base para los ataques terroristas contra territorio norteamericano el 11 de septiembre de 2001, y antes contra sus embajadas en países africanos. De la misma manera, la catastrófica gestión de la postguerra en Irak ha tenido relación directa con la irrupción y consolidación del Estado Islámico en ese país y en Siria, además de Libia, Yemen y otros.

Ambos fenómenos han impactado extraordinariamente en determinadas regiones de la Federación Rusa y, en particular, en las repúblicas autónomas del Cáucaso Norte, en especial en Chechenia, Ingusetia y Daguestán, desde las que, más allá de las sanguinarias guerras en ellas, se ha producido una importante exportación de yihadistas autóctonos para luchar al lado del Estado Islámico. No es casual que tras el árabe y el inglés, el ruso sea el idioma más utilizado en su propaganda.

Hablamos de repúblicas de mayoría musulmana de matriz sufí, una rama tolerante del sunismo. Durante la primera guerra de Chechenia, entre 1994 y 1996, el factor religioso se supeditaba al factor nacionalista. Hay que entender que Rusia, desde la época de la emperatriz Catalina la Grande (1762-1796), lleva integrando en su seno a musulmanes y que su relación histórica con el poder central no ha sido siempre conflictiva. No en vano, Putin presidió el solemne acto de inauguración de la gran mezquita de Moscú a finales de 2015. En la actualidad, de una población de unos 140 millones de habitantes, los rusos musulmanes se acercan ya a los 21 millones (un 15 por ciento aproximadamente de la población), residentes fundamentalmente en la región del Volga-Ural (incluidos los tártaros) y en el Cáucaso Norte. De seguir la evolución demográfica actual, llegarán a representar un tercio de la población rusa a mediados de siglo, algo inquietante para la mayoría eslava de tradición bizantina que hoy supone aún casi el 80 por ciento. En cualquier caso, los tártaros están plenamente asimilados al patriotismo ruso (como demostraron contra Napoleón y contra Hitler), a pesar del maltrato histórico recibido en Crimea. El problema se centra, al menos de momento, en el Cáucaso, aunque conviene no olvidar que se calcula que hay cuatro millones de musulmanes en la región de Moscú, muchos de ellos no autóctonos rusos.

El factor de ignición fue la declaración unilateral de independencia por parte de Chechenia a finales de 1991, al hilo del definitivo desmoronamiento de la Unión Soviética. El caos resultante impidió una respuesta inmediata por parte rusa, aunque desembocó en guerra abierta poco más de dos años después. Y si bien el origen fue fundamentalmente nacionalista, poco a poco la infiltración yihadista fue creciendo, procedente sobre todo de Arabia Saudí (incluido el apoyo financiero), sobre todo después de la muerte del histórico dirigente checheno Dzhojar Dudáyev en abril de 1996. Chechenia se convirtió así en una causa del yihadismo global para desesperación de los dirigentes rusos. Veían además cómo el conflicto se contagiaba a Daguestán e Ingusetia y favorecía la segunda guerra de Chechenia (1999-2009) y la creación del emirato del Cáucaso.

El resultado de la primera guerra fue efímero para la causa rusa y el de la segunda (ya con Putin en el poder) ha sido la derrota del yihadismo a cambio de dejar en la práctica el control de Chechenia a políticos autóctonos, como Razmán Kadyrov, hijo de otro presidente checheno asesinado, que aplica métodos brutales y prácticas inequívocamente corruptas. Ese resultado se vio favorecido por el hecho de que, para el yihadismo global, Chechenia quedara relegada a un segundo plano ante la llamada del Estado Islámico a combatir en favor del califato en Siria e Irak. Pero el riesgo latente sigue ahí y en cualquier momento puede resurgir.

Por lo tanto, el resultado del conflicto en Irak y Siria es fundamental para Rusia. Más allá del evidente apoyo al régimen de Bashar Al Assad, la derrota del Estado Islámico es estratégica para Rusia. Por razones internas muy poderosas y por claras razones de política exterior.

El consenso general admite que la intervención militar rusa en Siria ha marcado un punto de inflexión. Al Assad estaba perdiendo la guerra y sin el apoyo ruso (y sin el iraní) habría sucumbido a manos de los diferentes grupos rebeldes kurdos e islamistas radicales. Probablemente Rusia habría perdido su única base militar en la zona, pero, sobre todo, habría perdido cualquier capacidad de ejercer su influencia en una región en la que a pesar de no ser estrictamente estratégica para sus intereses (que se centran en el espacio postsoviético y en impedir el avance hacia sus fronteras de la Unión Europea y, sobre todo, de la OTAN), siempre ha intentado cuidar para que no fuera contraria a ellos.

Los bombardeos masivos rusos han apuntalado definitivamente al régimen de Assad y han disuadido a otras potencias de intervenir de manera proactiva, empezando por Estados Unidos y siguiendo por los países europeos más beligerantes, caso de Francia. Todos ellos han abandonado su exigencia inicial de que Assad debía renunciar al poder. Todo el mundo parece aceptar que el resultado final en Siria tras la derrota militar del califato pasará por una partición de facto en la que Assad dominará buena parte del territorio y la gran mayoría de la población. Los kurdos ejercerán su poder en zonas del norte del país y los así llamados rebeldes lo harán en zonas del oeste del territorio, independientemente de que estas situaciones de facto no tengan un reconocimiento formal ni internacional ni regional. Esa es la «solución» que parece perfilarse en las negociaciones para un armisticio que se celebran periódicamente en Astaná y Ginebra, siempre con altibajos en los que hay que atender más a los susurros que a las declaraciones.

H. Turquía entre el occidentalismo y el neootomanismo

En sus fronteras actuales, la República de Turquía ha jugado y juega un papel esencial por su posición geográfica: puerta inevitable de acceso entre el mar Negro y el Mediterráneo a través del control de ambas orillas de los estrechos del Bósforo y de los Dardanelos, así como del mar de Mármara. Presencia continental en la península de Anatolia, inmenso territorio que también conocemos como Asia Menor, con acceso directo al Cáucaso sur —Georgia y Armenia— y, por lo tanto, al mar Caspio, con sus enormes reservas de hidrocarburos, y a Oriente Medio, con fronteras con Siria, Irak e Irán. Además, por identidad cultural, Turquía mantiene fuertes lazos con Azerbaiyán y con las antiguas repúblicas soviéticas de Asia central.

La historia turca se incardina, inevitablemente, con la del Imperio otomano o de la Sublime Puerta, llamado así por ser la entrada de los aposentos oficiales del gran visir o primer ministro en el palacio imperial de Topkapi, en Estambul. En sus momentos de máximo esplendor, en el siglo XVII, el Imperio otomano llegó a las puertas de Viena tras ocupar en el continente europeo las actuales Hungría, Rumanía y Bulgaria, la antigua Yugoslavia y Albania, así como Grecia. Llegó a dominar todas las costas del mar Negro (incluida Crimea), así como todo el Cáucaso y el Oriente Medio árabe hasta la frontera con Irán, incluidas las costas del mar Rojo y el norte de África —Egipto, Libia, Túnez y Argelia— hasta las fronteras actuales de Marruecos, una superficie diez veces superior a la de España. Turquía se disputó con España y otras potencias católicas menores el dominio del Mediterráneo, con episodios históricos tan notables como la batalla de Lepanto, entre los turcos y la Liga Santa en 1571. Ejercieron la hegemonía política y religiosa sobre el islam suní, algo que conviene no olvidar a la hora de interpretar la nueva policía exterior de Turquía.

El enorme Imperio fue mermando con el tiempo hasta su desaparición definitiva al final de la primera guerra mundial, tras aliarse con las potencias centrales. La contienda supuso el desmoronamiento de cuatro grandes imperios: el otomano, el zarista, el alemán y el austrohúngaro. Turquía aún conservaba el dominio del Oriente Medio asiático y de la costa oriental del mar Rojo. Una historia gloriosa que ahora los nuevos dirigentes turcos quieren rememorar desde diferentes perspectivas.

Al caer el Imperio otomano, tras un período turbulento de digestión de la derrota, tomó el poder el que se considera el principal protagonista y padre de la nueva Turquía, el mencionado Atatürk. El flamante presidente fundó la nueva república, a la que infunde un carácter profundamente laico y prooccidental en cuanto a usos y costumbres, incluida la vestimenta de hombres y mujeres. Estaba convencido de que la decadencia otomana se debía en buena medida al excesivo peso de la religión en la gobernación política y en la propia sociedad, una influencia perniciosa que lastraba su progreso económico y social así como su propia capacidad de innovación tecnológica.

Para conseguir sus objetivos reformistas se apoyó en la burguesía de Estambul y, sobre todo, en el Ejército, al que le dio el papel de garante del nuevo orden constitucional, dependencia que ha perdurado hasta muy recientemente. Seguramente hasta el fallido golpe de 2016 contra el presidente Erdogan. Kemal Atatürk separó completamente la política y las leyes de la influencia religiosa, pero no pudo separar la nueva cultura laica de las élites de una sociedad en buena medida rural y atrasada, además de profundamente islamizada en sus tradiciones y en su cultura. Y resistente al secularismo y a la occidentalización.

Sin embargo, los pasos de Atatürk fueron auténticamente revolucionarios. Se impuso el alfabeto latino frente al arábigo, se prohibió el árabe como lengua de llamada a la oración y se impuso el turco, se legisló sobre la igualdad de la mujer, se prohibió el uso del velo en lugares públicos como la universidad, se instauró la vestimenta occidental en los hombres, se cambió el calendario, se toleró la venta y el consumo de alcohol, y se implantaron códigos civiles y mercantiles similares a los de Europa continental. El nuevo líder de la república orientó a Turquía en general hacia Occidente. Atatürk veía el islam político como un obstáculo para la modernización de su país.

Esta visión tuvo su reflejo en la política exterior. Su máxima fue «cero problemas con nuestros vecinos»; es decir, «paz en el interior, paz con el exterior». De ahí la neutralidad de Turquía en la segunda guerra mundial. Atatürk creía que debía concentrarse en la modernización interna, un enfoque similar a la política de Deng en China años después, aunque su régimen fuera profundamente autoritario y nacionalista, con especial inquina hacia cualquier posibilidad de reconocimiento de los kurdos.

Cabe decir, sin embargo, que esa ruptura entre el Estado y la religión no cuajó en la Turquía interior y atávica. Tuvo en el Ejército a su principal garante, institución que ha intervenido en la historia reciente del país en diversas ocasiones a través de cuatro golpes de Estado de diferente intensidad para salvaguardar el legado kemalista. De manera menos traumática pero no menos eficaz, a través del todopoderoso Consejo de Seguridad Nacional.

Dicha orientación política ha tenido dos expresiones evidentes: el claro alineamiento desde el principio de Turquía (miembro de la OTAN) con la Alianza Atlántica, dada la evidente amenaza soviética, y la posterior voluntad de integración en la construcción europea.

La primera aproximación fue en 1987, cuando se produjo la solicitud de integración. La Unión Europea (entonces aún la Comunidad Económica Europea) aceptó su precandidatura a la espera de una serie de reformas económicas, políticas e institucionales, tales como la abolición de la pena de muerte o el respeto de los derechos de los kurdos. Dichos requisitos fueron excusa para que algunos países europeos no tuvieran que explicitar su rechazo de fondo a la entrada de Turquía. En particular Francia, Austria y Alemania, además de su secular archienemigo griego, enemistad agravada por el contencioso de Chipre desde que Turquía invadiera el norte de la isla en 1974. Nunca fue, en cambio, el caso de España o el Reino Unido, que siempre consideraron que la incorporación de Turquía al mundo europeo occidental tenía más ventajas que inconvenientes, fundamentalmente de orden político y estratégico. Compensaba intentar anclarla definitivamente en Occidente y garantizar la viabilidad de un país democrático, laico y liberal. Argumento usado también por Estados Unidos para defender dicha candidatura turca en el club europeo.

A finales de 1999, la entonces Comunidad Económica Europea aceptó a Turquía como país candidato, y a partir de 2004 empezaron a negociarse los correspondientes capítulos. Pero subsistían serios problemas. Primero, el ya mencionado de Chipre. Suponía un escollo inadmisible la integración de un Estado que mantiene en la práctica una ocupación militar de una parte de otro Estado miembro, creando un Estado artificial no reconocido por la comunidad internacional. Un arreglo amistoso del contencioso chipriota (probablemente, a través de un Estado federal) es condición previa indispensable, y única manera de evitar el veto griego.

Otro problema tenía una doble vertiente. Para formar parte de la construcción política europea es imprescindible aceptar unos determinados valores democráticos. Aunque hayan estado y estén en cuestión en algunos países miembros, para la Unión

Europea son esenciales la división de poderes y la independencia de la justicia, las libertades y, en particular, la de expresión, y, por supuesto, la estricta separación de Estado e Iglesia (o, mejor dicho, de religión y política) y la subordinación inequívoca del poder militar al poder civil. Lo que podríamos llamar la «paradoja turca» es que la separación entre poder político y religión, impuesta por Atatürk, venía garantizada por un papel preeminente, y no supeditado al poder civil, de las Fuerzas Armadas. Por todo ello, la llegada al poder del actual presidente Erdogan fue recibida al principio con esperanza en las cancillerías occidentales.

El actual presidente y exalcalde de Estambul procedía del islamismo moderado que representaba el ex primer ministro Necmettin Erbakan, al frente en 1996 de un gobierno de coalición que fue derrocado por el golpe militar postmoderno de 1997, que ilegalizó el movimiento islamista. Ello supuso la destitución de Erdogan como alcalde de Estambul, su procesamiento y su condena en 1998 a inhabilitación perpetua. Su gestión hasta entonces había sido positiva y sin corrupción aparente, aunque ya apuntó maneras al querer prohibir la venta de alcohol en bares y cafeterías, lo que generó grandes protestas en una ciudad eminentemente turística que recibe millones de visitantes no musulmanes.

En 2001, Erdogan fundó el Partido de la Justicia y el Desarrollo (AKP) para presentarse a las elecciones legislativas del año siguiente, contienda electoral que ganó por mayoría absoluta. Esto le permitió forzar que se levantara su inhabilitación y ser nombrado primer ministro al año siguiente. En sus inicios y durante bastante tiempo, el AKP mostró su cara más amable a través de un islamismo moderado que conectaba con buena parte de la población, pero sin generar especial animadversión en los sectores laicos. Se centró en la economía y en el bienestar de los ciudadanos, y mantuvo el alineamiento occidental en su política exterior, tanto en lo relativo a la Alianza Atlántica como en la candidatura al ingreso en la Unión Europea. Se empezó a hablar de la «islamodemocracia» (al estilo de la democracia cristiana europea), movimiento político que apoyaría los pasos en favor de la supremacía del poder civil sobre el militar y, a su vez, evitaría los pasos hacia una mayor islamización del poder en su relación con la sociedad, así como los dirigidos a consolidar su poder a largo plazo a través de la obstaculización de la labor de los opositores y de la libertad de expresión. Desde Occidente no supimos interpretar bien la potencial deriva de Erdogan y su régimen.

Conviene insistir en que no hay que confundir islamismo e islam. El islam es una religión y el islamismo es una ideología que pretende implantar los valores religiosos como elemento vertebrador de la sociedad y de la acción política, algo que nos recuerda al infausto nacionalcatolicismo del régimen franquista.

Después de diversas vicisitudes, Erdogan volvió a ganar por mayoría absoluta las elecciones de 2007 y fue afianzando su política. Se impulsó la construcción de mezquitas, se restringió el consumo de alcohol, se incrementó la importancia y las horas de enseñanza religiosa, se reintrodujo en el código penal el delito de blasfemia y se inició una creciente censura y persecución en los medios de comunicación.

En el ámbito exterior, se propició la reconciliación con Armenia tras el polémico genocidio de la primera guerra mundial, jamás reconocido por Turquía, se prosiguió con las negociaciones de adhesión a la Unión Europea, el gobierno se acercó a Arabia Saudí y a sus aliados del Golfo, y se fue ganando a los militares con su actitud hacia los kurdos, aunque también llegó a acuerdos muy controvertidos con el Partido de los Trabajadores de Kurdistán (PKK), partido que representa a la minoría turca. Llegó incluso a impedir a la coalición británica y norteamericana utilizar su territorio en la segunda guerra de Irak. Además, Turquía continuó con la purga de militares, jueces, académicos y periodistas de orientación kemalista. La victoria sobre la vieja supremacía militar fue completa. Todo ello llevó a la tercera victoria consecutiva de Erdogan con una gran mayoría absoluta en 2011.

Como suele suceder, el presidente agudizó el talante autoritario de su poder. Algo que se puso de manifiesto con su respuesta a las protestas populares masivas en la primavera de 2013 que tomaron como pretexto unas obras en una plaza de Estambul y la creciente connivencia política con la corrupción. Ambos fenómenos enajenaron a Turquía el apoyo de uno de sus más importantes aliados: el influyente clérigo Fetuhllah Gülen, quien acusado de terrorista y golpista tuvo que exiliarse en Estados Unidos. No obstante, Erdogan amplió su poder personal y se presentó a las elecciones presidenciales en 2014 con la idea de emular a Putin, perpetuarse en el poder y convertir una república parlamentaria en un régimen presidencialista. El paso siguiente sería revalidar la mayoría absoluta necesaria para una reforma constitucional en el sentido indicado. Pero los turcos, llamados a votar en un plebiscito, no se la dieron. Erdogan se negó a formar un gobierno de coalición y forzó nuevas elecciones en un contexto de rebrote del terrorismo de inspiración kurda y de un deterioro de la economía que atribuyó a la inestabilidad política derivada de la ausencia de un gobierno fuerte. Y las ganó.

Poco después, un chapucero —y quién sabe si provocado o, por lo menos, tolerado— golpe de Estado en junio de 2016, del que acusó sin pruebas a los gülenistas, permitió una purga generalizada y una represión masiva de buena parte de los adversarios políticos del AKP. Se abrió así paso a una reforma constitucional dirigida desde el poder y sin consenso. Dicha reforma se aprobó por referéndum con una exigua mayoría del 52 por ciento, fundamentalmente rural, y en medio de acusaciones de fraude por parte de la oposición. Los cambios consagraron una república presidencialista y autoritaria, muy similar a la que rige hoy en Rusia. Desapareció el primer ministro y el presidente asumió sus funciones, entre ellas las de nombrar al gobierno. No responde ante el Parlamento, que puede ser disuelto por dicho jefe de Estado. Además, el presidente se hace cargo directamente de la política exterior, el poder judicial le queda supeditado al nombrar a la mayoría de sus miembros, la universidad pierde su autonomía al pasar los rectores a depender para su nombramiento o su cese del presidente. Con la nueva regulación de mandatos, Erdogan podría permanecer en el poder hasta ¡2033!, treinta años después de su primera elección como primer ministro.

Todo ello ha permitido, asimismo, un giro copernicano en la política exterior turca, que ha pasado del kemalismo al neootomanismo. Es decir, del abandono de un cierto aislamiento de su entorno árabe y musulmán hacia la búsqueda de una renovada ambición de influencia en el mundo árabe, así como una redefinición de su relación con los ancestrales poderes rivales, Rusia e Irán, en busca de un claro liderazgo regional. Como hemos venido argumentando, la historia siempre vuelve: sultanes otomanos, zares rusos y emperadores persas.

Erdogan ha intentado compatibilizar esa nueva política con el mantenimiento de sus relaciones con la OTAN (y, por lo tanto, con Estados Unidos, complicada por su papel en Siria e Irak y por la negativa norteamericana de extraditar a Gülen) y con el mantenimiento formal de la candidatura de adhesión a la Unión Europea. Pero ya nadie se lo toma en serio. Turquía mantiene la sartén por el mango gracias a la gestión subalterna que hace a Europa de la crisis de los refugiados, pero el régimen de Erdogan ha dejado de querer ser occidental y busca, en cambio, recuperar el espíritu otomano. Quiere ser socio de todos y aliado de nadie. No decantarse ni por Occidente ni por Oriente, ni por Europa ni por Asia. Se siente cómoda en la ambivalencia y la ambigüedad.

En este contexto, se ha alejado de Israel para acercarse al mundo árabe, apoyando la causa palestina, dialogando con Irán o acercándose a Qatar en su disputa con Arabia Saudí y sus aliados. También ha modificado la tradicional e histórica confrontación con Rusia, que tuvo un punto álgido con el derribo de un avión ruso en 2015. Desde entonces ha trabado una alianza sustentada en la lucha contra un enemigo común de Turquía y de Siria (aliada de Rusia): los kurdos. Convergen aquí múltiples intereses económicos y energéticos compartidos. Además de personalidades muy parecidas (las de Putin y Erdogan), tienen intereses geoestratégicos que pueden complementarse: Rusia necesita una buena relación con Turquía por su control del Bósforo y los Dardanelos y, por su parte, Turquía necesita una buena relación con Rusia para compensar su progresivo distanciamiento de Occidente. Ambos buscan repartirse áreas de influencia en los escenarios de Siria e Irak tras la derrota militar del Estado Islámico. Ambos gestionan la cuestión kurda sin complejos.

En los conflictos de Oriente Medio, Turquía se comporta cada vez más con eso que podríamos llamar «espíritu otomano». Anhela recuperar el liderazgo de la causa suní en todo el islam. Busca, por lo tanto, disputarle ese papel a Arabia Saudí y neutralizar cualquier nueva tentación panarabista como la que protagonizó en su momento el Egipto de Nasser. De ahí, como hemos visto, su reciente apoyo a la causa palestina o su labor mediadora en el mencionado conflicto entre Qatar y Arabia Saudí con el apoyo de sus aliados regionales.

Turquía tiene una posición cada vez más proactiva en su relación con Irán, la lucha contra el Estado Islámico o el escenario postconflicto en Siria e Irak, o en la muy inestable situación libanesa. En Siria, la principal preocupación es la cuestión kurda así como evitar la creación de un *buffer state* o Estado tapón kurdo, aliado de Estados Unidos en su lucha contra el Estado Islámico, que controle buena parte de la frontera, en ambas orillas del Éufrates, con la propia Turquía. Por ese motivo ha intentado debilitar a las milicias kurdo-sirias apoyando a grupos rebeldes suníes, incluidos los más radicales de Al-Nusra, franquicia de Al Qaeda, que, a su vez, luchan contra el gobierno de Bashar Al Assad, aliado de Rusia y de Irán.

Este último aspecto se ha modificado sustancialmente al alcanzar Turquía un acuerdo estratégico con Rusia: se acepta la continuidad (y la victoria militar) del régimen baazista de Al Assad a cambio del dominio (incluida la ocupación militar) de importantes zonas del norte del país. A su vez, se debilita a los kurdos con el apoyo implícito de Rusia frente a Estados Unidos. Algo parecido a lo que ocurre en Irak tras la toma de Mosul a los terroristas del Estado Islámico en julio de 2017, aunque con un matiz muy importante: los kurdos iraquíes son claros aliados de Turquía. Y la culminación ha sido la intervención militar directa sobre el terreno, de resultado aún incierto.

I. La intrincada cuestión kurda

Los kurdos habitan una extensa área que corresponde aproximadamente al 80 por ciento de España, repartida entre la actual Turquía, Irán, Irak y Siria. Son, aproximadamente, treinta millones, en su gran mayoría musulmanes suníes moderados, de los cuales la mitad vive en Turquía.

Durante siglos, los kurdos permanecieron bajo dominio de los imperios persa y otomano, hasta que este último se desmoronó al finalizar la primera guerra mundial, y en virtud del mencionado Acuerdo Sykes-Picot, se trazaron nuevas fronteras que dividieron el pueblo kurdo entre los cuatro Estados mencionados. Cien años después esta situación ha derivado en identidades culturales diferenciadas y en movimientos políticos distintos y, a menudo, enfrentados, incluyendo cruentas guerras civiles. A su vez, esta situación ha provocado distintas tomas de posición de Turquía e Irán en su perenne y secular disputa por sus respectivas zonas de influencia.

Más allá, pues, de las diferentes vicisitudes históricas, es destacable el papel de las diferentes ramas kurdas en el conflicto global de Oriente Medio y su evidente influencia sobre las políticas turca e iraní, así como su importancia en la fase final de los actuales conflictos en Siria e Irak. Parece indiscutible que ni Turquía ni Irán van a aceptar jamás un Kurdistán independiente que afecte a sus respectivas fronteras. Otra cosa es que, por la realidad derivada de la guerra, los kurdos sirios puedan aspirar a una cierta independencia de facto y que los kurdos iraquíes busquen incrementar su actual y amplísima autonomía hasta llegar eventualmente a la independencia, dentro de sus respectivas fronteras, relegando sine die el sueño de una hipotética república independiente que agrupe al conjunto del Kurdistán, hoy por hoy inimaginable incluso para los propios kurdos. El fracaso del referéndum de autodeterminación del Kurdistán de septiembre de 2017, al que siguió la conquista del gobierno central de Bagdad de zonas limítrofes petrolíferas, llevó a la pérdida de facto de cualquier tipo de poder kurdo. La contraofensiva iraquí les arrebató importantes pozos petrolíferos esenciales para la economía de la región autónoma kurda.

La cuestión kurda ha estado siempre presente en la agenda internacional con más o menos intensidad desde que, tras la primera guerra mundial, el fallido Tratado de Sèvres previera la creación de un Estado kurdo «minimizado» en el actual territorio turco, acuerdo derogado por el Tratado de Lausana de 1923 que definió la situación acorde con Sykes-Picot y con la reacción turca de Atatürk. Desde entonces, los enfrentamientos entre el poder central turco y los kurdos de Turquía han sido constantes, con un papel clave del mencionado PKK, que recibió durante la guerra fría el apoyo de la Unión Soviética, y fue calificado por Turquía como un grupo terrorista, a pesar de que ello no ha impedido profundos procesos de negociación como el que protagonizó en 2013 el propio Erdogan, que alcanzó un acuerdo de alto el fuego y la participación de los kurdos en la política nacional turca.

Más recientemente, la cuestión ha vuelto a la actualidad al asumir los kurdos un importantísimo papel en la lucha contra el Estado Islámico, tanto en Irak como, sobre todo, en Siria, a través de sus belicosas y eficaces milicias, los *peshmerga*.

Los kurdos sirios son sólidos aliados de Estados Unidos y enemigos acérrimos de Turquía, país que difícilmente puede aceptar un Estado kurdo independiente en el norte de Siria a ambos lados de las orillas del Éufrates. Los kurdos iraquíes, aliados a su vez de Estados Unidos, mantienen excelentes relaciones con Turquía y lograron una amplísima autonomía (una independencia en la práctica) a raíz de la segunda guerra de Irak, como la que iniciaron de facto en la primera guerra del Golfo, protegidos por Estados Unidos y por las Naciones Unidas, que crearon una zona de exclusión aérea que impedía a Sadam Hussein ejercer plenamente su dominio sobre la zona.

En Siria, los kurdos y las milicias chiíes de inspiración iraní y bajo el liderazgo del Partido de la Unión Democrática Kurda (PUD), con fuertes lazos con el PKK, han jugado un papel esencial, como ya se ha dicho, en la derrota del Estado Islámico al luchar sobre el terreno y ser los protagonistas máximos de la recuperación de Raqa, ciudad siria y capital del efímero y sangriento califato. Lógicamente, aspiran a una autonomía similar a la de sus compatriotas iraquíes en la zona discontinua de Rojava, que tiene su límite al oeste del Éufrates, en la frontera norte con Turquía. Algo inaceptable para este país, que les ha atacado militarmente con tanta intensidad como al propio Estado Islámico y que, paradójicamente, ha recibido el apoyo implícito del Partido Democrático del Kurdistán (PDK) iraquí, incluidos algunos enfrentamientos armados. De nuevo, las rivalidades políticas y tribales han estado por encima de las afinidades étnicas.

Sin embargo, los kurdos han conseguido un beneplácito tácito del régimen sirio, dada su lucha común contra el Estado Islámico y contra las milicias suníes rebeldes sirias, lo que les ha valido también el apoyo de Rusia. Y, sobre todo, un claro apoyo militar de Estados Unidos, al luchar en el terreno contra el Estado Islámico, aunque la potencia norteamericana ha rechazado que lo haga de forma directa.

A raíz de la segunda guerra mundial, los kurdos iraquíes se organizaron políticamente en torno al PDK bajo el liderazgo de Mustafá Berzani (sucedido luego por su sobrino Masud, actual presidente del gobierno regional del Kurdistán), quien llevó adelante un referéndum de independencia que ha sido rechazado no sólo por los países de la región, sino por la propia comunidad internacional, que defiende la integridad territorial de Irak tras la victoria militar sobre el Estado Islámico. Ya en los años setenta se cuestionaba ese liderazgo. Jalal Talabani creó en 1975 la Unión Patriótica del Kurdistán (UPK), que aunque en sus inicios mantuvo posiciones más izquierdistas, en realidad respondía más a lealtades tribales y a posicionamientos geográficos: el oeste, leal al PDK; y el este, a la UPK. Y tal división derivó en una muy cruenta guerra civil en los años noventa, con Estados Unidos y Turquía apoyando al PDK e Irán a la UPK. Más recientemente, además, ha surgido un nuevo movimiento (*Gorran*, «cambio» en kurdo) que disputa a la UPK su espacio político. Los dos últimos con el apoyo de Irán. El primero, a su vez, apoyado por Turquía y Estados Unidos.

Los kurdos iraquíes han gozado de una autonomía de facto muy amplia, desde que las tropas norteamericanas ganaran, bajo mandato de la ONU, la primera guerra del Golfo en 1991. La coalición internacional estableció una zona de exclusión aérea en el Kurdistán iraquí del norte del país, donde viven aproximadamente tres millones de kurdos. Esta autonomía ha sido reconocida por la Constitución federal de Irak de 2005, que reconoce un amplio autogobierno que incluye, en abierta competencia con el gobierno federal, la explotación de unos hidrocarburos ávidamente deseados por Turquía.

En cualquier caso, tanto Estados Unidos como Turquía mantienen fuertes vínculos estratégicos, económicos y comerciales con el PDK, ya que aleja a Irán de sus objetivos de dominio en la zona, aunque no pueden aceptar su pretensión de incorporar a su área de influencia territorios del sur ocupados militarmente por el Estado Islámico. Fundamentalmente en la zona petrolera de Kirkuk, recuperada militarmente por el ejército iraquí. Ni dichas potencias ni el gobierno de Bagdad han reconocido el referéndum convocado por Masud Barzani, quien ha tenido que recular y aceptar la recuperación territorial de las fuerzas armadas iraquíes. Además, la situación ha sido acogida con alivio por la población mayoritariamente no kurda de esa zona recuperada por Bagdad.

Tanto para Estados Unidos como para Turquía, un Kurdistán iraquí autónomo es favorable a sus intereses estratégicos y comerciales siempre que no explicitasen en la práctica cualquier pretensión de desarrollar en el futuro un Kurdistán independiente que vaya más allá de sus actuales fronteras dentro de Irak. Y en este escenario entra en juego Irán.

A finales de la segunda guerra mundial, en Irán se instauró una efímera república kurda —la única en la historia— con apoyo soviético. Se produjeron diferentes intentos de utilizar a la minoría kurda en los conflictos históricos entre árabes y persas, y hoy entre Irak e Irán. También en el propio Irán, antes y después de la Revolución islámica de Jomeini. Pero, en todo caso, Irán apoya actualmente a los kurdos en Siria, en contraposición a Turquía, como instrumento contra las milicias suníes rebeldes que luchan contra el régimen de Bashar Al Assad. Al mismo tiempo, mantiene buenas relaciones con el PDK iraquí por razones comerciales, pero también por su alianza con milicias chiíes para combatir al Estado Islámico, aunque no comparta en absoluto sus deseos de independencia, dada su relación estratégica con el gobierno iraquí encabezado por el primer ministro, chií pero integrador, Haider al-Abadi. Dado también su claro deseo de evitar un nuevo Estado suní al norte de Irak que obstaculice su mejor logro geoestratégico: la creación de un nexo territorial proiraní desde su área hasta el Mediterráneo.

El escenario es enormemente intrincado. Cualquier aproximación simplista al problema kurdo carece de todo rigor. Sin duda es pieza clave de todo el complejísimo rompecabezas de Oriente Medio. También para entender la situación en Irak tras el enorme fiasco provocado por la catastrófica —por sus efectos posteriores— intervención anglosajona en dicho país.

J. Irak y la lucha por un estado viable

No vamos a analizar aquí la génesis de la situación que vive Irak y el desarrollo previo, durante e inmediatamente posterior a la intervención militar conjunta de Estados Unidos y del Reino Unido de 2003 bajo el doble y falso argumento de que el régimen de Sadam tenía un enorme arsenal de armas de destrucción masiva y que mantenía lazos estratégicos con Al Qaeda. Lo que nos interesa ahora es intentar interpretar lo que ha sucedido en estos últimos años y analizar cómo reconstruir un Estado viable que pueda aportar estabilidad al conjunto de la región. Un Estado relativamente artificial, aunque podamos referirnos a la antigua Mesopotamia, que agrupa, como hemos mencionado ya y de forma muy simplificada, tres realidades: una al norte, con los kurdos; otra al sur, y mayoritaria, de adscripción chií; y otra en el centro del país, en torno a Bagdad, de filiación suní.

Es comúnmente aceptado que el régimen de Sadam, brutalmente autoritario y represivo, mantuvo la unidad nacional sobre la base de una coalición implícita de minorías para evitar la hegemonía chií y para liquidar los deseos secesionistas de los kurdos. Para ello no dudó en utilizar una fuerza desmedida, incluyendo actos genocidas y con armas químicas, como el perpetrado en 1988 en la localidad kurdo-iraquí de Halabja en el contexto de la guerra contra Irán. Nada que objetar, pues, al carácter profundamente repulsivo de su régimen, ni al deseo de que fuera sustituido por un régimen democrático y respetuoso con las diferentes minorías del país.

Pero la muy deficiente gestión de la postguerra (y, en especial, del primer «virrey», Paul Bremer) supuso el desmantelamiento del Estado baazista: sus fuerzas de seguridad, sus fuerzas armadas, su administración y su justicia. Ese enorme vacío fue ocupado por los desplazados y por todos los que vieron una oportunidad única para desestabilizar la región en su propio beneficio: los radicales suníes agrupados primero en torno a Al Qaeda, y luego, y fundamentalmente, alrededor del Estado Islámico.

Cualquier enfoque reduccionista nos llevaría a cometer enormes errores de interpretación. Ya hemos tratado la cuestión kurda y su complejidad. Y sería un error pensar que la identidad chií del sur iraquí, con su capital en Basora, conlleva una supeditación política y estratégica hacia Irán de los ciudadanos que profesan esa rama del islam. Sigue presente la división entre árabes y persas, más allá de sus afinidades religiosas. Tras la pésima gestión, divisiva y sectaria, del anterior primer ministro chií, Nuri al-Maliki (2006-2014), el nuevo primer ministro, al-Abadi, también chií pero integrador, va fortaleciendo una política autónoma respecto de Irán, y claramente orientada a mantener y consolidar la unidad nacional iraquí. Con independencia de las diferencias religiosas y con un creciente apoyo de la comunidad internacional, incluida su reacción ante el referéndum kurdo. De la misma forma, es igualmente erróneo adjudicar a los suníes iraquíes, plurales y de base tribal diversa, una complicidad o simpatía con Al Qaeda primero y con el Estado Islámico después.

En cualquier caso, la ocupación por parte del Estado Islámico de prácticamente un tercio del territorio nacional en su etapa de mayor expansión en 2014 y 2015, tras una debacle humillante del ejército iraquí, generó un consenso interno bastante amplio sobre la necesidad de derrotar a esta organización islamista radical como requisito imprescindible para reconstruir un Estado hasta ahora fallido. Una vez conseguido ese objetivo, es esencial que no pase con la derrota del Estado Islámico de Irak y el Levante (EIIL) lo mismo que ocurrió en 2008 tras la primera derrota del Estado Islámico de Irak (EII), vinculado a Al Qaeda.

Para ello conviene valorar la conveniencia o no de la retirada de las tropas norteamericanas sobre el terreno, el papel de Irán y las luchas internas dentro del chiismo, donde los partidarios del antiguo primer ministro Maliki y los del influyente clérigo Muktada al-Sadr mantienen diferencias de fondo. Y tampoco hay que olvidar las divisiones dentro del sunismo.

En el mundo suní coexisten las tradiciones beduinas nómadas, la cultura árabe ancestral y, por supuesto, el islam. Manifestaciones culturales y creencias que han sobrevivido a la dominación otomana, a la colonial o a la dictadura de Sadam. Los suníes intentaron consolidarse en el poder a través de alianzas de geometría variable con las diferentes tribus, aunque eso fuera a priori contradictorio con sus propios planteamientos ideológicos. Pero la realidad imponía arreglos sobre la base de intereses compartidos.

En la etapa post-Sadam, y debido a la pésima gestión de Paul Bremer, muchas tribus suníes se vieron abandonadas y marginadas, lo que les condujo a apoyar primero a Al Qaeda y posteriormente al Estado Islámico. Pero eso no se ha mantenido en el tiempo. Hoy, sin que podamos hablar de un sentimiento nacional iraquí generalizado y fuerte y sí de adscripción tribal, lo cierto es que la gran mayoría del sunismo desea integrarse en un proyecto inclusivo que devuelva la paz y la estabilidad al conjunto de un país con una estructura política descentralizada y de base federal. Las elecciones generales y provinciales previstas para mayo de 2018 van a ser clave para definir un nuevo Irak postcalifato. Es fundamental saber si en la mayoría chií se imponen las tesis de Maliki, de Al Sadr o de Abadi, si los suníes, en su mayoría, juegan a la unidad nacional, y si los kurdos del norte olvidan sus aspiraciones secesionistas y, a cambio de una amplia autonomía, se integran definitivamente en un proyecto iraquí compartido.

Todo ello en el marco de la derrota militar del Estado Islámico, materializada en Irak con la caída de Mosul en junio de 2017 y, más recientemente, de la de Raqa, en Siria, en octubre de ese mismo año. La pregunta es si esa derrota militar que acaba con el autoproclamado califato y, por lo tanto, con su dominio territorial supone la vuelta a una nueva fase de terrorismo internacional de matriz islamista radical.

K. La yihad y todas sus expresiones: de Al Qaeda al Estado Islámico. Un comentario sobre Af-Pak

Va más allá de las pretensiones de este ensayo analizar a fondo la enorme complejidad del concepto de *yihad* ni la ya prolija historia de sus expresiones más recientes, como Al Qaeda y sus diferentes franquicias o la más reciente del autodenominado Estado Islámico, organización que no merece ni tan siquiera su reconocimiento semántico como Estado. Pero sí nos interesa profundizar algo en su papel en los acontecimientos recientes en Oriente Medio como un elemento adicional y sustantivo para intentar clarificar la complejidad de los acontecimientos allí acaecidos.

El concepto de *yihad* no es sinónimo de su traducción habitual de «guerra santa», aunque en la práctica hoy se equiparen tanto fuera como dentro del islam como la lucha para defender y extender la fe musulmana a través de cualquier método, violento si fuera preciso. Pero más allá de debates doctrinales sobre el auténtico contenido del concepto y su evolución a lo largo de la historia desde la gran expansión del islam en los siglos VII y VIII, lo cierto es que, en las últimas décadas, el término ha servido para justificar la actuación de organizaciones islamistas radicales (normalmente de matriz suní) como expresión de un islam agresivo y expansionista que no sólo reivindica la defensa y recuperación de tierras que han sido islámicas en el pasado (desde Palestina hasta al-Ándalus) sino también la expansión del islam en tierras «infieles» y/o «herejes», mediante una yihad ofensiva, utilizando para ello métodos inequívocamente terroristas. Nos referimos, claro está, a Al Qaeda y al Estado Islámico, organizaciones distintas y, a menudo, enfrentadas, pero que, aparentemente, pueden caminar hacia una convergencia estratégica, particularmente desde la derrota militar sobre el terreno del Estado Islámico y de su autoproclamado califato, tanto en Irak como en Siria.

Al Qaeda tiene ya una larga historia. Nació en los años ochenta tras la invasión y ocupación de Afganistán por la Unión Soviética en 1979. Los así llamados muyahidines contaron, paradójicamente, con el apoyo de Estados Unidos en su guerra contra el invasor, algo que se explica en el marco de la polarización propia de la guerra fría. Su preeminente presencia en Afganistán como aliada de los talibanes, y bajo el liderazgo del saudí Osama Bin Laden, fundamentó la intervención occidental (de Estados Unidos y el Reino Unido, primero, y de la OTAN, después) con amplio apoyo de la comunidad internacional tras los terribles atentados del 11 de septiembre de 2001 en Nueva York.

Sin embargo, los ataques letales contra Occidente por parte de Al Qaeda empezaron mucho antes, con acciones contra embajadas norteamericanas en diversos países de África y contra el destructor de la Marina de Estados Unidos *USS Cole* en las costas de Yemen en octubre de 2000. Posteriormente se producirían más atentados en muchos lugares del mundo, entre ellos destacan Indonesia (el país musulmán más poblado del mundo) o la propia Arabia Saudí. También en Europa, desde Madrid el 11 de marzo de 2004 a Londres el 7 de julio de 2005. Han actuado sobre el terreno con milicias franquiciadas en los conflictos de Siria, Irak, Yemen, Libia, Argelia, Túnez, Egipto o Marruecos, así como en diversos países del Sahel.

Tras la muerte de Bin Laden en 2011 a manos de tropas de élite norteamericanas en territorio pakistaní, Al Qaeda quedó bajo el liderazgo mucho menos carismático del egipcio Ayman al-Zawahirí. Desde entonces, en el campo del islamismo radical del *tafkir* emergieron otros movimientos, primero autónomos y luego independientes de Al Qaeda, cuya máxima expresión es el Estado Islámico. Al Qaeda defiende una yihad universal y no centrada en un territorio concreto, dispuesta a atacar a los infieles —y no tanto a los herejes— allí donde estuvieren, con el objetivo último de extender el islam mediante el terror, atacando a Occidente (máxima expresión del enemigo) y minando su base económica y la solidez de su apoyo social a través de eso que tan bien conocemos en España como «socialización del sufrimiento». Además, alienta todo tipo de movimientos separatistas que debiliten a los actuales Estados existentes, más allá del objetivo permanente de la destrucción de Israel. Terrorismo en estado puro.

Sin embargo, este enfoque estratégico dejó de ser compartido por otros grupos terroristas islamistas, aunque previamente hubieran formado parte de la organización. No en vano Al Qaeda significa en árabe «la red», y tiene una estructura profundamente descentralizada que actúa a través de un sistema de franquicias dotadas de gran autonomía estratégica y de total independencia táctica. Ese es el origen de lo que ahora denominamos impropiamente Estado Islámico, o Dáesh si utilizamos un acrónimo cuyo significado en árabe es profundamente denigrante para los terroristas.

El Estado Islámico nació como franquicia de Al Qaeda en Irak a raíz de la intervención anglosajona de 2003. Dejando aparte ahora sus diversos antecedentes, y en particular el autodenominado Estado Islámico de Irak auspiciado por Bin Laden, derrotado por las fuerzas iraquíes con apoyo decisivo de Estados Unidos, el EI se reconvirtió y renació a raíz del conflicto sirio bajo el nombre de Estado Islámico de Irak y el Levante (Siria), o EIIL, bajo el liderazgo de un antiguo lugarteniente de Osama. Bajo el nombre de califa Ibrahim, Abu Bakr al-Baghdadi proclamó en junio de 2014 en la ciudad iraquí de Mosul —la segunda de Irak— su independencia de Al Qaeda y el establecimiento del califato en amplios territorios de Irak y Siria. Anunciaba la pretensión de extender su autoridad en todo el mundo musulmán, y pedía la pleitesía de diferentes grupos islamistas suníes radicales en Nigeria (Boko Haram) o en otros territorios en lucha, como Yemen, Libia o el Sahel. Su objetivo estratégico es, pues, distinto del de Al Qaeda. Se financiaba con métodos similares (aunque con dominio de extensos campos petrolíferos, por ejemplo), pero su poder descansaba sobre el territorio controlado y no sólo sobre su capacidad para extender el terror, aunque sus métodos sean, como mínimo, tan brutales y repugnantes como los de Al Qaeda.

Lo vimos, por ejemplo, en el sangriento atentado contra los sufíes (una rama contemplativa y tolerante del sunismo) en el Sinaí, golpe terrorista que produjo centenares de muertos y que perseguía, además de la aplicación del *tafkir*, la desestabilización del régimen egipcio y de los eventuales acuerdos para abrir la frontera con la Franja de Gaza tras el acuerdo entre Hamás y Al Fatah ya comentado.

En cualquier caso, después de una larga lucha militar y de éxitos iniciales del Estado Islámico que le llevaron a controlar grandes zonas de Irak y de Siria, la conjunción de los ejércitos iraquí y sirio, de las milicias kurdas, de las tropas rusas y turcas, más el apoyo norteamericano y francés, el Estado Islámico ha perdido la guerra sobre el terreno, primero con la pérdida de Faluya y Mosul en Irak, y luego de Raqa en Siria, con independencia de los actores de esas victorias, cuyos intereses no siempre son coincidentes. Y también al margen de una eventual reorganización desde sus reductos ya no urbanos en el desierto del norte de las fronteras entre Siria e Irak.

Sin embargo, el Estado Islámico sigue presente en Yemen o en Libia. Y junto con Al Qaeda, en el Sinaí o en el Sahel. Progresivamente, tras haber reclutado a miles de yihadistas en Occidente y en Rusia, seguramente confluirá con Al Qaeda en su estrategia terrorista, especialmente en países europeos y, si pueden, en Rusia o, particularmente, en Estados Unidos.

Hay, pues, una aparente convergencia táctica y estratégica entre ambas organizaciones. Su papel en los conflictos de Oriente Medio es cada vez menor, pero tenemos que aceptar la cruda verdad de que sufriremos embates en nuestras propias sociedades, como muy bien sabemos en Europa, desde Londres hasta Hamburgo, pasando por Bruselas, París o Barcelona. Pero aceptar este hecho no significa resignarse: debemos afinar el análisis para prevenir cualquier intento, dotando con más medios a las fuerzas de seguridad e inteligencia, así como potenciando la cooperación entre ellas en Occidente y con los países aliados en Oriente Medio.

Los conflictos en la convulsa y torturada región de Oriente Medio tienen, como hemos visto, múltiples aristas. Su complejidad tiene que evitar que caigamos en análisis simplistas que, demasiado a menudo, han servido como justificación de las intervenciones occidentales en la zona, tales como las más recientes en Irak, ya comentada, o previamente en Afganistán. La intervención en Irak ha resultado, a la postre, absolutamente contraproducente.

En Afganistán, con un amplio apoyo internacional tras los atentados del 11-S en Estados Unidos, sirvió para desalojar a Al Qaeda de su principal santuario y quebrar su alianza con los talibanes, que fueron desalojados del poder central. Pero no ha sido posible estabilizar un nuevo régimen político, pues el actual gobierno de Kabul apenas domina una parte menor del territorio y sigue en estado de guerra de baja intensidad, con un resurgimiento de los talibanes en buena parte del país y, particularmente, en las zonas fronterizas con el norte de Pakistán. Ambos países comparten lazos étnicos comunes (la etnia pastún) y la existencia de diversos grupos muyahidines que, a menudo, reciben el apoyo más o menos soterrado de los servicios de inteligencia militares pakistaníes. En definitiva, nada que podamos calificar de estable.

Podemos incluso identificar este problema como el germen de un peligro potencial nada desdeñable. Se deriva de la existencia en esa zona, que hemos dado en denominar con el neologismo Af-Pak, de fronteras difusas y enormemente permeables. No hay que olvidar que Bin Laden se ocultaba —y allí fue abatido por las fuerzas especiales estadounidenses— en el lado pakistaní de dicha divisoria poco clara.

A este potencial panorama desestabilizador hay que sumar las características del Estado pakistaní, una disfuncionalidad que ha llevado a analistas como Richard Haass a hablar de este problema como el mayor reto al que puede enfrentarse el mundo en esta primera mitad del siglo XXI.

Las razones son claras: Pakistán es un complejo *mix* de potencia nuclear. Dispone de más de cien cabezas listas para ser usadas y un crecimiento superior al del resto de las potencias nucleares. Un programa que ha desarrollado por su secular enfrentamiento con India, pero que puede ser utilizado para otros fines, dado que se trata de un país con una estructura política civil muy débil y con un poder gubernamental limitado. El poder real está en manos de los militares y de los servicios de inteligencia, y existe una gran presencia de importantes efectivos de organizaciones terroristas dispuestas a intervenir, como ya sucede, tanto en la propia India como, por supuesto, en Afganistán. La remota posibilidad de que el Estado perdiera el control efectivo de su arsenal nuclear nos llevaría a un escenario de consecuencias dramáticas.

La responsabilidad de todas las grandes potencias (Estados Unidos, pero también China, India o Rusia) debe ser clara: una apuesta por la estabilidad y la integración de Pakistán en la alianza antiterrorista y, en particular, de sus Fuerzas Armadas y sus servicios de inteligencia. Seguramente se trata de un problema que no se puede solucionar, pero sí que obliga a intentar gestionarlo con muchísima habilidad y determinación.

Inevitablemente, cualquier solución en Pakistán y en todo el Gran Oriente Medio pasa necesariamente por comprender los diferentes y complejísimos aspectos internos así como el papel (condicionado por la historia y la geografía) de las potencias relevantes en la zona. El futuro de la región aún no está escrito y, lamentablemente, parece muy incierto y lleno de incógnitas. Lo único que parece indiscutible es que el derramamiento de sangre tiene todavía un largo recorrido.

Oriente Próximo y sus conflictos ocupan, por razones obvias, muchas horas en nuestros noticieros y en nuestra prensa. No obstante, el peso de la región en la configuración del nuevo orden mundial que llamamos síntesis neooccidental es más bien escaso. Si bien sus guerras, dramas humanitarios y movimientos terroristas condicionan nuestro presente, su peso en la redefinición del poder y los valores del mundo que viene es inversamente proporcional a su presencia mediática. El pensador indio Pankaj Mishra lo ha definido muy bien en su libro *De las ruinas de los imperios*. Aunque sus tesis son demasiado complacientes con cierta concepción hegeliana del auge asiático, sus reflexiones sobre el papel de Oriente Medio son bien interesantes. Mishra habla crudamente de una región «fracasada», sin capacidad de influencia pero sí de causar dramas e incomodidad en un orden nuevo «ajeno» a sus problemas.

No le falta razón cuando considera que, a medio y largo plazo, el papel del mundo arabo-musulmán en lo que denomino síntesis neooccidental es limitado aunque, como decimos, nos ocupe la agenda política y mediática a corto plazo. Paradojas de un mundo que se va y otro que no acaba de llegar.

5

¿Debe importarnos América Latina?

A. ¿Por qué es pertinente esa pregunta?

La importancia objetiva de América Latina en su conjunto no debería ser materia de ningún tipo de discusión. Hablamos de un enorme territorio de unos 20 millones de km² (aproximadamente 40 veces España), con un PIB nominal superior a los cuatro billones de euros (una octava parte, aproximadamente, del PIB mundial y cuatro veces el de España) y una población de 640 millones de habitantes (un 9 por ciento del total del planeta) y con dos países —Brasil y México— entre los primeros quince del mundo.

¿Por qué, entonces, nos formulamos la pregunta? Una incógnita que tomo prestada de un magnífico trabajo del Real Instituto Elcano de igual título, y del que este apartado es en buena medida tributario. América Latina es una realidad tan diversa y heterogénea que impide su consideración unitaria sin caer en reduccionismos y en simplificaciones carentes de auténtico contenido. Muchos latinoamericanos no se conciben como parte de esa realidad geográfica.

Una vez escuché al gran escritor mexicano Jorge Volpi decir que la primera vez que se sintió latinoamericano fue cuando vino a ampliar sus estudios superiores a Madrid. De la misma forma, el expresidente Felipe González decía que tenía problemas para definir qué era ser europeo desde la propia Europa, pero que cuando estaba en América Latina y miraba hacia nuestro continente, lo tenía bien claro.

Es evidente que esa realidad regional existe y se manifiesta en el ámbito geoestratégico y multilateral, así como a nivel político, económico o comercial. Estamos, por lo tanto, más allá de una obvia realidad geográfica que abarcaría todo el continente americano al sur de Estados Unidos. No obstante, eso incluye el Caribe y las Guayanas, y no toda esa región —en parte de habla inglesa y de habla francesa o de dialectos nacidos a partir de dichos idiomas— puede ser genuinamente incluida en dicho espacio. Incluso, muchos piensan que ni México ni América Central deberían considerarse parte de dicha región, algo que no compartimos en este análisis.

Resulta innegable que la región comparte elementos esenciales: la historia colonial que la vincula especialmente a España y Portugal (el mundo iberoamericano que comprende la península Ibérica y la práctica totalidad —excepto Haití y la Guayana francesa— de lo que denominamos América Latina), rasgos culturales comunes muy señalados, incluido el derecho privado, el cristianismo y, particularmente, el catolicismo (aunque asistimos a un auge del pentecostalismo, particularmente en Centroamérica). Y, por supuesto, las lenguas española y portuguesa. Mucho más en común de lo que compartimos, por ejemplo, los europeos y que, sin embargo, nos ha permitido avanzar en el proyecto de integración supraestatal más ambicioso y, a pesar de todas las dificultades, más exitoso de la historia reciente.

Asimismo, los países latinoamericanos comparten en su gran mayoría los valores occidentales, compatibles con la realidad mestiza de muchos de sus Estados, ya sea por las poblaciones nativas o por la emigración, particularmente del África subsahariana. Sus sistemas políticos se basan, en general y a grandes rasgos, en la democracia representativa, la economía de libre mercado o sociedades abiertas que preconizan la libertad y la igualdad como derechos básicos.

Además, han existido y existen proyectos de integración supraestatal muy relevantes que implican la aceptación obvia de elementos comunes entre Estados soberanos distintos que asumen la necesidad y la conveniencia de trabajar conjuntamente tanto internamente como frente al exterior. Desde iniciativas que han fracasado, como la Alianza Bolivariana (ALBA), o no han prosperado, hasta la irrelevante Comunidad Andina (CAN) de 1969, pasando por los procesos de integración centroamericana y los existentes del Mercosur y la Alianza del Pacífico. Esta última, por cierto, puede tener un nuevo impulso ante la regresión proteccionista de Trump en el Pacífico. Además, ha funcionado como contramodelo de la fracasada ALBA.

Es particularmente interesante resaltar que México, que hizo una apuesta estratégica al integrarse en el Acuerdo de Libre Comercio con Canadá y Estados Unidos de 1994 (NAFTA), ahora en polémica renegociación a tres bandas, haya implementado al mismo tiempo otra apuesta de largo alcance, como es la pertenencia a la Alianza del Pacífico junto a otros tres países sudamericanos, más allá de la común pertenencia a la Comunidad Iberoamericana, apoyada sin reservas desde el principio por México.

Por todo ello, la pregunta es pertinente y la respuesta parece clara: América Latina debe importarnos a todos en el nuevo escenario geopolítico de este siglo XXI y en la configuración del orden mundial que viene y que hemos definido en sucesivas ocasiones como síntesis neooccidental.

Durante la guerra fría, muchos hablaban de América Latina como el «extremo Occidente». Una vez desaparecidos los dos grandes bloques y con la recuperación de la ambición de China como gran potencia global y con el desplazamiento del centro de gravedad del mundo en dirección hacia el estrecho de Malaca, hoy América Latina está más cerca del centro que la propia Europa: su carácter bioceánico, con su doble vertiente atlántica y pacífica, le otorga un papel relevante que puede convertirla en un factor esencial para la defensa de los valores occidentales, mucho más allá del vínculo existente en el Atlántico Norte entre sus dos orillas.

Eso nos lleva a una reflexión adicional: cuando América Latina incremente su autoestima como región, supere su ensimismamiento y se proyecte hacia el exterior de forma cada vez más unitaria y se constituya en actor relevante en el nuevo escenario, nadie volverá a formularse la pregunta que encabeza este capítulo. En cambio, cabe preguntarse sobre sus relaciones con otros poderes geopolíticos que influyen en su entorno y su contexto estratégico: Estados Unidos, China y otros países asiáticos y del Pacífico, así como la Unión Europea.

B. La relación con Estados Unidos

Casi cincuenta años después de la guerra de Independencia de Estados Unidos entre 1775 y 1783, y en plena aplicación del Destino Manifiesto, por el que se conoció la expansión hacia el sur y el oeste en guerra con las poblaciones indias gracias a la cual se incorporaron Luisiana —comprada a Francia— y Florida —a España—, el presidente James Monroe proclamó en 1823 en el Congreso el famoso *dictum* «América para los americanos», que aunque ha sido atribuida a él fue ideada por el expresidente John Quincy Adams. Se rechazaba así cualquier injerencia colonial europea en el conjunto del continente, y abría la espita de una clara política intervencionista de Estados Unidos en la región. Se hizo una vez proclamadas las independencias en buena parte de lo que hoy denominamos América Latina, con la excepción de Cuba y Puerto Rico hasta 1898, cuando pasaron a estar bajo control de Estados Unidos.

Partiendo del principio imperialista según el cual cualquier cosa que pase en el continente atañe directamente a Estados Unidos y le autoriza a defender por cualesquiera medios sus intereses, ese intervencionismo tuvo una de sus expresiones más cruentas en la guerra con México entre 1846 y 1848, que culminó con la anexión de algo más de la mitad del territorio mexicano. Se incorporaron a Estados Unidos los actuales estados de Texas, California, Nuevo México, Nevada y Arizona, además de partes de Colorado, Utah y otras zonas de otros estados. En total, más de dos millones de km^2, un territorio de una extensión de unas cuatro veces España.

Si tenemos en cuenta las intervenciones directas, debemos contar más de dos docenas, y una cincuentena si añadimos las indirectas del pasado siglo. Y eso dejando fuera, obviamente, las injerencias de carácter político, económico o comercial, así como los apoyos a diferentes golpes de Estado en defensa de regímenes que se consideraban afines a los intereses norteamericanos.

Tuvo que llegar Barack Obama para anunciar en 2015 en la Cumbre de las Américas el fin de las intervenciones de Estados Unidos en los asuntos latinoamericanos, casi dos siglos después de la llamada Doctrina Monroe.

Por todo ello, las relaciones entre el coloso del norte y el territorio al sur del continente son muy complejas y cambiantes, aunque siempre dentro de unos límites de cierta dependencia geoestratégica y padrinazgo regional. Por una parte, la apabullante asimetría económica y la enorme superioridad militar de Estados Unidos producen sentimientos de profundo rechazo a lo que implica de subordinación práctica. Esto incentivó movimientos de defensa de la identidad propia frente a lo que se consideraba «imperialismo anglosajón». Es, en terminología mexicana, el rechazo a lo «gringo».

Al mismo tiempo, existen evidentes signos de admiración, sobre todo desde las élites latinoamericanas, hacia lo que representa Estados Unidos como potencia grandiosa, no sólo militar y económica, sino en todo lo relacionado con el *soft power*: su sistema político, su movilidad social, su sistema universitario, su capacidad de integración —cada vez más cuestionada internamente—, su enorme desarrollo económico, su potencia científica y académica, su hegemonía cultural o, en general, su liderazgo en el mundo libre y abierto en defensa de la democracia representativa o el libre comercio y la economía de mercado.

Sentimientos, pues, ambivalentes y a menudo contradictorios que se reflejan en una relación de amor-odio que ha pasado por muy diferentes ciclos y vicisitudes en los últimos doscientos años. Baste recordar experiencias fallidas como la Alianza para el Progreso, de ayuda y cooperación con América Latina, de los años sesenta, impulsada por el presidente Kennedy, o la inmediatamente olvidada apuesta por la región del segundo presidente Bush al fijar como casi única prioridad de su política exterior la llamada guerra contra el terrorismo. La llegada del presidente

Trump en enero de 2017 ha profundizado en ese abandono estratégico (profundamente miope, por otra parte) de la atención prioritaria, algo que China está aprovechando a costa de Occidente en una de sus zonas de influencia natural. Veamos algunos ejemplos.

Primero, la renuncia a ratificar el Tratado Transpacífico (o TPP), que incluía, además de a Estados Unidos y Canadá, a México, Chile y Perú, Australia, Nueva Zelanda, Japón, Brunei, Singapur, Malasia y Vietnam. Implicó, por otro lado, la renuncia a profundizar en el pivote hacia el Pacífico en contraposición con el mencionado expansionismo chino. Supuso también un evidente desprecio hacia los intereses compartidos con tres importantes países latinoamericanos, miembros asimismo de la Alianza del Pacífico y dispuestos a seguir con el Tratado sin Estados Unidos y a profundizar (como hacen los países asiáticos y del Pacífico con el Partenariado Económico Comprehensivo Regional, o PECR, de la ASEAN, Asociación de Naciones del Sudeste Asiático) sus relaciones bilaterales con China ante el repliegue norteamericano.

Segundo, su agresiva y a veces incluso ofensiva política hacia México, con su hasta ahora fallido intento de proseguir con la construcción de un muro que además pretende que sea financiado por el país azteca. A ello hay que sumar una política, o al menos una retórica, permanentemente hostil hacia los mexicanos y sus descendientes, como ha podido verse con la cancelación del programa que daba seguridad jurídica y ciudadana a los llamados *dreamers*, emigrantes que llegaron de forma ilegal siendo niños a Estados Unidos.

Tercero, su denuncia del acuerdo de libre comercio entre el propio Estados Unidos, México y Canadá (NAFTA) y su voluntad de renegociarlo drásticamente o de eliminarlo, sin tener en cuenta los beneficios acumulados por sendas partes desde su entrada en vigor ni los evidentes perjuicios que, más allá de una interpretación burda y simplista que desconoce el mundo moderno y global basado en cadenas y redes de valor, supondría para la propia economía estadounidense. Algo que, en la actualidad, ya va mucho más allá del fenómeno de las maquilas. La realidad habla a través de unos datos apabullantes: más del 80 por ciento de las exportaciones mexicanas van a Estados Unidos, lo que lo hace acreedor de un fuerte superávit comercial. Dato de exportaciones que llega al 40 por ciento si hablamos de Centroamérica.

Más allá de la inmigración, legal e ilegal, asistimos a la configuración de una creciente minoría hispana que comparte lengua, religión y costumbres sociales que hace de Estados Unidos el segundo país de habla española, sólo por detrás de México, y por delante de Colombia y de la propia España, destinada a jugar un papel creciente en la política y en la sociedad norteamericanas, incluso superior al ejercido por la minoría afroamericana. En especial en los estados que anteriormente habían pertenecido a México, además de en Florida.

Eso no impide, en cambio, que esa minoría no se sienta plenamente integrada como norteamericana y que, más allá de sus raíces culturales y lingüísticas, no haga suya ninguna reivindicación particularista o, menos aún, de una eventual reintegración al espacio latinoamericano. Son y se sienten norteamericanos. Pero es verdad que su influencia creciente (incluso por razones demográficas) puede reforzar el vínculo con los países del sur y que Estados Unidos vuelva a tener como prioridad estratégica su relación con el resto del continente al sur de río Grande.

Otro aspecto muy sensible es el relativo al narcotráfico, agudizado a raíz de la relativamente exitosa política de colaboración en este terreno desarrollada con el principal país productor y exportador que es Colombia. Una política que ha tenido su principal exponente en el llamado Plan Colombia de 1999, concebido por Clinton y el entonces presidente Andrés Pastrana (que salió adelante con una significativa ayuda de España), pero que ha desplazado el problema de las vías de suministro al norte y, en particular, a México a través de Centroamérica para evitar el control de las vías aérea y marítima. La violencia asociada a dicho comercio ilícito es especialmente dramática, tanto en algunos estados mexicanos como en el conjunto de Centroamérica, condicionando de forma muy negativa el desempeño de sus estructuras políticas, económicas y sociales.

Ese trágico fenómeno alimenta la imagen de una América Latina asociada a la inseguridad ciudadana, el narcotráfico y el crimen organizado, la corrupción política, la falta de seguridad jurídica y de respeto al Estado de derecho, así como a una enorme desigualdad social o una persistente inestabilidad política y económica. Imagen que, en buena medida, ya no responde estrictamente a la realidad pero que, lamentablemente, persiste en el imaginario colectivo y que hay que contrarrestar, tanto desde Europa como desde el propio Estados Unidos. En la solución de este problema será importante analizar las políticas de alianza regional, con actores como el Mercosur o la Alianza del Pacífico, y su capacidad para diseñar y desplegar una política exterior que trascienda el diseño de normas comerciales, por más beneficiosas e importantes que estas sean.

En definitiva, se trata de una relación compleja llena de múltiples aristas. Y en el caso mexicano, afrontamos un riesgo: una reacción nacionalista y antigringa que lo aleje de los parámetros y principios del mundo occidental, poniendo en riesgo incluso su pertenencia plena no sólo al NAFTA, sino también a la Alianza del Pacífico. Algo que se puede plasmar en las próximas elecciones presidenciales de 2018. Una posibilidad que, de nuevo, habría que cargar en el debe de la «nueva» política del presidente Trump. A este respecto, cabe resaltar lo extraño de que la secretaría de Estado de Rex Tillerson, expresidente de la petrolera Exxon Mobile, avale una política exterior hacia México que facilita la campaña a un candidato que promete revertir una reforma liberalizadora del petróleo en el vecino del sur por la que Estados Unidos llevaba luchando ochenta años, al menos desde que el presidente Lázaro Cárdenas expropiara todas las empresas extranjeras que operaban en el país en los años treinta.

C. La relación con China

Merece la pena, aunque sea de forma muy somera, mencionar otro tema en el que Trump puede ir acumulando pasivos en su balance de la relación con la región. Si bien es cierto que la penetración de China en América Latina viene de lejos, ahora está siendo, si cabe, mucho más agresiva ante el vacío dejado por la retórica del presidente norteamericano y por sus decisiones políticas, sobre todo en el ámbito comercial, que ya hemos comentado de forma general como el repliegue anglosajón.

Tras la victoria de Trump en noviembre de 2016, y a raíz de la Cumbre del Foro de Cooperación Económica Asia-Pacífico (APEC), celebrada en Lima en noviembre del mismo año, y la ronda del presidente Xi en varios países latinoamericanos, *The New York Times* tituló: «Trump habla de muros y China tiende puentes», algo agudizado luego por el rechazo a la ratificación del TPP.

Para China, una buena y creciente relación con América Latina (que complementa la que ya tiene con África y, por supuesto, con el Sudeste Asiático y con el conjunto de Asia-Pacífico) es esencial para seguir con su modelo de crecimiento y para alimentar su ambición como potencia global. Opera en la región con un doble objetivo: al de instaurar su influencia económica se suma la necesidad de materias primas abundantes en América Latina, tales como petróleo, cobre y otros recursos naturales. Busca, además, potenciales mercados a futuro para productos chinos. Su objetivo, como vemos, es doble, y su horizonte temporal, a medio siglo vista.

Esa es la razón por la que puede permitirse mantener inversiones o préstamos aparentemente ruinosos a corto y medio plazo, como los realizados en el sector del petróleo venezolano. Sin embargo, desde un punto de vista estratégico, estas incursiones en mercados latinoamericanos en dificultades —como son, además, los casos de Cuba o Ecuador— cambian de valoración si ponemos las luces largas.

En la consecución de sus objetivos, China se plantea incluso hacer un nuevo canal transoceánico a través de Nicaragua alternativo al de Panamá, dado el origen y la dependencia norteamericanos de este. Es un proyecto con pocos visos de prosperar pero que refleja el enorme interés estratégico de China en la región. El país asiático va camino de ser ya su principal socio comercial, por encima de Estados Unidos o de la Unión Europea, algo que ya ha sucedido, por ejemplo, en el caso de Brasil. También penetrando en el propio México de forma discreta y paulatina, precisamente para evitar una reacción indeseada de Estados Unidos. Sin prisas pero sin pausa.

China está muy presente en la construcción de infraestructuras y es cada vez más activa en la conformación de alianzas comerciales a través de acuerdos de libre comercio y de promoción y protección de inversiones. Aprovecha la torpe retirada y el giro aislacionista y proteccionista de la Administración Trump. No obstante, no debemos resignarnos a que ese juego entre Estados Unidos y China se convierta en una especie de juego de suma cero. Y ahí es donde la Unión Europea debe jugar bien su posición en el tablero geopolítico. Como hemos visto, China afronta más problemas de los que aparenta, y Estados Unidos tiene un *soft power* tan o más determinante que su poder militar. La Unión Europea y, sobre todo, España son un puente natural entre esos valores occidentales, Europa y una región que cuesta imaginar lejos de la influencia cultural de la superpotencia del norte. La Unión Europea tiene en América Latina un papel esencial en lo que hemos venido llamando síntesis neooccidental del nuevo orden mundial. Esperemos que esté a la altura.

D. La relación con la Unión Europea y los diferentes procesos de integración regional

El análisis de la relación entre la Unión Europea y América Latina ha de abordarse desde diversos enfoques. Se trata de una relación exenta de conflictos relevantes, más allá de decisiones arbitrarias de algunos gobiernos contrarios a la seguridad jurídica y el respeto a las reglas del juego que afectan a empresas específicas y que atañen más a las relaciones bilaterales entre países concretos. Estamos ante dos áreas que, una vez encauzado el conflicto colombiano, están en paz. Ambas conforman un factor de estabilidad en las relaciones internacionales globales.

Existe, asimismo, una relación económica y empresarial relevante, aunque en lo comercial todavía incipiente y con un enorme potencial de mejora que contrasta con el enorme peso de Estados Unidos y de la creciente importancia de China y de otros países asiáticos. No obstante, considerada en bloque, la Unión Europea sigue siendo el socio comercial de muchos países de la región. Por ello es de especial relevancia cerrar un acuerdo con el Mercosur (que engloba a Argentina, Uruguay, Paraguay y Brasil), y profundizar en la relación con la Alianza del Pacífico (Chile, Perú, México y Colombia, más Panamá en calidad de observador) y sus países miembros. Se suele mencionar un dato referido a España muy significativo: es mayor el comercio entre España y Portugal que el existente entre España y el conjunto de América Latina, aunque eso está evolucionando lentamente en un sentido positivo.

En cambio, la actividad inversora desde Europa hacia Latinoamérica es mucho más intensa. De hecho, la Unión Europea invierte más en América Latina (en buena medida, gracias a España y a la menos esperable de Holanda, cuyo protagonismo en la región es notable pese a la escasa relevancia mediática de su peso) que en el conjunto de China, Rusia e India. Y, progresivamente, gracias a las empresas multilatinas, la presencia inversora latinoamericana en Europa es cada vez más relevante.

En este contexto, cabe destacar la participación directa y más intensa de instituciones europeas en los dos grandes bancos multilaterales de desarrollo de la región, el Banco Interamericano de Desarrollo (BID), en el marco del Banco Mundial, y la CAF-Banco de Desarrollo Latinoamericano, la antigua Corporación Andina de Fomento, hoy ampliada al conjunto de la región. Máxime teniendo en cuenta que estos fomentan y apoyan sus máximas prioridades estratégicas, y Europa tiene mucho que decir y aportar: infraestructuras, energía y actividad minera.

También es creciente la relación humana, con una corriente migratoria relevante hacia Europa, donde residen casi cinco millones de latinoamericanos, la mayoría de ellos en España. No obstante, el origen de esta inmigración es esencialmente económico y no se debe a la atracción de talento académico, científico o cultural, ámbitos en los que hay muchísimo por hacer.

Las relaciones políticas son, en general, muy buenas pero poco profundas, tanto en el ámbito multilateral como bilateral, y prácticamente inexistentes en aspectos como la defensa, aunque algo más intensas en el campo de la seguridad y la ciberseguridad: lucha común contra el terrorismo, el narcotráfico, el tráfico de armas o el crimen organizado.

Es así a pesar de que desde Europa se insiste en el carácter estratégico y prioritario de América Latina para su política exterior común, aunque con menos énfasis en la estrategia global vigente que en la definida en la época de Javier Solana como alto representante para la Política Exterior (1999-2009). Sin embargo, es un hecho que la ampliación hacia el centro y el este de Europa, más la preocupación creciente por la agresividad rusa en la frontera oriental de la Unión Europea, ha disminuido el peso relativo de la atención global europea hacia el subcontinente americano. Con la excepción de España y Portugal, se refleja también en la escasa atención prestada por los medios de comunicación, incluidos los de países más cercanos históricamente, como Francia, Italia o el Reino Unido.

Que la relación no termina de consolidarse se ha puesto de manifiesto con la suspensión sine die de la cumbre prevista para octubre de 2017 entre la Unión Europea y la Comunidad de Estados Latinoamericanos y Caribeños (CELAC) por celebrarse, en principio, en El Salvador. Una tercera reunión que se sumaría a las previas celebradas en Santiago de Chile en 2013 y en Bruselas en 2015, relevo de las anteriores cumbres entre la Unión Europea y la Alianza para América Latina y Caribe (ALC) a raíz de la creación, a finales de 2011, de la CELAC.

Oficialmente, tal suspensión se debió a la negativa de asistir de once relevantes países latinoamericanos (además de Canadá), entre ellos Argentina, Brasil, Colombia, Chile, México, Paraguay o Perú, como respuesta a la situación política en Venezuela y en protesta por la creciente deriva antidemocrática en ese país y su pretensión de usar esa plataforma para proyectar la posición del gobierno venezolano de Nicolás Maduro. Tal actitud crítica recibió además el apoyo de Estados Unidos o del presidente del Parlamento Europeo. Aunque a esos hechos objetivos y oficiales cabe añadirles los escasos avances prácticos en el contenido real de la cumbre, a pesar de los esfuerzos del Servicio Exterior Europeo y de las comunidades empresariales de ambas orillas del Atlántico, auténticos motores reales de posibles avances en la integración de intereses comunes. Sea como fuere, se trata de una oportunidad lamentablemente perdida que pone de relieve el todavía frágil compromiso de ambas partes en pos de una verdadera relación estratégica a medio y largo plazo.

Por todos esos factores, es de la máxima importancia poder culminar el Acuerdo de Libre Comercio e Inversiones entre la Unión Europea y el Mercosur, que se complica y retrasa por recelos proteccionistas y diferendos con las cuotas de exportación desde ambas partes, así como la actualización de los acuerdos ya existentes con México y Chile, además de la profundización de la relación con la Alianza del Pacífico como organismo, así como con cada uno de los países que la componen.

Se trata de dos proyectos de integración regional que, con características muy diferentes, merecen una especial atención. En lo que se refiere al Mercosur, hablamos de, nada menos, veinte años de negociación sin fructificar. En términos generales, los principales obstáculos han provenido (aunque no solamente) de las posiciones histórica y tradicionalmente muy proteccionistas y autárquicas de los dos grandes países del Mercosur, Brasil y Argentina.

En el caso de estos dos países, la Unión Europea debe estar a la altura de las circunstancias históricas y superar resistencias internas en algunos de los Estados miembros, que no pueden ser el obstáculo para un acuerdo de largo alcance estratégico. Las circunstancias políticas en las que se encuentran ambas naciones suponen una ventana de oportunidad. La consolidación del proyecto del presidente Macri, por una parte, de corte más liberal, abierto y opuesto a las actitudes ultraperonistas del kirchnerismo; y la etapa política transitoria que vive Brasil, con un presidente, Temer, muy debilitado y con una grave crisis política e institucional, paradójicamente puede permitir avanzar en la dirección correcta ante la escasa consistencia política de las posiciones contrarias al libre comercio y a la apertura económica al exterior. Por ello la Unión Europea puede y debe aprovechar esta particular coyuntura política y complementar dicho Acuerdo con el ya vigente con Canadá y el firmado, a finales de 2017, con Japón tras una larguísima negociación, además del exitoso tratado ya vigente desde hace tiempo con Corea del Sur.

Otro ámbito de mejora es, sin duda, el relativo a la Alianza del Pacífico (AdP), formada por México, Perú, Colombia y Chile. Habría que reformarlo sobre bases más pragmáticas y menos burocráticas, con una filosofía más atlántica a pesar de su denominación, pues tal como está formulado ahora se tiene poco en cuenta el carácter bioceánico de dos de ellos. Es una alianza mucho más proclive a la economía abierta, al libre comercio (se han eliminado ya más del 90 por ciento de los aranceles comerciales de mercancías), a las inversiones extranjeras y políticamente mucho más comprometida con los valores democráticos occidentales, incluidos avances en la libre circulación de personas, con decisiones de calado como la eliminación de visados de turismo. Los cuatro países que la integran disponen ya de tratados bilaterales con la Unión Europea, pero un acuerdo en bloque aunaría esfuerzos, ya que la AdP supone un mercado de 220 millones de consumidores, el 40 por ciento del PIB regional y más de la mitad del comercio del subcontinente americano.

De ahí la tremenda importancia estratégica que tendría un proceso de convergencia —en la dirección correcta, es decir, de aproximación del Mercosur hacia los principios inspiradores de la AdP— y que ese proceso tuviera un apoyo expreso y contundente de la Unión Europea. Dicha convergencia permitiría avanzar hacia un espacio económico que supondría el 80 por ciento de la población regional y el 90 por ciento de su PIB y de sus flujos de inversión. Cifras que nos hablan de una asociación que la Unión Europea no puede permitirse el lujo de retrasar en la reconfiguración del nuevo orden mundial que venimos comentando. Es fundamental que América Latina permanezca no sólo culturalmente, sino también económica y políticamente cercana a Occidente y sus valores.

Además, potenciaría enormemente el carácter multidireccional del subcontinente: no sólo hacia el norte, como ha sido tradicionalmente, dado el peso de Estados Unidos, sino hacia ambos lados de la región. La reciente y obvia orientación hacia el Pacífico, provocada por el desplazamiento del centro de gravedad del planeta al que nos hemos referido reiteradamente, debe acompañarse por la potenciación de la tradicional mirada hacia el Atlántico y hacia Europa (y también hacia África).

En un mundo cada vez más complejo y multipolar es imprescindible mirar en todas direcciones, y América Latina está en inmejorables condiciones para hacerlo. Ahora hace falta darle contenido a la voluntad política que muestran muchos de sus dirigentes.

E. Crecimiento económico y reformas estructurales

Suele recordarse que los propios latinoamericanos hablan de la década de los ochenta como la «década perdida», cuando el crecimiento económico (1,5 por ciento) no cubrió ni tan siquiera el crecimiento de la población (2 por ciento). En cambio, en la de los noventa asistimos a reformas orientadas al mercado llevadas a cabo por gobiernos plenamente democráticos y abiertos que permitieron tasas globales de crecimiento del PIB en torno al 3,25 por ciento.

La «época dorada» llegaría en los primeros años del presente siglo, con tasas de crecimiento globales superiores al 5 por ciento entre 2004 y 2013, incluido el año 2008, afectado ya por la Gran Recesión en Occidente.

Tal época de prosperidad permitió reducciones drásticas de la situación de pobreza y de pobreza extrema (en torno a setenta millones de personas), disminución de las desigualdades y una enorme progresión de las clases medias en un entorno de población muy concentrado en las zonas urbanas (el 80 por ciento del total). Por primera vez las clases medias son ya más numerosas que las que comprenden a las consideradas en situación de pobreza. Cabe decir que esos avances cuantitativos esconden ciertas debilidades cualitativas, además de diferencias enormes entre distintos países e incluso dentro de ellos, pero el progreso ha sido espectacular e innegable. Una de las virtudes indiscutibles de la globalización.

Las causas de tal avance son varias y diversas, pero suelen mencionarse dos: unas políticas macroeconómicas orientadas a la estabilidad y de carácter ortodoxo (con claras excepciones que, como el caso venezolano, vienen a confirmar la validez de aquellas) y, sobre todo, un entorno internacional muy favorable dado el sustancial incremento de los precios de las principales materias primas, base de una muy buena parte de las exportaciones de la región, espoleados por la creciente demanda de China, India y otros países asiáticos.

Tal circunstancia se empezó a debilitar a partir de 2012 y, sobre todo, a partir de 2014. Ya en 2015 el crecimiento fue prácticamente nulo y en 2016, un 1 por ciento negativo por el impacto de los decrecimientos en Brasil (−3,6 por ciento), en Argentina (−2,3 por ciento) y en Venezuela (−18 por ciento). La previsión y los datos de los primeros meses de 2018 apuntan al retorno de tasas positivas algo por encima del 1 por ciento, y de entre el 2 y el 3 por ciento para los próximos cinco años, pero, de nuevo, más debido a la mejora del entorno externo que a la existencia de auténticas ganancias de productividad y de competitividad relativa.

Lamentablemente, es necesario destacar que esos años de bonanza no han sido debidamente aprovechados para converger estructuralmente en dicha competitividad relativa y que muchos países parecen atrapados en la famosa «trampa de las rentas medias», demasiado altas para competir en costes salariales y demasiado bajas para construir una demanda interna potente. Esa convergencia estructural precisa de reformas que, en general, no se han llevado a cabo de forma sustancial. Por ello cabe decir que la economía latinoamericana reanuda su marcha pero a una velocidad insuficiente.

Hablamos de regulaciones económicas y financieras eficientes y no burocratizadas, de eliminación de trabas a la actividad empresarial, a las inversiones y al libre comercio, de respeto y refuerzo de la seguridad jurídica y de los derechos de propiedad, de flexibilidad en el mercado de trabajo, y de la implementación de buenas prácticas de gobierno, tanto en el sector público como en el privado.

Y, llegados a este punto, mención especial merece la lucha contra la corrupción, que ha tenido y tiene un impacto demoledor sobre la moral colectiva, la estabilidad política y el prestigio de las instituciones democráticas. Paradigmático ha sido el caso de corrupción regional que tiene como epicentro la constructora brasileña Odebrecht. Una gigantesca compañía que, en confesión judicial de sus propios dueños, regaron de sobornos y comisiones durante años a toda la clase política de América Latina. Son casos que se están conociendo con cuentagotas y provocando la inestabilidad de gobiernos como el de Juan Manuel Santos en Colombia o el encarcelamiento o imputación de antiguos mandatarios como Lula da Silva en Brasil, u Ollanta Humala en Perú. No le falta razón al chascarrillo sarcástico que circula en la región que dice que la constructora brasileña ha hecho tanto o más que Bolívar por unificar el continente. En este caso, es obvio, en una causa nefasta para la capacidad de atracción de inversiones y talento en una región a la que no le sobra ni lo uno ni lo otro.

Cabe decir que todos estos problemas no son muy distintos a los que nos enfrentamos, por ejemplo, los españoles, pero son particularmente intensos en América Latina, sobre todo, como hemos comentado, tras conocerse el caso de la corrupción rampante, generalizada y a gran escala que fue y es el caso Odebrecht.

Ese déficit de impulso reformista tiene, además, explicaciones más coyunturales, como la sucesión de procesos electorales durante los años 2018 y 2019 en doce países de la región iberoamericana, la fatiga legislativa en países relevantes como México o Chile, o el aplazamiento en la primera parte de su mandato de reformas de fondo por parte del presidente argentino Macri. Sin que sirva de justificación, es comprensible la cautela del nuevo líder del país austral pues, de terminar su mandato, sería el primer presidente no peronista en hacerlo ¡desde 1927! Dato que refleja un deterioro institucional que, junto a las reformas económicas, debe estar entre las prioridades del jefe de Estado.

Es cierto, sin embargo, que Brasil parece salir de la recesión con algunos deberes hechos, México vuelve a crecer aunque muy moderadamente y que Argentina o Chile, después de sus procesos electorales, tienen ahora una gran oportunidad para encarar grandes reformas pendientes (una vez aprobada, no sin polémicas y protestas, la de las pensiones en Argentina), como la laboral, la fiscal, la educativa, la puesta en marcha de asociaciones público-privadas (APP) para nuevas infraestructuras o la regulación de los mercados financieros.

Esperemos que de los nuevos y distintos procesos electorales surja un nuevo impulso reformista en la región, hoy casi inexistente por la debilidad del poder político. Está en juego que la respuesta a la pregunta inicial de este capítulo sobre si debe importarnos América Latina sea inequívocamente positiva: importa y debe importarnos cada día más.

El papel de América Latina en lo que hemos dado en llamar síntesis neooccidental no es fácil de discernir, o no de manera tan automática. Por su posición geográfica y su historia, creeríamos que es una región genuinamente occidental pese a sus dificultades en la implementación de reformas e instituciones de corte liberal-republicano. Pero esta impresión es falsa, por algunas razones: por un lado, el continente está lejos de ser ese conjunto homogéneo que se considera con demasiada facilidad; por otro, la desconfianza desde el sur de río Grande hacia Estados Unidos por las experiencias históricas está lejos de desaparecer. Por último, la penetración económica de China ha sido muy considerable, como hemos tenido ocasión de comentar.

Sin embargo, no cabe sino ser optimistas respecto a la región. Por un lado, aunque su economía esté más abierta también a países asiáticos, la proximidad geográfica así como algunos acuerdos regionales de libre comercio hacen pensar que la región seguirá, en lo económico, sin demasiados cambios en la relación de fuerzas geopolíticas. Por otro lado, la admiración de América Latina y de su juventud hacia la cultura popular norteamericana hace difícil concebir una pérdida del peso del *soft power* estadounidense. Algo que se refuerza por la creciente presencia de la minoría hispana en el propio Estados Unidos.

No obstante, cabe aquí añadir el papel que puede y debe jugar la Unión Europea, y especialmente España, en el papel de polo de atracción de una región que, en lo político y comercial, se siente más comprendida por el viejo continente que por el «imperialismo» americano de la mencionada Doctrina Monroe. Es poco probable, en definitiva, que América Latina desequilibre la mencionada síntesis neooccidental, pero hablamos de una región diversa, políticamente inmadura en muchos casos y con muchos agravios históricos hacia Occidente. Conviene no perder de vista la región para, sencillamente, no perderla en el nuevo equilibrio de poder.

6

Europa en la encrucijada

A. ¿Morir de éxito?

Los europeos hemos mostrado en los últimos años una propensión que muchos creíamos específicamente española: en lugar de cultivar la autoestima orgullosa por lo conseguido ante grandes dificultades y desafíos, preferimos centrarnos en los defectos, las insuficiencias y las carencias de lo no logrado todavía. Como si no supiéramos que cualquier obra humana —y la construcción de sujetos políticos lo es, sin duda— tiene que ser, por definición, perfectible y adaptable en el tiempo a las diferentes circunstancias de cada momento.

Así como los españoles debemos recordar que nuestra reciente historia desde la transición democrática ha sido globalmente un éxito rotundo, también los europeos debemos recordar la obra extraordinaria que ha sido y es la llamada construcción política europea a partir de los escombros que dejó la segunda guerra mundial. No vamos a insistir, pues, en lo que ya tuve ocasión de desarrollar con más detalle en *Cambio de era*, pero conviene rememorar algunos aspectos políticos y geográficos esenciales.

El embrión político y antecedente inmediato de la Unión Europea —más allá de la non nata Comunidad Política Europea, a partir de la fracasada Comunidad Europea de Defensa, por la oposición de gaullistas y comunistas en la Asamblea Nacional Francesa— cabe situarlo en la Comunidad Europea del Carbón y del Acero (CECA), creada en 1951 entre los seis países que después firmarían el Tratado de Roma en 1957. La CECA regulaba la producción y la comercialización de lo que hasta entonces habían sido instrumentos de y para la guerra: el carbón y el acero.

Ya en 1957, con el Tratado de Roma, que instituyó la Comunidad Económica Europea (CEE) y la Comunidad Europea de la Energía Atómica (CEEA o Euratom), junto con la CECA, se conformaron los tratados constitutivos, punto de partida de lo que hoy denominamos la Unión Europea. La idea inicial tenía gran carga política: sentar las bases de una construcción política conjunta que evitara que se repitieran las sangrientas confrontaciones bélicas en el teatro europeo. Estaba muy vivo el recuerdo de las confrontaciones dramáticas que habían tenido lugar durante los ochenta años previos, que afectaron fundamentalmente, aunque no sólo, a franceses y alemanes.

En definitiva, la idea inicial fue el miedo. Por lo tanto, se equivocan quienes vinculan la construcción europea a un horizonte de estabilidad política y económica que permita centrarse en el proyecto comunitario. En un escenario frágil, en el que la historia y la incertidumbre han vuelto, a decir de muchos análisis será imposible reforzar el entramado institucional de la Unión Europea. Pero, antes al contrario, lo que nos muestran los orígenes y los progresos en dicha construcción es que el miedo es un motor comunitario fundamental. Europa, antes que un sueño político, como tendemos a verla ahora, fue la reacción contra una pesadilla bélica. Conviene, por consiguiente, no caer en el derrotismo ante las dificultades innegables de nuestros días.

Sin embargo, después del mencionado fracaso de la comunidad de defensa y de la comunidad política, los padres de la construcción europea (los franceses Robert Schumann y Jean Monnet, el belga Paul-Henri Spaak, el alemán Konrad Adenauer o el italiano Alcide de Gasperi, entre otros) decidieron adoptar una vía pragmática: la de los intereses económicos compartidos y compartibles, algo que ya se había materializado con la CECA. Europa empezó a construirse a partir de una unión aduanera que incluyó un área de libre comercio y una tarifa exterior común, que conocemos como mercado común europeo (y así lo denominamos durante muchos años). Pero ya desde el principio se incorporaron políticas económicas comunes, la más significativa de las cuales fue la Política Agraria Común (PAC), e instituciones comunes como la Comisión, el Consejo, la Asamblea (germen del posterior Parlamento Europeo), el Tribunal de Justicia, y el Comité Económico y Social. Iba, pues, más allá de una simple unión aduanera y su objetivo era explícito: avanzar hacia una unión cada vez más estrecha, como así ha sido.

En 1965, las diferentes instituciones de la CEE, de la CECA y de la CEEA se fusionaron y se empezó a hablar de la Comunidad Económica Europea, hasta que en el Tratado de Maastricht, en 1993, se constituyó la Comunidad Europea. Una fusión que incluía, además del fundamento económico, otros dos pilares: la política exterior común (que incluye la seguridad y la defensa, esto es, la PESC y la PESD) y la cooperación judicial y policial. Los famosos «tres pilares» de la construcción europea, que se perfeccionarían más adelante con el Tratado de Ámsterdam, firmado en 1997 y en vigor desde 1999.

Con ello, la Unión Europea se institucionalizó con un Parlamento Europeo cada vez con mayores competencias en régimen de corresponsabilidad con la Comisión y el Consejo, y representativo de la población, a la manera de una Cámara baja; el Consejo Europeo, formado por los jefes de Estado y de gobierno, a la manera de una especie de Cámara alta; un Consejo, conformado por los diferentes consejos de ministros sectoriales, que impulsa la acción política de las instituciones, junto con la Comisión, a partir de la presidencia rotativa semestral de uno de los Estados miembros; una Comisión Europea o gobierno de la Unión, que responde ante el Parlamento y emana de él; el Tribunal de Justicia con sede en Luxemburgo; un Tribunal de Cuentas y, a partir del Tratado de Ámsterdam, un Banco Central Europeo para la zona de la moneda común, el euro.

Nos encontramos, pues, ante algo muy parecido a un Estado supranacional, con sus Cámaras legislativas, su Poder Ejecutivo y su Poder Judicial, además de la autoridad monetaria que no depende del poder político o de la auditoría independiente de las cuentas. Estamos muy lejos aún de un Estado convencional titular único de la soberanía, aunque sea de naturaleza federal. Por ello solemos hablar de Estados Unidos de Europa como un horizonte al que aspirar.

No obstante, y pese a nuevas dificultades, los avances han sido espectaculares. Sobre todo si recordamos que el horizonte previo había sido la guerra y la devastación. La construcción europea ha sido un éxito indudable e incluso imprevisto en su magnitud. Es importante insistir en el origen temeroso del proyecto europeo, porque la amnesia histórica es abono para populismos y reaccionarismos varios. Y viene a cuento recordarlo para completar el debate tan nimio que opone la democracia representativa a la democracia directa. Muchos defensores de la segunda niegan, incluso, que la primera pueda ser llamada democracia.

Sin embargo, cabe preguntarse qué habrían decidido los agricultores franceses y los trabajadores alemanes si pocos años después de haber estado matándose por millones, tras años de propaganda contra el enemigo histórico, les hubieran preguntando si aprobaban o no aquellos tratados iniciales. La democracia consiste en algo más que votar, y el proyecto europeo, con el principio de legalidad sustentado en la legitimidad del progreso económico y la paz, es un ejemplo perfecto sobre el valor de la democracia representativa y del liderazgo político.

De ello no cabe concluir que la Unión Europea no deba ser más participativa, comprensible políticamente y más transparente en su rendición de cuentas, pero siempre dentro del marco de éxito que comentamos, y no desde la interesada enmienda a la totalidad de los populistas y los nacionalistas de distinto pelaje.

En lo geográfico, hablar de éxito es, de nuevo, la palabra exacta. Algo que empezó con seis países miembros (Francia, Alemania, Italia y el Benelux), pasó a nueve en 1973 (el Reino Unido, Irlanda y Dinamarca, aunque Groenlandia se retiró, previo referéndum, en 1982), a diez en 1981 (Grecia), a doce en 1986 (España y Portugal, lo que permitió la confirmación de la bandera definitiva de la Unión, azul con doce estrellas amarillas). En 1990 se integró como parte nueva de un Estado miembro la antigua República

Democrática Alemana, y en 1995 el club se amplió a quince con la incorporación de Austria, Finlandia y Suecia. Noruega rechazó por referéndum —reiterado más adelante— su incorporación en ese momento.

Fue esa Europa de los quince la que impulsó los Tratados de Ámsterdam de 1997 y de Niza de 2001, preparatorios de la posterior gran ampliación procedente fundamentalmente de los antiguos países integrantes o satélites de la extinta Unión Soviética. Así, en 2004, se integraron las tres repúblicas bálticas (Estonia, Letonia y Lituania), los países del Grupo de Visegrado (Polonia, República Checa, Eslovaquia y Hungría), un país de la antigua Yugoslavia (Eslovenia) y dos pequeños países mediterráneos (Malta y Chipre, a pesar de la ya mencionada ocupación militar turca del norte del país). En total, pues, veinticinco.

En 2007 se incorporaron dos antiguos Estados de la órbita soviética durante la guerra fría, Bulgaria y Rumanía, y en 2013, otro de la antigua Yugoslavia, Croacia. Hoy, la Unión Europea está compuesta por veintiocho Estados, aunque uno de ellos (el Reino Unido) ha decidido su salida, fechada a día de hoy para marzo de 2019.

Para completar el cuadro, hay tres candidatos oficiales en negociación (Serbia, Montenegro y Turquía, aunque en este último caso no parece probable que se integre en un horizonte previsible, por las razones que se han apuntado), dos más que aún no han iniciado las negociaciones (Macedonia y Albania), más un candidato potencial que ya ha solicitado su aceptación (Bosnia y Herzegovina).

Fuera del mapa sólo quedan tres países que han decidido no formar parte de la Unión a pesar de cumplir las condiciones básicas (Suiza, Noruega e Islandia), Kosovo (cuya independencia no ha sido reconocida por algunos Estados miembros, entre ellos España) y cuatro países de la antigua Unión Soviética (Ucrania, Moldavia y Georgia, de difícil encaje dada la posición de Rusia y que hemos tratado, y Bielorrusia, que jamás lo ha planteado hasta ahora, como aliado estrecho de Rusia que es). Dejamos aparte, obviamente, pequeños Estados como Andorra, Liechtenstein, Mónaco, San Marino o el Vaticano, que a nuestros efectos no son relevantes aunque indirectamente están profundamente integrados en la práctica y no en las instituciones.

La vastedad del mapa impresiona. Cuando se materialice el *brexit*, sólo estarán fuera cuatro países de profunda tradición democrática, que han decidido libremente no estar, y otros cinco que distan mucho de cumplir con los estándares básicos para su integración. Más allá, sólo está Rusia y su doble alma europea y asiática. A pesar del *brexit*, estamos ante la historia de una enorme superación, también desde el punto de vista geográfico, además del político e institucional. Los europeos tenemos razones para estar profundamente orgullosos de lo conseguido y alimentar nuestra autoestima sobre bases objetivas. Más bien afrontamos el peligro contrario al señalado por los derrotistas. En memorable frase del expresidente Felipe González en otras circunstancias, corremos el riesgo de «morir de éxito».

El *brexit* y los diferentes populismos han cuestionado Europa como proyecto político y han erosionado nuestra autoestima y nuestra confianza en un futuro compartido. Pero también pueden ser, y en gran medida ya lo son, un antídoto para la extensión de la enfermedad de la disgregación y un revulsivo para profundizar en la integración desde nuevas bases que relancen el proyecto político.

Para ello es necesario abordar una doble y pesada digestión que explica buena parte de la desazón que ha embargado a las conciencias europeístas en estos últimos años y que ha llevado, por ejemplo, a un europeísta convencido como el comisario de Economía, el francés Pierre Moscovici, a decir que «Europa está en peligro» y que la Comisión Juncker, en el cargo desde 2014, pudiera ser la última. Ni lo creo ni lo comparto, pero sí es innegable que la construcción política de Europa está ante una encrucijada vital que, sin poner en duda su existencia, sí plantea enormes incertidumbres en cuanto a su esencia y su alcance. Especialmente con relación a su alcance político.

Esa doble digestión es, por una parte, la de la ampliación al este, y, por otra, la de las profundísimas consecuencias económicas, políticas y sociales de la Gran Recesión iniciada a finales de 2007. Han tenido que pasar diez años para que las instituciones europeas la declararan como oficialmente superada desde el punto de vista del crecimiento y de los niveles de producción, renta y riqueza. No obstante, persisten muchos de los problemas estructurales que puso dramáticamente de relieve.

B. La digestión de la ampliación al este

Para analizar esta cuestión conviene definir política y geográficamente las aportaciones y los riesgos de los países que se han integrado a partir de 2004, y recordar también el fracaso del proyecto de Constitución europea, impulsado a través de una convención presidida por el expresidente francés Valéry Giscard d'Estaign, y establecida por el Tratado de Niza, precisamente para preparar institucionalmente a la Unión Europea para los enormes retos de la ampliación hacia el este. El Tratado de Niza era un buen tratado, pero nació bajo el síndrome de la provisionalidad y la voluntad explícita de ser sustituido por una auténtica Constitución.

La Constitución fue redactada y aprobada por las instancias comunitarias, y sometida posteriormente a la ratificación de los parlamentos nacionales, en algunos casos por referéndum. En el caso de Francia u Holanda se saldaron con un «No», más explicable por razones de política interna que por recelos al proyecto europeo. No pudo ser y, a partir de ahí, la ambición del proyecto político europeo tuvo que autolimitarse y circunscribirse al mucho menos profundo Tratado de Lisboa. Fue un claro antecedente de la crisis de identidad que se puso manifiestamente de relieve con posterioridad.

Para ello, como se ha dicho, conviene distinguir entre los diferentes países que formaron parte de esa gran ampliación y que lo hicieron en el marco de la crisis institucional y política derivada del fracaso del proyecto constitucional europeo. Porque no todos implican lo mismo ni se han comportado de la misma forma.

La integración de los dos países mediterráneos no supuso problemas desde el punto de vista económico o institucional, pero sí desde un punto de vista político. Chipre tiene la cuestión no resuelta de la ocupación militar por parte de Turquía del norte de la isla desde 1974, y Malta genera dos tipos de quebraderos de cabeza: el fiscal y tributario y, por otro lado, uno que compartimos otros países del sur como España, Italia o Grecia: el relativo a la inmigración ilegal y la llegada de refugiados. Pese a la dificultad que conllevan, ambos son problemas razonablemente gestionables aunque muy sensibles para la opinión pública europea.

En el caso de Eslovenia, primero, y de Croacia, después, la integración de dos antiguos países yugoslavos no ha generado especiales retos. Son países pequeños y disciplinados de la antigua órbita germana y austrohúngara que se han incorporado con normalidad tanto a la Unión Europea como a la Alianza Atlántica. Serbia, el país más importante de la antigua Yugoslavia y candidata a entrar al club, pondrá a prueba la institucionalidad del continente al poner en la misma mesa a dos enemigos históricos que estuvieron en guerra hace apenas dos décadas. Se producirá así un realineamiento del clásico eje franco-alemán: a Croacia, aliado histórico de Alemania, se le unirá la más francófila Serbia, cuyos vínculos con Rusia —desde la religión ortodoxa o el alfabeto cirílico— es necesario tener en el radar.

Como también ha sido en el caso de las tres repúblicas bálticas tras su independencia de la Unión Soviética y de haber construido sistemas democráticos eficientes y economías de mercado competitivas. No obstante, debemos evitar el profundo y usual error de considerarlas como un conjunto homogéneo. No lo son, ni por historia (Estonia está ligada históricamente a Finlandia, Letonia a Suecia y Lituania a Polonia) ni por su composición demográfica y lingüística. Pero, hoy por hoy, el conjunto de Europa comparte con ellas su preocupación por su seguridad y su defensa, como ya hemos puesto de relieve al hablar de Rusia y las nuevas amenazas cibernéticas. Pero sí se puede afirmar que estas tres repúblicas no suponen un riesgo para la cohesión interna de la Unión, ni desde el punto de vista económico ni político ni institucional.

Otras consideraciones merecen los llamados países de Visegrado y los países de los Balcanes orientales. Respecto a estos últimos, Bulgaria y Rumanía, subsisten problemas serios en su institucionalidad democrática, muy afectada por la corrupción, así como serias disfuncionalidades económicas. Aunque no podemos considerarlos de manera indiferenciada pese a los rasgos comunes, como su no pertenencia al espacio Schengen y la nula perspectiva de su incorporación al euro. Su PIB per cápita sigue estando muy lejano al promedio de la Unión Europea, apenas un tercio en Rumanía, y una cuarta parte en Bulgaria. Siguen siendo países pobres, corruptos —más Bulgaria que Rumanía, dado que la corrupción en el primer caso está enquistada en las estructuras del Estado— y con instituciones políticas muy débiles.

Probablemente, sin su pertenencia a la Unión Europea habrían quebrado y derivado hacia estructuras autoritarias ligadas de nuevo a la influencia de Rusia, país que sigue muy presente en sus políticas internas y, en parte, en sus políticas exteriores, debido a los diferendos en Moldavia y en el Cáucaso y el mar Negro, zonas vitales para Rusia, como hemos visto con anterioridad. Además, como vimos con Serbia, Bulgaria es un país eslavo de religión ortodoxa y alfabeto cirílico muy vinculado históricamente a Rusia, como ha demostrado la elección en 2016 del presidente Rumen Radev, un militar cercano a Moscú, aunque el gobierno del primer ministro Boiko Borísov sigue comprometido con la Unión Europea.

En el caso de Rumanía, estamos ante algo distinto, ya que al ser un país de lengua latina, aunque de religión ortodoxa, su vínculo histórico con Rusia es de otra naturaleza y no exento de confrontación, debido a la reivindicación sobre Moldavia y sus problemas internos con una importante minoría gitana y magiar.

En cualquier caso, se trata de dos países excéntricos en el sentido literal de la palabra. Aunque por su dimensión no suponen un riesgo sistémico para el funcionamiento de la Unión Europea en su conjunto, sí son un quebradero de cabeza, algo que se ha puesto de manifiesto con las medidas de intervención comunitaria sobre ambos. Especialmente con Bulgaria, pues ha afectado a la distribución, por ejemplo, de los fondos estructurales y de cohesión ante la incertidumbre sobre el control de las autoridades nacionales sobre estos. Para muchos, ambos países son en sí un argumento adicional para defender una Europa que avance a diferentes velocidades para no depender de unos miembros que, de momento, representan una importante carga para el conjunto.

La situación que se deriva de los países del Grupo de Visegrado es distinta, aunque debemos volver a diferenciar entre los países que lo componen. Forman parte de él cuatro países (Polonia, República Checa, Eslovaquia y Hungría) que han pasado por multitud de vicisitudes históricas desde que una primera versión del grupo se creara en el siglo XIV. Su expresión más reciente en la historia contemporánea cabe situarla en la cumbre celebrada en 1991 tras la caída del Muro de Berlín y muy cerca del desmoronamiento de la Unión Soviética en diciembre de ese mismo año. Dicha reunión estuvo claramente orientada a conseguir la integración rápida de los cuatro países (tres antes de la separación amistosa entre la República Checa y Eslovaquia en 1993) en la Unión Europea y, también, en la Alianza Atlántica.

Eran cuatro países que habían padecido la *satelización* y la así llamada Doctrina Brezhnev de «soberanía limitada». Quedaron bajo el yugo soviético tras la ocupación por las tropas soviéticas al final de la segunda guerra mundial, después de golpes de mano comunistas que instauraron «dictaduras del proletariado» y economías de planificación centralizada. Además, se integraron o más bien *los integraron* en el Pacto de Varsovia y en el Consejo de Ayuda Mutua Económica, más conocido por sus siglas en inglés COMECON. Los cuatro sufrieron intervenciones militares cuando intentaron liberalizaciones políticas y económicas. En Polonia con el golpe del general Wojciech Jaruzelski en 1981, y mucho antes con las invasiones por las tropas del Pacto de Varsovia en 1956 de Hungría y en 1968 de Checoslovaquia.

En sus inicios, pues, el Grupo de Visegrado jugó un papel positivo para avanzar hacia su integración —o, mejor dicho, su reintegración— en Europa. Una Europa democrática, libre y abierta con economías de mercado y aliada del mundo occidental. Y así ha sido hasta hace poco, cuando, por diversas razones, se han constituido como un grupo reticente a una mayor integración comunitaria y proclive a regímenes iliberales, incompatibles con el espíritu de la Unión Europea.

Polonia, el más grande del grupo, es un país asediado por la geografía y codiciado históricamente por sus dos poderosos vecinos, Alemania y Rusia. Es un país profundamente nacionalista y con un fuerte componente identitario basado en un catolicismo de raíz muy conservadora desde el punto de vista social. Con un régimen semipresidencialista, tanto el presidente de la República, Andrzej Duda, como el primer ministro, Matesz Morawiecki, son dirigentes del Partido Ley y Justicia, socialmente muy conservador, ultracatólico y claramente derechista. Con rasgos populistas y ultranacionalistas, fue fundado por los hermanos Lech y Jaroslaw Kaczynski, anteriores presidente y primer ministro.

Lech fallecería en un terrible accidente de avión en 2010 junto a parte de la cúpula política polaca cuando se dirigían a Rusia. Desde entonces, Polonia está controlada de facto por Jaroslaw, que lidera un partido euroescéptico aunque no tan antieuropeísta como muchos otros grupos de extrema derecha que proliferan por el país. El gobierno de Ley y Justicia está poniendo en cuestión la independencia del poder judicial, así como otros pilares del Estado de derecho, elemento esencial e innegociable para la Unión Europea. Ello ha puesto en marcha la apertura de un expediente de infracción y una eventual retirada de los derechos de voto en el seno de las instituciones comunitarias, así como de los fondos estructurales. En definitiva, una crisis grave que se agudiza con la deriva similar en los otros tres países del Grupo de Visegrado, que además suelen apoyarse entre ellos en las instituciones comunitarias, donde muchas de las decisiones clave han de tomarse por unanimidad de los Estados miembros.

Es el caso de Hungría, que es un país de fuertes raíces cristianas y de mayoría católica, preocupa la política del primer ministro Viktor Orban, líder indiscutido del partido Fidesz-Unión Cívica Húngara que en coalición con los democratacristianos ostenta una mayoría de dos tercios en el parlamento de Hungría. Quizá la mejor manera de definir la filosofía política de Orban sea citarle: «Rusia, China, Singapur o Turquía son ejemplos para seguir, democracias iliberales». Su política autoritaria ha alcanzado al Parlamento, la enseñanza y a la relación con la Unión Europea, que ha mostrado su profunda preocupación y que podría desembocar también en la apertura de otro expediente de infracción.

Eslovaquia es otro país de mayoría católica, escindido de la República Checa desde enero de 1993. Su primer ministro, Robert Fico, proviene de la izquierda democrática pero ha conformado sucesivas alianzas con un partido de extrema derecha, algo que ha condicionado la acción de gobierno y lo ha escorado hacia posiciones nacionalistas, populistas y cada vez más reticentes a la construcción política de Europa, aunque es el único que forma parte del euro.

La República Checa está formada por las históricas Bohemia y Moravia, también de mayoría católica. El triunfo en las elecciones legislativas de Andrej Babis, un candidato *outsider* de origen eslovaco, un millonario populista y propietario de una buena parte de los medios de comunicación checos (que le han generado problemas de incompatibilidad) y cuyo modelo político es el presidente Trump, no presagia nada bueno dados sus mensajes durante la campaña electoral y sus primeros meses de gobierno. Está en contra de la recepción de inmigrantes y asilados, se opone al euro y a la Europa de dos velocidades que permitiría avances en la integración que no comparte.

En definitiva, aunque cada país tiene sus propias especificidades y en muchas cosas no son comparables, sí comparten gobiernos de tendencia conservadora con tintes populistas y contrarios a la inmigración, se oponen a incorporarse al euro y a mayores dosis de integración europea, además de mostrar, en mayor o menor medida, rasgos autoritarios. Se presentan como un grupo homogéneo contra un eventual impulso en la profundización de las instituciones comunitarias sobre la mencionada Europa de dos velocidades. Los miembros de Visegrado se han posicionado contra cualquier intento de concertación entre los cuatro grandes países de la Unión (Alemania, Francia, Italia y España), particularmente en el ámbito de la unión económica y monetaria y en el de la seguridad y la defensa.

Todo ello, obviamente, preocupa y ocupa a las instituciones y al resto de los gobiernos europeos, y la respuesta no puede ser otra que reafirmar los principios y renovar la ambición en la construcción europea. Y esperar y desear que el Grupo de Visegrado no cuaje definitivamente como un grupo antieuropeísta, no sólo por su euroescepticismo (que pueden compartir otros países como, por ejemplo, Dinamarca, o en menor medida, Suecia), sino por su cuestionamiento de las normas básicas del Estado de derecho y de la división de poderes, pilares de la base fundacional de la Unión.

Un cuestionamiento que va más allá de la explicable reticencia a ceder soberanía por parte de unos países que la han recuperado hace poco después de estar sometidos al dominio soviético y a la «soberanía limitada». Un hecho que a su vez explica, en cambio, su claro alineamiento con la OTAN y con Estados Unidos, además de la solidaridad intraeuropea y su cierre de filas con la política exterior común, en particular en su relación con Rusia.

En conclusión, las últimas ampliaciones, políticamente recomendables y justas con la historia europea común, probablemente han adolecido de exceso de flexibilidad en cuanto a la institucionalidad democrática y respecto de los requisitos económicos. Ello explica, en buena medida, algunos de los problemas actuales de Europa.

C. La digestión de la Gran Recesión

No es este el lugar para un análisis pormenorizado de la Gran Recesión que, desde finales de 2007, ha afectado muy profundamente a las economías desarrolladas y, de manera muy particular, a Europa. Sin embargo, conviene recordar que ha tenido que transcurrir una década hasta que se han recuperado los niveles de producción y de renta previos a la crisis, aunque en muchos casos aún no la riqueza o el empleo. En cualquier caso, la Comisión Europea ha dado por cerrada la etapa en términos de crecimiento económico, aunque persisten aún muchos problemas estructurales, como la deuda pública y privada, o la pérdida de competitividad relativa, así como desequilibrios exteriores y públicos.

No obstante, sí se han visto claramente desmentidas ya algunas tesis que defendían que nos encontrábamos a las puertas de un estancamiento secular (bajas tasas de crecimiento al margen de políticas expansivas de demanda por razones estructurales desde el lado de la oferta, como el estancamiento de la productividad o la evolución demográfica) o, más recientemente, la de que estamos en un mundo *goldilocks*, o «ricitos de oro», en el que tasas razonables de crecimiento van a convivir con bajas tasas de inflación feliz y definitivamente. Por la reacción de los bancos centrales no parece que sea un escenario probable en el medio y largo plazo. Tampoco es objeto de este ensayo dirimir lo acertado o no de la gestión de la crisis, tanto a nivel global como a nivel de cada país. Pero sí podemos constatar algunas afirmaciones a la luz de la experiencia sufrida.

Primero, la salida de la crisis ha seguido ritmos distintos según la política monetaria aplicada por los distintos bancos centrales. Aquellos que adoptaron antes políticas monetarias muy expansivas, inyectando dinero masivo a base de agrandar espectacularmente sus balances, han conseguido recuperar antes sus tasas de crecimiento y revertir la tendencia del mercado de trabajo, a riesgo de futuras tensiones inflacionistas y de alimentar futuras burbujas financieras y/o inmobiliarias. Algo que no se ha producido, por lo menos de momento. Ahora deben regresar (y el debate se centra en el ritmo) a una normalización de la política monetaria subiendo tipos de interés y reduciendo medidas expansivas y, por lo tanto, el tamaño de sus balances. El ejemplo paradigmático de tal distinción es la que se produjo entre el comportamiento de la Reserva Federal norteamericana y el Banco Central Europeo. Si analizamos la secuencia completa, los dos bancos centrales no han terminado haciendo cosas distintas, pero sí que ha sido diferente la cadencia temporal de las medidas.

Segundo, la respuesta no podía ser y no fue la misma en países unificados políticamente y plenamente soberanos en lo económico y monetario (como Estados Unidos, Japón o incluso el Reino Unido) que en áreas con instituciones supraestatales con un fuerte predominio de políticas económicas nacionales, por más condicionadas que estén por exigencias y requerimientos de carácter supranacional. Es el caso evidente de la Unión Europea. Sus miembros están aquejados de desequilibrios entre sí, tanto en las cuentas públicas como en las cuentas exteriores. De ahí el famoso debate sobre la austeridad fiscal en momentos de recesión y la crisis de confianza en los sistemas bancarios, en la solvencia y en la liquidez de algunos Estados y, en definitiva, en la propia continuidad de la moneda única.

Tercero, la Gran Recesión occidental ha generado desafección hacia los sistemas políticos sustentados en la democracia representativa y hacia la propia economía de mercado en amplias capas de la población, incluyendo clases medias empobrecidas o, al menos, con sus expectativas muy rebajadas y un aumento de la incertidumbre en sus vidas. Sectores sociales que se han sentido y se sienten perdedores y desatendidos por los poderes públicos, algo que está en la génesis de la irrupción de todo tipo de populismos y de nacionalismos, a derecha e izquierda del espectro político.

Ello se ha concretado, asimismo, en un simplista discurso contra la globalización, vilipendiada a pesar de sus enormes logros a nivel global. Esto se refleja en la inquietud generada —sobre todo en las clases medias— por el impacto del desplazamiento del centro de gravedad hacia el mundo indo-pacífico y el declive del papel hegemónico de Occidente. Algo que también se manifiesta en un obsoleto y arcaico discurso antiavance tecnológico frente a la incertidumbre, la inquietud y el temor que muchos sienten ante el fenómeno imparable y vertiginoso de la digitalización.

Sea como fuere, si nos centramos en nuestra Europa, caben algunas afirmaciones específicas que pueden ayudarnos a comprender el impacto de la crisis en la propia concepción de la Unión Europea como un proyecto fundamentalmente político.

En primer lugar, se ha producido una ruptura emocional entre países en función de sus circunstancias concretas, lo que explica actitudes ciudadanas alejadas del espíritu de solidaridad y de lealtad mutua que deben regir cualquier proyecto político inclusivo. El ejemplo de ciertas reacciones de las opiniones públicas en Alemania o en Grecia no son, precisamente, buenos ejemplos, aunque no son los únicos. Por esa razón, cualquier planteamiento de una Europa de varias velocidades no debe aparecer como excluyente o divisivo, sino orientado a avanzar hacia una más y mejor integración, en el bien entendido de que nadie queda excluido a priori de formar parte de los países más integracionistas y que las puertas van a estar permanentemente abiertas para quien se quiera incorporar en otro momento más propicio. Es esencial la recuperación del «espíritu europeo» o, si se quiere, la construcción de un habermasiano patriotismo europeo.

Además, la existencia de profundos desequilibrios internos dentro de una unión monetaria son letales en casos de crisis graves, y así nos lo enseñan la teoría y la historia. Por ello en la terminología comunitaria hablamos de unión económica y monetaria, aunque la Gran Recesión puso claramente de manifiesto que la unión económica estaba y está muy lejos de ser realidad. En países unidos, tales desequilibrios se amortiguan con solidaridad presupuestaria y fiscal y con reformas estructurales e inversiones en infraestructuras. La Unión dispone de buena parte de esos mecanismos, pero no han sido suficientes y tampoco ha habido la necesaria voluntad política. Ha primado la exigencia de comprometerse a resolver los desequilibrios para después «merecer» la activación de los mecanismos de solidaridad.

Es cierto que algunos países, como España (que nos puede valer como paradigma de lo ocurrido, dado que es el que el autor tiene más cercano), llegaron a la crisis con enormes déficits exteriores por cuenta corriente y con una ingente deuda externa de carácter fundamentalmente privado (de empresas y familias), además de con un sistema financiero muy sensible al riesgo asociado al *boom* inmobiliario. Una burbuja en la que nos vimos inmersos en gran medida por decisiones financieras tomadas bajo criterios políticos, y que se ha llevado por delante buena parte del sistema bancario, como la mayoría de las cajas de ahorros y algún banco relevante. Además de haber alentado fusiones y adquisiciones entre los bancos, lo que ha transformado el espectro financiero y el mapa de oficinas comerciales del país en apenas unos años. Pero también era cierto que España estaba en una situación financiera muy saneada en lo que se refiere a las cuentas públicas, con superávit presupuestario y niveles de deuda pública excepcionalmente bajos.

La pregunta obvia es, pues, qué sucedió para que en muy poco tiempo a los desequilibrios existentes se acumulara también un problema enorme de déficit y de deuda pública que acabó con España al borde del rescate general europeo, algo que sólo evitó gracias a varios factores.

En primer lugar, ciertas reformas estructurales (la más importante, la del mercado de trabajo) y una política fiscal y presupuestaria moderadamente restrictiva en términos relativos con el pasado reciente.

Por otro lado, gracias a un rescate parcial de su sistema financiero, dada la contaminación evidente entre deuda soberana, balances bancarios y la digestión del pinchazo espectacular y dramático de la burbuja inmobiliaria.

Y, por último, un esfuerzo enorme de los agentes económicos y sociales de recuperación de competitividad, asumiendo pérdidas de renta y riqueza reales en un proceso que los economistas denominamos devaluación interna. Algo que conlleva efectos similares en las variables reales sin haber podido acudir a la modificación de una variable nominal como el tipo de cambio al estar nuestra política monetaria cedida al Banco Central Europeo. Ya no podemos recurrir a las, por otro lado, muy peligrosas devaluaciones de la moneda, como fue costumbre antes de nuestra entrada en el euro.

Nos interesa destacar que llegamos a esa situación en un marco previo de políticas fiscales muy expansivas desarrolladas en muy poco tiempo, de forma que el sector público absorbió parcialmente los desequilibrios del sector privado sin conseguir que mejorasen ni la cifra total de endeudamiento ni el monto total de deuda externa. Y lo que es peor, sin que ese aumento del gasto público contrarrestara la fuerte recesión del gasto y de la producción en el sector privado.

Una clara demostración práctica del enorme error que —desconociendo al verdadero Keynes, que nunca fue keynesiano en el sentido en que se entiende ahora— supone la defensa, muy propia de la izquierda inmadura, de lo que la doctrina económica identifica como «keynesianismo vulgar». En un mundo global y abierto sustentado en las expectativas racionales de los agentes económicos, no existen los vasos comunicantes supuestamente producto de la insuficiencia de información de aquellos a la hora de tomar sus decisiones de acuerdo con sus posibilidades, sus preferencias y sus intereses, y fundamentalmente sus expectativas de futuro. Los errores cometidos durante los primeros meses de la crisis fueron propios de modelos de economía estática y cerrada, como si estuviéramos en el mundo previo a la ruptura de Bretton Woods de 1971 con el llamado *Nixon Shock*, tras el cual desaparecieron las paridades fijas y el dólar como moneda patrón ligada establemente al oro.

En cualquier caso, las consecuencias fueron dramáticas para la economía española. Cabe recordar que los síntomas fueron previos —y muy tardíamente reconocidos— a las exigencias de la comunidad internacional (no sólo de Alemania, sino de Estados Unidos o China) de poner en marcha drásticos recortes en el gasto público, decisiones que acabarían llevándose por delante el gobierno presidido por Rodríguez Zapatero. La responsabilidad, en nuestro caso (pero también en el caso de Grecia), cabe atribuirla más a las políticas expansivas previas, no a las de carácter contractivo practicadas con posterioridad.

Otro debate es el de si una vez que cambiaron las circunstancias, esas políticas de austeridad ahondaron a corto plazo las consecuencias de la crisis, particularmente al implementarse junto a una política monetaria de carácter objetivamente restrictivo llevada a cabo por el Banco Central Europeo. Al menos hasta el cambio de enfoque y criterios con la llegada de Mario Draghi en noviembre de 2011, en plena crisis. Sin la nueva política monetaria, la situación habría sido muy distinta y significativamente peor.

La importante rebaja de los tipos de interés (acomodándolos a los de Estados Unidos y otros países), así como la inyección de enormes recursos monetarios a través de compras masivas de activos soberanos y, posteriormente, de algunos activos privados, han permitido salvar los balances de las entidades financieras depositarias de aquellos y sus cuentas de resultados. Además, pudieron no sólo equilibrar su tesorería saneando paulatinamente balances, sino devolverlas a su función básica de financiación de la actividad económica. Todo eso condujo a reducir drásticamente las primas de riesgo dentro de la unión monetaria y facilitó una financiación de la deuda pública asumible a medio y largo plazo al situar los tipos de emisión por debajo de la tasa de crecimiento nominal del PIB.

En todo caso, conviene destacar la firme posición del primer gobierno del presidente Mariano Rajoy en contra de un rescate completo como el padecido —inevitablemente— por Grecia, Irlanda, Portugal o Chipre. Esta posición y el éxito de su apuesta permitieron desarrollar políticas económicas relativamente autónomas, en especial la presupuestaria y fiscal dentro del marco de un Pacto de Estabilidad aplicado de manera flexible.

Conviene destacar, a su vez, que gracias a la solidaridad europea se pudo rescatar el sistema financiero, absorbiendo la quiebra general del conjunto de las cajas de ahorro y la nacionalización temporal de buena parte de ellas así como de algún banco con origen en alguna de las primeras, como fue el caso de Bankia.

No se trata aquí de hacer un relato, inevitablemente subjetivo, de lo acaecido en los últimos años de la economía española, sino de ponerlo en relación con el objeto del presente capítulo: el impacto y la digestión de la crisis sobre el proyecto político de Europa y de uno de sus principales símbolos: el euro. No hay que olvidar —ni dejar de recordar— que la Unión Europea es fundamentalmente un proyecto político en el que la unión económica y monetaria es un instrumento esencial a su servicio. Como todo proyecto político adoptado sobre la base de equilibrios y necesarios consensos, adolece de serios problemas de diseño, tanto en la definición de objetivos generales como de requisitos de comportamientos de los países integrantes, pasando por defectos de carácter más técnicos u operativos.

A efectos de nuestro estudio, lo esencial es que la supervivencia del euro cabe atribuirla en gran medida a la firme determinación de una institución supraestatal creada para reforzar la estabilidad de precios, garantía de la salud de la moneda única pero que, a diferencia de la Reserva Federal, dejaba en manos de los gobiernos y de las otras instituciones comunitarias las políticas orientadas al crecimiento y al empleo.

Una firme determinación que bajo el paraguas de la defensa del euro y con una adecuada gestión de las expectativas («créanme, haré todo lo necesario para preservar el euro..., y será suficiente») más una política muy agresiva —compras ilimitadas de deuda soberana y de bonos, si fuera necesario—, conocida como Quantitative Easing (QE), consiguió salvar la financiación de países sistémicos como España o Italia. También dio la vuelta a unos mercados financieros que, hasta entonces, se habían visto dominados por comportamientos especulativos dirigidos no sólo a jugar a favor de la debilidad de la moneda única, sino incluso de su desaparición.

Afortunadamente, ese momento ya ha pasado, aunque subsisten riesgos sistémicos y de diseño que es inevitable abordar, sin dejar de recordar —como ha hecho reiteradamente el propio Draghi— que no se le puede pedir a la política monetaria que sustituya la responsabilidad de los gobiernos en sus políticas fiscales o en la implementación de reformas estructurales en los diferentes mercados de bienes y servicios, de factores y en los mercados financieros.

Es esencial abordar las reglas de gobernanza de la Unión. La política del Banco Central Europeo ha sido crucial y justo es reconocerlo (a pesar de la oposición ideológica de un Bundesbank, al que, afortunadamente, Draghi ha hecho poco caso), pero sus medidas han sido consideradas, *malgré lui*, con una interpretación discutible —pero bienvenida— sobre el alcance de su mandato fijado en los tratados constitutivos de la unión monetaria.

No obstante, la responsabilidad presente y futura —una vez fijados los límites de la política monetaria— sólo cabe atribuirla a los responsables políticos de la Unión. Está por verse si serán capaces de aprovechar las consecuencias y las enseñanzas de esta compleja crisis que hemos padecido y transformarlas en una nueva oportunidad de relanzamiento del proyecto político de Europa. Conviene reparar en una aparente contradicción que no es tal: si bien el proyecto europeo pone énfasis y se sustenta en instituciones y conceptos políticos universales, como la libertad o el Estado de derecho, desde su origen han sido claves los liderazgos políticos. No será diferente en esta nueva etapa que debemos encarar.

D. De la crisis profunda a la oportunidad

Debemos tener muy presente que hablamos de una crisis muy compleja y poliédrica, con múltiples caras y que va más allá de la crisis económica y financiera que ya hemos descrito sucintamente. El análisis sería incompleto e incluso ingenuo si no mencionáramos también la crisis política. Afrontamos una crisis de identidad e institucional que afecta a la democracia representativa como modelo político y a sus actores principales: los así llamados partidos políticos tradicionales.

Europa vive una crisis de identidad. Lo que parecía una conquista irreversible y de carácter expansivo en su alcance político y territorial se ha visto cuestionada implacablemente por la cruda realidad del *brexit* y por la irrupción significativa y generalizada (hasta ahora sólo habíamos vivido algunos episodios relevantes en Austria, en Italia o en Francia) de movimientos populistas y nacionalistas (o nacional-populistas, porque a veces son indistinguibles) de carácter más o menos xenófobo y, por supuesto, euroescépticos y radicalmente contrarios a la idea de una Europa cada vez más unida.

Siempre ha habido movimientos políticos de este tipo. La novedad inquietante es que han conseguido apoyos masivos y que, en algunos casos (como el Reino Unido, con el UKIP de Nigel Farage), han visto cumplidos sus objetivos. En los últimos procesos electorales en el continente han aspirado a la conquista del poder o, como mínimo, a condicionarlo de forma decisiva. Siempre se han movido entre la conquista del apoyo mayoritario o la imposición de su ideario a través de minorías de bloqueo capaces de condicionar la vida parlamentaria e incluso la modulación de los estados de ánimo de la opinión pública. En algunos casos, con todos los matices, han conseguido sus objetivos, como ya hemos visto al tratar los diferentes países del Grupo de Visegrado.

Así ha sido en las elecciones presidenciales austríacas de 2016 (que incluso hubo que repetir), que ganó por la mínima un candidato *outsider* del sistema, aunque afortunadamente no antieuropeísta sino todo lo contrario. También lo vimos en las legislativas holandesas de 2017, que dieron lugar, sin embargo, a un escenario político muy complejo para la gobernabilidad. El fenómeno estuvo también presente en las elecciones legislativas en Alemania a finales de 2017, que se saldaron con un avance significativo y la presencia, por primera vez, en el Bundestag de la extremista y xenófoba Alternativa por Alemania.

Por supuesto, ha estado y está presente en Italia, uno de los países pioneros en el populismo, a través del Movimiento 5 Estrellas de Beppe Grillo, pero también con el regreso del eterno Silvio Berlusconi. Lo hemos visto en Francia tanto en las presidenciales, en las que a pesar de obtener sus mejores resultados históricos, Marine Le Pen y su Frente Nacional no pudieron evitar la victoria de Emmanuel Macron, un *outsider* marcadamente europeísta que mezcla liberalismo y socialdemocracia, como en la posterior victoria indiscutible —gracias también a la ley electoral— de su formación política, La República en Marcha, heredera del movimiento más social que político *En Marche!*, que lo llevó al Elíseo con apenas treinta y nueve años.

En general, pues, con todos los matices, se han evitado males mayores y una mayoría de los ciudadanos de todos esos países (fundadores de la Unión casi todos ellos) han rechazado en las urnas a fuerzas políticas que hubieran propiciado con su triunfo el final del proyecto político europeo soñado durante décadas. Una construcción sustentada, como vimos, en la superación de nacionalismos disgregadores que la mantuvieron en guerras dramáticas durante décadas. Problemas a los que no fue ni es ajena España, acuciada por el populismo independentista y anticonstitucional en Cataluña, y no sólo allí.

Cabe aquí recordar el memorable discurso elegíaco y testamentario del presidente François Mitterrand en el Parlamento Europeo en 1995 y ya como despedida de un cargo que había ocupado desde hacía catorce años. Rememorando la trágica historia de Europa, advirtió que «el nacionalismo es la guerra». O el más reciente del presidente de la Comisión, Juncker, que recordando un famoso artículo del escritor austríaco Stefan Zweig habló del «veneno del nacionalismo».

Los ciudadanos europeos de todos esos países han apostado por movimientos políticos que defienden la idea de Europa y sus valores de democracia, libertad, igualdad y solidaridad; es decir, los propios de las sociedades abiertas, tan bien definidas por Karl Popper en su imprescindible *Las sociedades abiertas y sus enemigos*, publicado en 1945, aunque escrita durante los oprobiosos años de la segunda guerra mundial y ante la horrenda presencia de los enemigos de dichas sociedades abiertas: el fascismo y el nazismo, por un lado, y el comunismo, por otro.

Por lo tanto, los europeístas debemos felicitarnos por haber sobrevivido y superado el nadir de una crisis profunda que cerca estuvo de llevarse por delante las aspiraciones políticas de, al menos, dos generaciones de europeos. Pero debemos también ser muy conscientes de que hay amplísimas capas de la población que han renegado de la idea de Europa y que sólo desde la acción política decidida y un fuerte liderazgo podremos recuperar para el proyecto comunitario. De otra forma, estaremos condenados a un fracaso histórico trágico de enorme magnitud. Una de las lecciones que debemos extraer de la vuelta de la historia que venimos comentando es que no hay que dar por conseguido e irreversible ningún proyecto político, por más sólido que nos parezca.

Asimismo, Europa vive una crisis institucional que se manifiesta en la desafección ciudadana hacia unas instituciones desprestigiadas. No es una controversia reciente. Se ha hablado mucho, y a veces injustamente, del famoso déficit democrático con el argumento de que la Comisión no es elegida por votos directos, empezando por su presidente, que es el resultado de decisiones intergubernamentales que no pasan por el control de los distintos parlamentos nacionales. En definitiva, que no tienen que responder ante ninguna instancia democrática más allá de su hipotético deber de lealtad hacia los gobiernos que han designado a los comisarios.

Sin embargo, este es hoy un argumento en cierta medida obsoleto, ya que los comisarios y el presidente de la Comisión deben ser aprobados por el Parlamento Europeo. Los vicepresidentes son elegidos en función de la mayoría política de aquel, dominado por los dos mayores grupos parlamentarios en la Cámara, el Popular y el Socialista, complementado por un potente y creciente grupo Liberal. Además, deben responder no sólo ante el Consejo Europeo, sino ante un Parlamento que ha visto sustancialmente ampliadas sus competencias, con un papel colegislador y de control cada vez más propio de un legislativo nacional.

Estamos ante decisiones adoptadas por gobiernos democráticamente elegidos a través del voto popular libre y secreto. Debemos, pues, combatir el tópico del déficit democrático e insistir, en cambio, en la mejora continua de la gobernanza, que pasa por el control y la transparencia. Nada distinto sustancialmente de los debates habituales en nuestras democracias representativas nacionales.

Es cierto, no obstante, que estamos ante una crisis de la democracia representativa y de sus actores tradicionales: los partidos políticos. Y esta tercera cara de la crisis política de la Unión no es ajena, en absoluto, a lo que acontece en otras democracias del planeta. Algo que enlaza con los populismos y los nacionalismos disgregadores y con la crisis institucional. Lo que se cuestiona es la propia capacidad de representación de los ciudadanos a través de los parlamentos, algo que tiene mucho que ver con los nuevos mecanismos de expresión ciudadana al margen de los intermediarios convencionales; es decir, los partidos políticos. Hablamos, de nuevo, de la revolución digital y del empoderamiento aparente de los ciudadanos a través de la expresión de sus opiniones mediante las redes sociales. Y recalco aparente, porque la capacidad de manipulación de ese fenómeno, en principio positivo y saludable, se está demostrando inconmensurable.

El fenómeno de las *fake news* y la manipulación se ha descontrolado y, según muchos analistas, está detrás de resultados tan determinantes para la configuración del mundo que viene como la elección de Donald Trump en Estados Unidos, el *brexit* en el Reino Unido o la apuesta secesionista del independentismo catalán. No es de extrañar, por lo tanto, que la Unión Europea haya reforzado (tímida e insuficientemente) el presupuesto para sus organismos y equipos de control de estos fenómenos.

Aunque tampoco podemos obviar el fenómeno de desafección institucional al que hacemos referencia simplemente descalificándolo por manipulado y alimentado por noticias falsas, o por lo que ahora hemos dado en llamar postverdades. Porque, más allá de todo ello, también es cierto que las instituciones han fallado en la eficacia de sus respuestas ante las inquietudes de los ciudadanos y, en particular, ante el cuestionamiento del contrato social establecido en Occidente después de la segunda guerra mundial. Un contrato basado en la extensión del Estado del bienestar y en su carácter inclusivo para la mayoría.

Este es un debate en el que no podemos profundizar pero que resulta apasionante. Seguramente ocupará espacio y tiempo en el futuro inmediato, porque la democracia representativa y liberal ha de ser eficaz si quiere competir y sobrevivir en un entorno global donde hay regímenes autoritarios como en Singapur, o directamente dictatoriales como en China, donde por ahora se prima la eficacia frente a la representatividad. Ese es, probablemente, uno de los mayores retos al que nos enfrentamos como sociedad europea y occidental. Es urgente reconstruir la cohesión y reducir la desafección, y para ello los partidos políticos tradicionales deben hacer una lectura correcta de la situación.

Hemos celebrado la victoria electoral del europeísmo en los últimos procesos electorales en países clave como Francia, Holanda, Austria o Alemania, pero no debemos olvidar que en Austria o en Francia han triunfado movimientos políticos distintos y con campañas en contra de los tradicionales. O que en Holanda, Alemania, Austria, Italia y Holanda, un ideario tan esencial en la Europa que conocemos como es la socialdemocracia ha sufrido castigos incontestables, y en algunos países podríamos decir que definitivos.

Estamos ante un nuevo paradigma que, en general, cuestiona lo existente. Si no sabemos interpretarlo, los europeístas corremos un riesgo enorme. No obstante, como siempre ocurre con las crisis profundas, podemos estar ante una gran oportunidad. Sólo tenemos que identificar los pasos y a los eventuales protagonistas.

E. Propuestas de futuro

Ante la difícil coyuntura presente y las perspectivas de futuro en un mundo dominado por la volatilidad, la impredecibilidad y la incertidumbre, avanzar en la aportación de luz y de seguridad es más importante que nunca. Se hace necesario identificar los factores de estabilidad y de liderazgo, entendido como la capacidad de ofrecer proyectos compartidos y compartibles y, por definición, inclusivos.

Por ello todas las propuestas que están encima de la mesa que busquen aportar elementos de avance en la integración europea deben ser bienvenidas y dignas de la mayor consideración. Debemos fijar nuestros objetivos en el horizonte de una Europa federal que persiga no sólo un proyecto político y económico, sino también una clara propuesta social para generar un sentimiento de comunidad compartida entre sus ciudadanos. En definitiva, una Europa como realidad que nos permita definirla como un sujeto político reconocido como tal por la comunidad internacional, relevante en el nuevo escenario internacional en reconfiguración en este siglo XXI.

Para ese objetivo, el Informe del Grupo de Reflexión encabezado por Felipe González publicado en mayo de 2010 cobra una enorme importancia como punto de partida para un replanteamiento ambicioso de la Unión. Se elaboró una vez iniciada la crisis económica e iba más allá de la coyuntura para centrarse en cómo debería ser la Unión en el año 2030. Por lo tanto, fue concebido con una perspectiva estratégica y de largo plazo, pensando en los ciudadanos, en sus valores como europeos y en sus intereses para seguir siendo un área de prosperidad.

En ese informe ya se avanzaban necesidades ineludibles tales como la mejora de la gobernanza económica y de la moneda única, la unión bancaria, la unión fiscal, la progresiva armonización empresarial y laboral, el problema demográfico y el reto del cambio climático, la mejora de la capacitación y la formación del capital humano, una política común energética, la profundización del mercado único y la apuesta por el libre comercio internacional y la lucha contra el proteccionismo. Y, por supuesto, una Unión mucho más profunda en el ámbito de la defensa, la seguridad y la lucha contra el terrorismo, lo que implica necesariamente una política exterior común mucho más cohesionada y percibida como tal. En definitiva, una Europa más fuerte y unida internamente y frente al exterior. El informe reclamaba un liderazgo «claro y resuelto». De nuevo, volvemos a la aparente pero falaz contraposición de las instituciones y los líderes en la construcción del proyecto europeo.

Sin embargo, el informe se presentó cuando lo peor estaba aún por venir. La crisis de deuda y del euro no se había manifestado todavía en toda su crudeza y la incertidumbre sobre el futuro de la Unión iba a ir a más con la irrupción de fuerzas políticas y de movimientos sociales que han cuestionado —y cuestionan— su propia naturaleza. Ya con la Comisión Juncker, que relevó a la paralizada y anodina de José Manuel Durão Barroso, hubo diferentes propuestas como el «Documento de reflexión sobre la profundización de la unión económica y monetaria», o en 2015 el llamado «Documento de los cinco presidentes de las principales instituciones europeas —Comisión, Consejo, Parlamento, Banco Central Europeo y Eurogrupo— para realizar la unión económica y monetaria europea», entre otros. Todos ellos nos serán útiles para profundizar en propuestas concretas que hoy están encima de la mesa. Pero antes de eso debemos comentar un excelente punto de partida para enmarcar la encrucijada en la que se encuentra Europa.

Se trata del «Libro Blanco sobre el Futuro de Europa» presentado en marzo de 2017 por el presidente de la Comisión, Jean-Claude Juncker. Este informe dibuja con precisión los diferentes escenarios para la Europa de los Veintisiete (es decir, descontada ya la salida del Reino Unido que hemos analizado anteriormente) en el horizonte más cercano del año 2025.

En su introducción nos recordaba el origen político de la Unión como un proyecto de paz, libertad, igualdad y, por supuesto, democracia. Como punto de partida abordaba la existencia, en el momento en que fue escrito, de diversas velocidades de facto, no sólo en la Unión, sino en el conjunto del continente. Es importante tenerlas en mente.

Así, la Unión aloja en su seno la zona euro, de la que forman parte diecinueve países que, a excepción de Chipre e Irlanda, forman parte también del espacio Schengen de libre circulación de personas que, a su vez, incluye a Chequia, Dinamarca, Hungría, Polonia y Suecia (quedan fuera Bulgaria, Rumanía y Croacia) y que suma a Liechtenstein, Noruega, Islandia y Suiza. Estos últimos forman la Asociación Europea de Libre Comercio (EFTA, en sus siglas en inglés).

Los veintisiete, más el Reino Unido y los miembros de la EFTA restando a Suiza conforman el Espacio Económico Europeo. Y los veintisiete más el Reino Unido, de momento, más Andorra, Mónaco, San Marino y Turquía configuran la Unión Aduanera Europea. Todos ellos, junto con las tres repúblicas del Cáucaso, las de la antigua Yugoslavia (excepto Kosovo, reconocida internacionalmente sólo de manera parcial como vimos), más Moldavia, Ucrania y la propia Rusia forman parte del Consejo de Europa. Sólo queda fuera Bielorrusia, por su patente carácter antidemocrático y único país del continente que mantiene la pena de muerte además de por su mencionada cercanía histórica y cultural a Rusia. Una geometría variable y compleja que cuestiona el debate sobre la Europa de diferentes velocidades porque, de hecho, ya existe.

En este contexto, Juncker planteó cinco escenarios, con un punto de partida: que para cada uno de ellos los veintisiete Estados miembros avancen juntos como Unión. Pero, en la práctica, lo cierto es que algunos de esos puntos implican inevitablemente velocidades distintas.

El primer escenario podríamos denominarlo como el de «Seguir igual». Es decir, el de centrarse en el cumplimiento de su programa de reformas positivas y progresivas en diferentes ámbitos como el mercado único, la unión económica y monetaria, Schengen, política exterior, de seguridad, migración y defensa, o en el ámbito presupuestario. En definitiva, no retroceder, pero tampoco avanzar cualitativamente a la espera de circunstancias más propicias para hacerlo.

El segundo escenario es el de «Sólo el mercado único». Es el menos ambicioso y en el que probablemente el Reino Unido se hubiera sentido cómodo si no hubiera decidido ya su salida. Se centraría en la profundización de la libertad de circulación de mercancías y de capitales pero no en la de personas y servicios. Implicaría el abandono de objetivos políticos relacionados con políticas comunes en migración, seguridad, defensa o política exterior. En resumen, se trataría de una unión aduanera complementada con la libre circulación de los flujos financieros.

El tercer escenario introduce ya la idea de las diferentes velocidades: «Los que desean hacer más, hacen más». Implicaría reforzar el mercado único y los acuerdos comerciales con terceros, pero un grupo de países —a través del mecanismo de «cooperación reforzada» que se estableció en el Tratado de Niza de 2001— intensificaría su cooperación en el seno de la unión económica monetaria (por ejemplo, en la unión bancaria y en la unión fiscal), en los ámbitos de la seguridad, la política migratoria, la defensa, la justicia y la política exterior. Obviamente, ello implicaría que los mecanismos de toma de decisiones se volverían más complejos aunque, como prevé el mismo Tratado de Niza y hemos mencionado anteriormente, se dejaría siempre la puerta abierta para que todos los países que lo deseen puedan incorporarse a todo tipo de cooperaciones reforzadas en cualquier momento siempre que acepten, como es natural, las reglas del juego establecidas en cada una de ellas.

El cuarto es una combinación de mayor ambición en algunos ámbitos y de menor intervención en otros: «Hacer menos pero de forma más eficiente». Esa mayor ambición se centraría en la profundización del mercado único y en la política comercial común y en la consolidación del euro, por una parte, y en una política exterior y de defensa comunes, con una sola voz hacia el exterior y con la creación de la Unión Europea de defensa, pero renunciando a un mayor intervencionismo en el área social, el empleo, el presupuesto o la fiscalidad, por poner algunos ejemplos. La definición de los diferentes ámbitos quedaría abierta y, probablemente, sería el escenario menos previsible dada su naturaleza intrínsecamente contradictoria.

El quinto y último supondría el desiderátum de muchos europeístas y podría resumirse como el de «Hacer mucho más conjuntamente». Un horizonte que nos acerque a la construcción de unos Estados Unidos de Europa aunque fuera a muy largo plazo. Es decir, que los Estados miembros cedieran muchos más espacios de soberanía en favor de la Unión y lo hicieran de forma conjunta. Se armonizarían así las normas internas del mercado único para que la realidad haga justicia al nombre, la unión económica y monetaria, así como las reglas financieras y presupuestarias. Este escenario cuenta con la voluntad de ser asumido por los veintisiete. Las políticas comunes exterior, de seguridad, migración y defensa se convertirían en únicas, el presupuesto de la Unión Europea se reforzaría y ejercería de estabilizador del ciclo en el conjunto. El papel de las instituciones comunitarias aumentaría en el desarrollo de las diferentes políticas, con especial referencia a la Comisión, el Parlamento y el Consejo.

Los diferentes escenarios serán debatidos en el Consejo Europeo antes de las elecciones al Parlamento Europeo de junio de 2019. El objetivo de Juncker es que, para entonces, los Estados miembros hayan elegido el camino. Lo más urgente es tomar decisiones sobre la unión económica y monetaria y la defensa y la seguridad europeas.

F. Sobre el futuro de la unión económica y monetaria

Mucho se ha avanzado ya en este campo. El euro es, sin duda, una de las muestras más palpables del éxito de la construcción europea iniciada tras la devastación de la segunda guerra mundial. Lo usan como moneda propia 340 millones de europeos, y más de 200 millones tienen su divisa asociada al euro como moneda patrón. Es la segunda moneda de reserva en el mundo después del dólar norteamericano.

Su inicio puede situarse en el Tratado de Maastricht de 1993, que previó la creación de una unión económica y monetaria con una moneda común. En diciembre de 1995, en Madrid, se decidió denominarla euro. En 1999 se unificaron los sistemas monetarios de, entonces, once países. En enero de 2002 el euro pasó a ser ya moneda única para los doce países fundadores.

Los años de bonanza económica, que se prolongaron hasta finales de 2007, contribuyeron al éxito inicial del euro. La buena coyuntura permitió esconder bajo la alfombra los problemas de gobernanza de la zona euro, unas disfunciones que acabarían saliendo brutal y trágicamente a la luz a raíz de la Gran Recesión: la unión monetaria tenía poco de unión económica. Los profundos desequilibrios internos dentro de la eurozona estuvieron a punto de llevarse el invento por delante. Algo que habría sido letal para el proyecto político europeo, porque el euro va mucho más allá de una unión monetaria. Es, básicamente, un proyecto político.

El momento más crítico suele situarse en la noche del 12 de julio de 2015, cuando la posibilidad de expulsar a un país del euro —Grecia— se hizo dramáticamente real. Previamente habíamos pasado por los rescates globales de la propia Grecia, Portugal, Irlanda y Chipre, además del rescate bancario en España, cada uno de ellos sujetos a circunstancias muy distintas, pero vertebrados por un hilo común: la necesidad de la ayuda europea (en sentido estricto, además de las instituciones comunitarias, también el Fondo Monetario Internacional) para hacer frente a sus obligaciones financieras en un contexto de absoluta desconfianza en la solvencia de su deuda soberana.

En el caso de Grecia hablamos de varios paquetes de ayuda condicionada que sumaron en torno a 350.000 millones de euros (casi el doble de su PIB nominal), más quitas de la deuda con la banca. En el caso de Irlanda, la aportación inicial fue de 85.000 millones; en el de Portugal, de 78.000 millones; y en el caso de España se articuló un crédito por un importe máximo de 100.000 millones de euros, de los que se utilizó aproximadamente un tercio para la recapitalización de las cajas de ahorros y de un banco emanado de algunas de ellas, como fue el caso de Bankia.

Conviene no olvidar el contexto político, que introdujo descomunales dudas sobre la propia continuidad de la Unión. La crisis de los refugiados dejó bajo mínimos el sagrado principio de la cuarta libertad; es decir, la libre circulación de personas. El Reino Unido planteaba ya el *brexit* como alternativa real, el sistema bancario se tambaleaba en varios países y el riesgo populista era evidente en muchos de ellos, además de las amenazas terroristas y las de carácter geopolítico, como la agresividad de Rusia, el conflicto en Oriente Medio o, ya más recientemente, el giro proteccionista y aislacionista de la Administración norteamericana.

Sin olvidar el gran reto a largo plazo: el declive demográfico y el envejecimiento imparable de la población europea. Demasiados problemas para una moneda recién creada que, como todas, debía y debe basar su existencia en la confianza que inspiran las instituciones que la respaldan. Afortunadamente, gran parte de esas incógnitas están ya encauzadas o, por lo menos, embridadas. Pero persiste la incertidumbre y la inseguridad con relación a la capacidad del euro para resistir con fortaleza cualquier otro *shock* externo de la magnitud de los vividos en la última década.

Esa es la razón por la que el debate se centra en el fortalecimiento de la gobernanza de la unión económica y monetaria y en despejar para siempre las dudas sobre la supervivencia del euro. Es necesario poner énfasis en la pata más débil: la unión económica. Porque la pata monetaria ha mostrado su resiliencia gracias, fundamentalmente, a la actuación del Banco Central Europeo, aunque conviene distinguir dos etapas.

La primera transcurrió durante las presidencias del holandés Wim Duisenberg y del francés Jean-Claude Trichet entre 2003 y 2011. Ambos banqueros centrales concentraron sus objetivos en la inflación nominal, no en la subyacente, algo que supuso en la práctica la articulación de una política monetaria procíclica. Es decir, objetivamente restrictiva en unos momentos de evidente recesión del nivel de actividad económica y que renunciaba así a cualquier interpretación abierta de sus mandatos fundacionales como, por ejemplo, la utilización de compras de activos financieros, más allá de la fijación de los tipos de interés de referencia. Afortunadamente, y tal como hemos comentado recientemente, tal política cambió con la llegada en 2011 del presidente Draghi.

El Banco Central Europeo se ha comportado desde entonces como un banco central al uso. Ha utilizado instrumentos nominales vía tipos e instrumentos cuantitativos (QE), inyectando enormes cantidades de liquidez que, a medio plazo, han permitido romper el vínculo tóxico entre balances del sistema bancario y deuda soberana. Queda, sin embargo, por definir con claridad su papel como prestamista de última instancia, concepto que choca aún con enormes reticencias y con una gran oposición por parte, fundamentalmente, del Bundesbank alemán. Un elemento de resistencia que hay que tener en cuenta a la hora de juzgar y plantear cualquier proyecto de profundización en la unión económica.

El problema, pues, ya no se sitúa en el ámbito monetario. Porque, como el propio Draghi ha advertido reiteradamente, la política monetaria tiene sus límites: es condición necesaria pero no suficiente. De ahí que las diferentes propuestas existentes para profundizar en la unión económica desde el documento de los cinco presidentes, presentado por la Comisión Europea en 2017, califiquen la gobernanza de la zona euro como «compleja y poco clara». El Documento se centra en tres ámbitos fundamentales: la unión financiera, una unión económica y fiscal más integrada, además del refuerzo institucional y de la calidad democrática.

Sobre la unión financiera, y en el marco del denominado Semestre Europeo (mecanismo de monitorización en tiempo real de los riesgos), se plantea completar la unión bancaria más allá de los dos pilares ya existentes: en primer lugar, el Mecanismo Único de Resolución para hacer frente a las crisis bancarias de carácter sistémico, complementado con un fondo único que permita la protección presupuestaria para garantizar las medidas que haya que adoptar mediante una línea de crédito abierta por el Mecanismo Europeo de Estabilidad (MEDE) o a través de préstamos o garantías de los Estados miembros; y, en segundo lugar, el Mecanismo Único de Supervisión, que centraliza y unifica la supervisión de las grandes entidades, que en el caso de España concentran más del 90 por ciento del sector.

Así, para completar la unión bancaria se considera imprescindible avanzar en la creación de un Fondo de Garantía de Depósitos europeo que subsuma y sustituya a los fondos de garantía a nivel nacional. Todo ello sin olvidar el enorme impacto que tuvo sobre el sector la aplicación de la Directiva P2D2 de servicios de pago y que no nos corresponde analizar aquí, pero que va a tener una enorme trascendencia de cara al futuro inmediato a medio y largo plazo.

Además de la unión bancaria hay que referirse a la unión financiera. Es decir, a una unión de mercados de capitales en el horizonte del año 2019 bajo un supervisor único a nivel de la eurozona. Y aún más allá: el documento iba incluso más lejos y planteaba el desarrollo de «títulos respaldados por bonos soberanos», diversificando los balances bancarios para reducir la interconexión entre estos y la deuda de sus países de origen. Aún no se trata de mutualizar la deuda, algo hoy todavía impensable por razones políticas, pero sí de dar pasos en esa dirección.

Sobre una unión económica y fiscal más integrada, el Documento enriquece el concepto de «convergencia», que no sólo debe conformarse con ser nominal (como en las denominadas condiciones de Maastricht), sino también real y cíclica. Ello supone una mayor y mejor coordinación de las políticas económicas, sustentadas cada vez más en el cumplimiento de normas mutuamente acordadas en el ámbito fiscal (como ya se ha hecho con iniciativas como los Paquetes Seis y Dos, o el nuevo Tratado de Estabilidad, Coordinación y Gobernanza), el reforzamiento de los vínculos entre las reformas estructurales y la obtención de fondos comunitarios (tanto estructurales como de inversión), y una función de estabilización mediante un régimen europeo de protección de inversiones, otro de seguro de desempleo y un tercero para situaciones excepcionales.

Por último, defiende una nueva gobernanza, con la posible creación de un ministro europeo de economía y finanzas que, a su vez, sea también vicepresidente de la Comisión para Asuntos Económicos, Financieros y Monetarios, presidente del nuevo MEDE —el Fondo Monetario Europeo— y presidente del Eurogrupo. Este nuevo cargo debería encarnar una representación exterior unificada y la creación de un auténtico tesoro europeo con el mandato de la vigilancia económica y presupuestaria, un presupuesto de la eurozona para la estabilización macroeconómica y la implementación de un posible activo europeo seguro; esto es, una suerte de eurobonos y de un Fondo Monetario Europeo (ambos a partir del actual MEDE) que permitan la provisión de liquidez puntual a los Estados miembros que lo necesiten ante *shocks* asimétricos, así como un mecanismo de protección de último recurso para la unión bancaria.

Por lo demás, es imprescindible una mejora de la rendición transparente de cuentas al Parlamento Europeo y la integración del pacto presupuestario en el marco jurídico de la Unión Europea. El Documento fijaba un calendario en fases con el horizonte de 2025. Son objetivos ambiciosos pero realistas siempre que el contexto político así lo permita.

G. La política común europea de defensa y seguridad

Cualquier avance en la integración europea debe enmarcarse naturalmente en su contexto histórico. El resurgir de la Europa de la Defensa a partir de la aprobación en noviembre de 2017 de la denominada cooperación estructurada permanente europea (PESCO, en sus siglas en inglés), y que algunos medios han calificado como el «Schengen de la defensa», sólo puede interpretarse desde nuestra historia reciente. No es nuestro objetivo hacer un análisis exhaustivo de aquella, pero podemos destacar algunos elementos que nos ayuden a situarnos correctamente en el momento presente.

El punto de partida es el final de la segunda guerra mundial con la debacle de las potencias europeas, unas vencidas y otras exhaustas, y con la aparición de un mundo bipolar encabezado por dos de los grandes vencedores y aliados hasta entonces: Estados Unidos y la Unión Soviética. La división en bloques afectó de manera dramática a una Europa que quedó dividida entre su parte occidental, alineada con Estados Unidos, y la zona central y oriental, aliadas de la Unión Soviética. Alemania quedó, a su vez, dividida en dos, con diferentes matices dentro de cada uno de los bloques.

Esa decisión implicó la creación de dos grandes alianzas militares opuestas, la OTAN y el Pacto de Varsovia, aunque conviene no olvidar que esta última no sólo tenía una función externa y contra el enemigo occidental, pues sirvió también para retener en el bloque soviético a algunos países díscolos como Hungría o la antigua Checoslovaquia, tal como vimos antes. Con la caída del Muro de Berlín y el desmoronamiento inmediatamente posterior de la Unión Soviética, el Pacto de Varsovia se disolvió y muchos de sus miembros acabaron integrándose en la Alianza Atlántica.

Con la desaparición del escenario bipolar de la segunda mitad del siglo XX y el advenimiento de un eventual mundo unipolar bajo la hegemonía indiscutible de Estados Unidos, se puso en cuestión la propia existencia y la naturaleza estratégica de la OTAN. No obstante, para muchos seguía teniendo sentido en el nuevo orden para luchar contra el terrorismo en cualquier lugar del mundo (no sólo, pues, en territorio europeo), como es el caso de Afganistán, y, en general, para defender el orden democrático, incorporando incluso a países democráticos pero fuera del ámbito atlántico, americano y europeo, como Israel.

En el marco de la guerra fría, la supremacía política y militar de Estados Unidos y su enorme potencial nuclear hacían de la Alianza un instrumento básico para su defensa y su seguridad, ya que la protección de Europa occidental era parte consustancial de la suya propia. De ahí que, en el escenario de la postguerra y de la guerra fría, la supremacía de Estados Unidos fuera indiscutible. A pesar de la posición de una Francia que en 1966 abandonó la estructura militar de la OTAN, aunque no la política, y desarrolló su propia *force de frappe* nuclear. Por lo tanto, también era apabullante el peso americano en los presupuestos y, en general, en la estructura de mando militar de la Alianza, aunque el secretario general fuera tradicionalmente un europeo y su sede central estuviera primero en París (hasta la decisión del general De Gaulle de abandonar la estructura militar) y luego en Bruselas.

El nuevo escenario estratégico ha propiciado una reconsideración del peso de Estados Unidos en la Alianza y una reclamación por su parte de un mayor esfuerzo y una mayor corresponsabilidad de los países europeos en el esfuerzo colectivo en garantía de su defensa y de su seguridad. Algo que no cabe atribuir a la

Administración Trump. Es una reivindicación que viene de lejos y que ha sido explicitada de la manera abrupta habitual por parte del presidente de Estados Unidos. Se trata de un reclamo muy razonable. Ya no hay un enemigo común compartido de la magnitud que suponía la amenaza de la Unión Soviética. Problemas en el seno del propio continente europeo, como la guerra en los Balcanes, colmaron la paciencia norteamericana, pues fueron sus tropas las que mayoritariamente se responsabilizaron del esfuerzo militar en términos humanos, materiales y económicos. Además, Estados Unidos asumió el indudable coste político de una acción bélica sin el aval de las Naciones Unidas debido al veto ruso.

Por lo tanto, es urgente que Europa asuma su propia responsabilidad y reduzca su dependencia estratégica de Estados Unidos tras la desaparición de la amenaza soviética. Es una cuestión de fondo que va más allá de quién ocupe el Despacho Oval. Si bien la canciller alemana Angela Merkel dijo en referencia a Trump que «Europa ya no puede contar con sus antiguos aliados» para su seguridad y defensa, la cuestión excede los personalismos y los ciclos electorales. La nueva agresividad rusa o la nueva política exterior china obligan a los aliados a mantener su apuesta por la Alianza, pero parece inevitable e indiscutible la necesidad de un nuevo equilibrio interno mucho más simétrico. Una redefinición que se enmarca en la profundización del proyecto político que supone la Unión Europea, definida a partir del Tratado de Maastricht y la puesta en marcha de los denominados tres pilares. El económico, el de un espacio judicial común y el de la política exterior y de seguridad y defensa.

Este último pilar se estructuró a través de la PESC y de la PESD. Permitió el nombramiento de un alto representante del Consejo para la Política Exterior y de Seguridad Común, puesto que desempeñó con particular acierto y empeño europeísta nuestro compatriota Javier Solana, a pesar de las dificultades políticas y de las penurias presupuestarias. Solana, que anteriormente había sido secretario general de la OTAN entre 1995 y 1999, puso en marcha en 2003 la primera formulación estratégica de seguridad europea (complementada por la denominada política de vecindad), un nuevo enfoque que supuso el punto de partida de la estrategia global para la política exterior y de seguridad de la Unión Europea, aprobada por el Consejo Europeo a finales de junio de 2016. Cabe destacar aquí el esfuerzo mostrado para este logro por Federica Mogherini, sucesora de Solana y quien, tras el Tratado de Lisboa de 2007, acumula las funciones de alta representante del Consejo y de vicepresidenta de la Comisión Europea para las Relaciones Exteriores y Cooperación, lo que le da un peso institucional y un presupuesto mucho mayores.

La estrategia marca cinco grandes prioridades: primera, la seguridad de la Unión —con especial referencia a la defensa, la lucha contra el terrorismo, la ciberseguridad, la seguridad energética y la comunicación estratégica—; segunda, la resiliencia de los Estados y las sociedades vecinas del este y del sur del continente, entendiendo resiliencia como la capacidad para afrontar, adaptarse y recuperarse de tensiones y *shocks* tales como la violencia y los conflictos en todas sus manifestaciones, además de desastres naturales, sin comprometer el desarrollo a largo plazo; tercera, un enfoque integrado en relación con conflictos y crisis en cualquier lugar del planeta; cuarta, un enfoque regional prioritario hacia el Mediterráneo, Oriente Medio y África, hacia el Atlántico, con especial referencia a América Latina, hacia la región de Asia-Pacífico y, finalmente, hacia el Ártico; y quinta, una progresiva implementación de una gobernanza mundial basada en normas y dotada de una cierta institucionalización.

Para cumplir esos cinco objetivos será necesario un claro esfuerzo inversor, dotarse de capacidad rápida de respuesta contra crisis y, evidentemente, una mayor integración real que permita, en definitiva, que la Unión sea percibida por el exterior como sujeto político autónomo y fuerte en el ámbito internacional, con más margen de maniobra e independencia respecto a sus Estados miembros. Una Unión Europea, por lo tanto, en la que prime la concepción federal en su funcionamiento, en detrimento de las concepciones más intergubernamentales que han predominado en los últimos años. Se trata de una Estrategia meditada, potente y realista que nos permite enmarcar las siguientes reflexiones sobre las relaciones entre la Unión Europea y la OTAN y el desarrollo de la Europa de la Defensa.

Las relaciones entre la Unión Europea y la OTAN se han canalizado históricamente por la común pertenencia a ambas organizaciones de veintidós países miembros de la Unión, veintiuno cuando se consume la salida del Reino Unido. Sólo quedan al margen Suecia y Finlandia (cada vez más integradas a través de maniobras militares conjuntas o coordinadas), Austria, Irlanda, Malta y Chipre. Tras la entrada en vigor del Tratado de Maastricht y su segundo pilar, la Unión Europea ha participado como tal sólo en misiones concretas de mantenimiento de la paz, en coordinación con la propia OTAN pero siempre en el marco de las Naciones Unidas y sin una voluntad clara de desarrollar una auténtica Unión Europea de defensa.

Hubo un antecedente en 1998, cuando el entonces presidente francés Jacques Chirac y el primer ministro británico Tony Blair acordaron ponerla en marcha sobre la base de los dos países con capacidad nuclear y con una política exterior propia sustentada en sus capacidades militares. Tal acuerdo, sin embargo, nunca fue más allá porque respondía más a los respectivos intereses nacionales que a una auténtica vocación europea autónoma de la OTAN. Y hoy ya no tiene sentido tras el *brexit*. El impulso sólo puede venir del acuerdo entre Francia y Alemania, con el apoyo esta vez de Italia y España.

Ningún gobierno en Europa cuestiona la continuidad de la OTAN como instrumento esencial de la defensa colectiva. Es más, se enfatiza la necesidad de una coordinación y una colaboración más estrecha, en especial para afrontar las así llamadas «guerras híbridas» y en particular una de sus manifestaciones potencialmente más desestabilizadoras como es la amenaza cibernética. No obstante y sin desmerecer esta cooperación, el propio presidente de la Comisión ha alertado de la necesidad de reducir la dependencia de nuestra seguridad común de terceros países u organizaciones internacionales.

Un terreno donde hay mucho camino por recorrer aún. Empezando no sólo por la recurrente exigencia acordada en Gales en 2014 y ratificada en Varsovia y Bruselas posteriormente de que cada Estado miembro dedique el 2 por ciento de su PIB a gastos de defensa, sino por la necesidad de una clara mejora del gasto a nivel europeo. Baste recordar, como ha hecho Juncker en diversas ocasiones, que tenemos 178 sistemas de armas diferentes, cuando Estados Unidos tiene sólo 30. Hay más fabricantes de helicópteros que gobiernos dispuestos a comprarlos, y tenemos 17 tipos diferentes de carros de combate. Eso supone un coste que algunos cifran en 100.000 millones de euros anuales, a pesar de que la suma de los presupuestos de defensa en la Unión llega casi a 200.000 millones, más del doble del presupuesto en defensa de Rusia.

De ahí la propuesta de la Comisión para crear un Fondo Europeo de Defensa con el objetivo de cooperar en materia de I+D+i y la obtención conjunta de equipos y tecnologías de defensa como, por ejemplo, la tecnología relacionada con los drones, las comunicaciones vía satélite o la ciberseguridad. O también la puesta en marcha de la primera capacidad militar de planificación y ejecución para las misiones de formación de la Unión Europea. El paso siguiente, y muy trascendental, ha sido la mencionada puesta en marcha de la cooperación estructurada permanente o PESCO.

En octubre de 2016, los ministros de Defensa de Francia, Alemania, Italia y España propusieron el establecimiento de una Unión Europea de seguridad y defensa para reforzar la autonomía estratégica de Europa tanto desde el punto de vista operativo como industrial. La PESCO es un claro ejemplo de cooperación reforzada centrada en cinco áreas: inversión (destinando a ello un 20 por ciento del total de los presupuestos), cooperación en materia de capacidades, proyectos de facilitación operativa, programas de coordinación y equipos conjuntos. Contará con la financiación ya mencionada de un Fondo Europeo de Defensa dotado en el horizonte de 2021 con 5500 millones de euros anuales que además no serán computables como gasto público a efectos del Pacto de Estabilidad y Crecimiento.

Bajo el impulso de los cuatro grandes países, finalmente aceptaron formar parte de la PESCO veintitrés países, todos excepto Portugal, Dinamarca, Irlanda y Malta. Se han identificado 50 proyectos para elegir y se ha garantizado la plena coordinación con la OTAN, lo que ha permitido superar las reticencias de los países del este. Un paso crucial hacia una mayor integración europea en un tema tan sensible. Habrá que estar atentos a su articulación práctica.

H. La articulación política de un nuevo impulso hacia la integración

Es un tópico nada alejado de la realidad que los avances en el proceso de integración europea han partido del denominado eje franco-alemán. Una relación que ha pasado por todo tipo de vicisitudes históricas pero que ahora parece que, dadas las circunstancias políticas concretas, puede renacer, acompañado en esta ocasión por el protagonismo de otros países, en particular de España e Italia.

Es cierto también que Alemania —o, más exactamente, Merkel— se ha mostrado como la más firme defensora de los valores europeos con su actitud frente a los nacionalismos y los populismos, así como gracias a su posición sobre la inmigración y el derecho de asilo. Pero ni tiene la capacidad suficiente para liderar el proyecto en solitario ni probablemente lo desea. Cabe recordar aquí la afirmación del exsecretario de Estado americano Henry Kissinger: «Alemania es demasiado grande para Europa y demasiado pequeña para el mundo». O el chascarrillo que se ha hecho ya habitual en las cancillerías: «Europa se divide entre países pequeños y aquellos que todavía no se han dado cuenta de que son pequeños».

Evidentemente, tampoco Francia puede ejercer el liderazgo por sí sola. Quizá lo desearía, pero no puede. La renovación y el refuerzo de la alianza franco-alemana es, pues, imprescindible para resolver el lamento del informe de reflexión coordinado por Felipe González sobre la ausencia de un liderazgo promotor e inclusivo.

Pero, a diferencia de etapas anteriores, en una Europa a veintisiete el liderazgo franco-alemán debe complementarse con la incorporación de otros países. Una forma de hacerlo sería a través del mecanismo de las cooperaciones reforzadas y, por consiguiente, mediante la asunción de una Europa de dos o más velocidades. Y en esa complejidad, España e Italia deben de jugar un papel trascendental para evitar una percepción de un excesivo dominio de lo que los críticos del eje franco-alemán han solido llamar el «Directorio».

En cualquier caso, es obvio que Francia y Alemania se necesitan mutuamente, y así fue desde el Pacto del Elíseo de 1963 entre Adenauer y De Gaulle, en una alianza en la que Francia aportaba el peso político —y su fuerza militar— y Alemania el peso económico. No en vano decía el excanciller Willy Brandt que Alemania era un gigante económico y un enano político.

Este relativo equilibrio, razonablemente simétrico, se rompió con la reunificación de Alemania en 1991. El peso relativo se decantó en favor de una Alemania más poblada y más rica que dejaba de estar tan constreñida por el resultado de la segunda guerra mundial. Un condicionamiento que sigue vivo en nuestros días en una política defensiva nada proactiva que llevó al país germano a no participar en la intervención en Libia, o que suele alinearse con Israel o, al menos, a no oponerse abiertamente a sus decisiones.

Es cierto que Alemania hizo un esfuerzo para que esa desproporción no se hiciera demasiado patente. Y para despejar temores, el canciller Helmut Khol se comprometió a liderar una Alemania europea y negar cualquier pretensión de una Europa alemana. Aceptó renunciar al marco en favor del euro y aumentar su contribución neta para financiar los fondos estructurales y de cohesión. Y aunque la creciente debilidad relativa de Francia acrecentó el desequilibrio real, la apariencia de eje subsistió gracias a lo que sus críticos denominaron «club de socorros mutuos», o a través de continuos gestos de entendimiento más simbólicos que sustanciales.

Pero ahora, con un presidente francés europeísta (a la francesa) y un nuevo gobierno en Alemania, la necesidad de un entendimiento profundo entre ambos países se hace absolutamente perentoria. En cualquier caso, la llamada «visión germana» se ha ido imponiendo a la visión de otros países (particularmente de Francia, pero también a menudo de Italia o España), aunque con concesiones a esas visiones en aras del imprescindible consenso.

La visión que ha tenido Alemania con relación al proyecto europeo pasa por la definición de normas que ofrezcan un marco de referencia para enmarcar las diferentes políticas, tanto a nivel comunitario como a nivel de los Estados miembros. Es decir, creando marcos normativos supraestatales que obligan a todos y que delimitan los riesgos en los márgenes de maniobra, aunque evitando el llamado «riesgo moral», en el sentido de que cada uno debe asumir las consecuencias de sus actos y hacerlo responsablemente, dejando que los mercados actúen evaluando los comportamientos de unos y otros en un marco normativo previamente establecido y que los Estados —o las instituciones comunitarias— deben garantizar. Es decir, lo más parecido a una estructura federalizante acorde con la propia naturaleza del Estado federal alemán.

En cambio, el resto de los países mencionados (y otros) han defendido históricamente un esquema de cesión de competencias hacia arriba, a favor de un nivel supraestatal que articulara políticas sectoriales en un proceso de cesión de soberanía mucho más preciso y articulado que no dependiera tanto de la interpretación de un marco normativo como de la asunción directa de competencias por parte de las instituciones comunitarias. El ejemplo más claro es el de la creación del Banco Central Europeo, artífice único de la política monetaria en la eurozona.

En cualquier caso, parece inevitable que el avance en la integración pase no necesariamente por «una unión cada vez más estrecha», como se definió en Maastricht, como por avances asimétricos sobre la base de diferentes velocidades aunque siempre bajo el impulso franco-alemán. Y España se juega sus intereses vitales en ese equilibrio de fuerzas. Porque España sigue necesitando a Europa como factor de cohesión interna.

Esa Europa a diferentes velocidades ha sido criticada y confrontada por otros países, notablemente, como ya se ha comentado más arriba, por el llamado Grupo de Visegrado. Pero no hay alternativa, ya que lo contrario implicaría acomodarse a la velocidad del más lento o, lo que es aún peor, no moverse.

Los tratados lo permiten y es muy importante que se circunscriban a cooperaciones reforzadas ya existentes, como la unión económica y monetaria o Schengen y la libre circulación de personas. Pero también a la Europa de la defensa y la seguridad. Ambos temas han sido ya tratados más arriba. Estamos ante una gran oportunidad para el liderazgo político y la audacia en la fijación de objetivos tras las derrotas electorales de los populismos en varios de los Estados miembros más importantes. Hay que aprovechar el moméntum.

Esta oportunidad puede ser perfectamente compatible con avances en el terreno común del mercado único o en la puesta en marcha del mercado único de la energía. Esto último es harto difícil y probablemente habrá que impulsarlo a través de una cooperación reforzada con un órgano único de supervisión. Es asimismo necesario reforzar los derechos sociales, tal como se aprobó en la cumbre informal de Goteburgo en noviembre de 2017. No se trata de acuerdos vinculantes, pero marcan un camino imprescindible para seguir derrotando a los populismos y nacionalismos de todo signo.

De igual manera, es también estratégicamente vital la apuesta por los acuerdos de libre comercio en los que hemos insistido, tales como el ya ratificado con Canadá, el ya firmado con Japón, el próximo por concluir, tras interminables negociaciones, con el Mercosur, así como las actualizaciones de los que atañen a México y a Chile. Y más en unos momentos de pulsión proteccionista y aislacionista de Estados Unidos.

Y, *last but not least*, caben también avances significativos en el ámbito de la justicia, el antiguo tercer pilar de Maastricht. Seguramente habrá de hacerse también a través de una cooperación reforzada. Pero es difícilmente comprensible que puedan subsistir negativas de extradición o que no haya un reconocimiento mutuo de sentencias judiciales, o que la orden europea de detención y entrega no sea inmediatamente aplicable. Es también urgente avanzar hacia una homogeneización de las legislaciones en el ámbito penal o mercantil y civil.

Hay un enorme camino por recorrer para restablecer algunos conceptos que parecían indiscutibles, desde la irreversibilidad de la Unión y del euro hasta la libre circulación, pasando por la apuesta por el libre comercio o la marginación política de la extrema derecha. En definitiva, la primacía moral y práctica del modelo liberal en las relaciones internacionales, del que la Unión Europea constituye ejemplo paradigmático. Más aún desde su cuestionamiento por parte de su máximo impulsor: el mundo anglosajón. Eso implica la defensa de la universalidad de los derechos humanos, de las democracias liberales representativas y el acatamiento del derecho internacional y de la Carta de las Naciones Unidas.

Más allá, pues, del consenso en torno a la necesidad de que Europa proyecte poder duro, o *hard power*, para defender aquello en lo que cree (además de sus intereses, que no siempre coincidirán), nunca como ahora ha sido tan imprescindible ejercer toda nuestra capacidad de *soft power* a través de la defensa de nuestros valores, desde la creencia de su carácter universal y no específico únicamente de Occidente.

Sólo así podremos hablar de la síntesis neooccidental en eso que denominamos el mundo post-occidental y conjurar la inevitabilidad del llamado trilema de Rodrik, expresado en su ya famoso libro *Las paradojas de la globalización*, según el cual no es posible compatibilizar la globalización, la democracia y la soberanía nacional. Europa demuestra, en cambio, que se puede estar abierto a la globalización, disfrutar de sistemas plenamente democráticos y no renunciar a la soberanía nacional salvo para proyectarla hacia arriba, en un proceso voluntario de renuncia que, por decisión democrática, cede competencias a un ente supraestatal, que las ejerce de acuerdo con la voluntad libremente expresada por los ciudadanos de unas sociedades abiertas.

Puede que Europa pierda peso económico relativo o, lo que es peor, peso demográfico y competitividad, poniendo en riesgo la sostenibilidad de su Estado del bienestar. Puede que sea cada vez menos relevante en el escenario geopolítico global y alejarse del nuevo centro de gravedad del planeta. Pero sigue siendo la región en la que la paz, la democracia, la libertad, la igualdad de género y de oportunidades, la tolerancia y el respeto a las minorías o la cobertura de los derechos sociales han alcanzado las mayores cotas en todo el mundo. Y aunque algunos critiquen una suerte de relajación en nuestra determinación por defender nuestros valores y creencias, Europa sigue siendo un polo indiscutible de atracción para el resto de la humanidad. Y si se hacen las cosas razonablemente bien, seguirá siéndolo.

Europa representa cabalmente la síntesis neooccidental en un mundo post-occidental.

Brevísima acotación final sobre la revolución digital

Cuando hace cinco años quien escribe estas líneas redactó un libro titulado *Cambio de era*, la situación geopolítica global se enmarcaba ya en muchos de los grandes argumentos del presente. Otros son novedosos, desde el repliegue anglosajón representado por el *brexit* y la nueva política norteamericana a la agresividad explícita de las políticas exteriores de China, Rusia, Turquía, Irán, India o Arabia Saudí, pasando por las nuevas tragedias que asuelan Oriente Medio. Desde el punto de vista económico, el mundo ha superado ya la Gran Recesión (que ha afectado fundamentalmente a Occidente) y se debate entre la profundización del libre comercio y el retorno al proteccionismo.

Pero, sobre todo, hemos asistido a la profundización del enorme impacto que, como otra cara de la globalización, supone lo que denominamos revolución digital. Una transformación tecnológica profunda que está afectando sustancialmente las formas de producir y vender, de consumir y comprar o de trabajar o financiarse. Los mercados de bienes y servicios, de capitales y laboral o los flujos financieros están sufriendo unas modificaciones trascendentales cuyas consecuencias todavía no somos capaces de calibrar con un mínimo de certidumbre.

La desaparición, transformación y surgimiento de mecanismos de intermediación entre la oferta y la demanda, tales como el *blockchain*, base de las llamadas criptomonedas, implican un nuevo mundo, un auténtico cambio de era que está revolucionando las relaciones humanas en lo político, económico o social. También en la relación del hombre con la naturaleza y el espacio. Se abre un nuevo ámbito para el ejercicio de la libertad individual y muchos hablamos —yo lo hice entonces en *Cambio de era*— de la consolidación de la soberanía del consumidor y de un desplazamiento del poder efectivo desde el lado de la oferta al lado de la demanda gracias a cantidades ingentes de información. En cualquier *smartphone* hay muchísima más información disponible que en la *Enciclopedia Británica* o que en la clásica Biblioteca de Alejandría. Y, desde luego, mucha más de la que disponían los presidentes Reagan o Clinton en pleno ejercicio de sus mandatos. Teóricamente, esto favorece condiciones competitivas en los mercados mucho más «perfectas» que las que hemos conocido con anterioridad.

Otros analistas, sin embargo, creen que tal opinión debe matizarse profundamente ante la enorme capacidad de manipulación de las conciencias individuales que se esconde bajo el poder de los nuevos intermediarios virtuales (desde Google a Amazon, pasando por Facebook o Apple) y de la extraordinaria extensión de las redes sociales como instrumentos de canalización de opinión y de información, incluida la manifiestamente falsa. Es imposible, pues, exagerar la magnitud de lo que está sucediendo. Ni tampoco la velocidad vertiginosa del cambio y el carácter profundamente disruptivo de las nuevas tecnologías digitales.

Para algunos —los optimistas o *integrados*, por utilizar la terminología del semiólogo Umberto Eco—, vamos hacia un mundo nuevo y mejor en el que las nuevas tecnologías permitirán liberar al género humano no sólo de penosas condiciones físicas de trabajo, sino de trabajos intelectuales repetitivos o basados en la acumulación de experiencias anteriores. Los robots y la inteligencia artificial, la internet de las cosas, los vehículos autónomos proveedores de movilidad y conectividad, la impresión en 3D o 4D, el *blockchain*, que favorece fenómenos inquietantes y no exentos de serias objeciones éticas como las mencionadas monedas virtuales o el manejo del *big data*, permiten ya no sólo la sustitución de los músculos por máquinas, sino también de las neuronas, aunque no somos capaces todavía de desbrozar en qué sentido.

En contra de estos analistas están los pesimistas o, de nuevo recurriendo a Eco, los *apocalípticos*, que creen que estamos ante una era de incertidumbre y de inquietud por la imposibilidad del sistema de proveer trabajo y ocupación en el mercado laboral a unos trabajadores que serán desplazados irremisiblemente por el desarrollo tecnológico. Los optimistas, en cambio, opinan que esta situación abre un conjunto de inmensas posibilidades para simultanear condiciones de vida dignas y prósperas con oportunidades inéditas para el desarrollo humano en todas sus facetas.

No sabemos aún quién tiene razón (o, al menos, buena parte de esta), aunque los optimistas nos decantamos por pensar que, como ha sucedido siempre, los avances tecnológicos supondrán un saldo positivo global que permitirá desarrollar políticas públicas compensatorias para los «perdedores» que siempre hay en tales avances. En definitiva, creemos que también en este caso funcionará eso que el economista austro-estadounidense Alois Schumpeter denominó «la destrucción creadora». No está de más recordar el famoso aforismo según el cual un pesimista no es otra cosa que un antiguo optimista convenientemente informado.

Dilucidarlo no es motivo de este ensayo, limitado a los profundos cambios geopolíticos desde una perspectiva regional. Pero es evidente que ambos fenómenos no pueden desligarse. Porque esta revolución industrial —la cuarta desde el surgimiento del capitalismo moderno— implica una convergencia de productividades a nivel global como nunca antes se había producido. Algo que tiene mucho que ver con los nuevos poderes que hemos ido analizando y con la creciente importancia de la demografía. Recordando a Auguste Comte, padre del positivismo y de la sociología moderna, podemos volver a afirmar que «en la demografía está el destino». La demografía y la tecnología, sin poder ser objeto de tratamiento específico, planean inevitable y permanentemente sobre todo lo desarrollado a lo largo de estas páginas.

Epílogo

Una reflexión sobre España

En este contexto tan dinámico y, en gran medida, imprevisible, no podemos terminar estas páginas de reflexión global, efectuada desde la perspectiva de las grandes potencias y regiones mundiales, sin algunas líneas específicas sobre España.

En el año 2013, España empezaba a salir de la peor y más duradera recesión económica que hemos vivido en nuestra historia contemporánea. La sombra del rescate global se había disipado razonablemente, pero sólo después de haber acudido a los mecanismos de rescate europeos para afrontar la profunda crisis de una parte sustancial de nuestro sistema financiero e incluso de nuestro paisaje urbano: las cajas de ahorro. Se empezaban a notar los efectos en el mercado de trabajo de la reforma laboral de 2012 y pronto harían presencia los efectos balsámicos de la nueva política monetaria del Banco Central Europeo bajo la presidencia de Mario Draghi.

Ese nuevo enfoque, que hemos comentado en páginas previas, permitió un abaratamiento sustancial de la deuda acumulada y una reducción significativa de la prima de riesgo. Pero la situación era dramática en términos de crecimiento económico, renta, riqueza, desempleo y desequilibrios en las cuentas públicas. Nos encontrábamos con unos niveles altísimos de deuda, tanto pública como privada. Quedaba mucho camino aún por recorrer. Como hemos analizado, la sociedad española hizo un esfuerzo enorme a través de sus agentes económicos (empresas y familias), que asumieron una devaluación interna enormemente dolorosa, pues suponía un empobrecimiento de rentas y riqueza, así como una precarización todavía más intensa del mercado de trabajo. El resultado, sin embargo, ha sido una mejora de competitividad que se ha reflejado de manera muy clara en la evolución de nuestro sector exterior.

Ese camino, en buena medida, se ha recorrido. La economía española lleva tres ejercicios consecutivos creciendo por encima del 3 por ciento y se han recuperado ya los niveles de renta y riqueza previos al estallido de la crisis a finales de 2007. No obstante, aún no hemos recuperado los niveles de empleo precrisis, lo que significa que producimos lo mismo con menos trabajadores como resultado de los cambios tecnológicos a los que se ha hecho referencia.

Pero esa transformación ha supuesto una novedad. Un crecimiento significativo y sostenido de la economía implicaba históricamente la reaparición de los desequilibrios en nuestras cuentas exteriores en paralelo con el creciente dinamismo de la demanda interna, tanto en términos de consumo como de formación bruta de capital. Al final, tales desequilibrios acababan limitando la continuidad del crecimiento económico ante la necesidad de financiarlos y de corregirlos. Los ciclos expansivos también solían venir acompañados de tensiones inflacionistas que, por ahora, tampoco aparecen en la medida en que lo hacían anteriormente.

En cambio, en la actual fase del ciclo económico y por primera vez, tasas elevadas y sostenidas de crecimiento están siendo compatibles con superávit por cuenta corriente y con unas balanzas que merece la pena considerar. El más relevante es el relativo al excelente comportamiento de las exportaciones, tanto de bienes como de servicios. Suponen ya un tercio de nuestro PIB, dato sólo comparable con economías tan abiertas y orientadas al exterior como Alemania. Estamos por encima de países tan vocacionalmente exportadores como Taiwán o Rusia.

Es cierto que las ventas al exterior mantuvieron su dinamismo incluso en los peores momentos de la crisis, reflejando que buena parte de nuestro sistema productivo ha mantenido e incrementado su competitividad a pesar del colapso inmobiliario y de los problemas de financiación que afectaron a las empresas y familias como resultado de la profunda reestructuración de nuestro sistema financiero y bancario.

Además, ese dinamismo no ha caracterizado sólo a las exportaciones de bienes sino también a su composición, cada vez más sofisticada en términos de valor añadido y de contenido tecnológico. De hecho, la balanza comercial no energética está en superávit sostenible a pesar del incremento de las importaciones como producto del crecimiento de la demanda interna. Un superávit que permite compensar parcial, pero significativamente nuestro estructural déficit en la balanza de productos energéticos.

Lo más novedoso del presente es la espectacular evolución de la balanza de servicios no turísticos de alto valor añadido (como transporte y logística, telecomunicaciones, informática o todo tipo de servicios empresariales), que junto con un turismo en cifras récord explica que estemos en una situación inédita en nuestra balanza por cuenta corriente: a pesar de crecer intensamente gracias a la demanda interna, la economía española es financiadora neta del resto del mundo, lo que implica asimismo que se está desendeudando con el exterior con independencia del esfuerzo inversor significativo por parte de las empresas. Nuestras compañías invierten dentro y fuera y están cada vez más internacionalizadas, lo que nos ha permitido ser un país exportador neto de capitales desde hace ya casi dos décadas.

Probablemente es todavía prematuro hablar de un cambio de modelo productivo hacia uno basado en las exportaciones de bienes y servicios y en la inversión productiva (tanto la interna como la directa procedente del exterior) y menos en el consumo, las inversiones inmobiliarias y las importaciones como en el pasado. Pero la tendencia es bastante clara y lo que sí puede afirmarse es que no estamos siguiendo las pautas habituales del pasado, y eso es una buena noticia.

Obviamente ha habido vientos de cola: el abaratamiento de los costes energéticos importados, los bajísimos tipos de interés, las circunstancias geopolíticas que han ayudado a atraer flujos turísticos o la recuperación del crecimiento global han empujado la nave. Pero también valen con mayor o menor intensidad para otros países de nuestro entorno competitivo europeo que, sin embargo, tienen peores cifras que nosotros. Y todavía queda margen pues existe aún un *output gap*, o diferencia entre el PIB potencial y el observado, que no existe, por ejemplo, en Alemania, los Países Bajos o, en menor medida, Francia o el Reino Unido. Hay, pues, un comportamiento diferencial positivo que sólo puede explicarse por una mejora relativa de nuestra competitividad.

Subsisten riesgos e incógnitas que habrá que abordar si queremos aumentar la sostenibilidad de nuestro sistema productivo para crecer y generar empleo. Entre estas incertidumbres están la resistencia a disminuir la deuda pública y los aún altos niveles de endeudamiento privado, un sistema energético muy sensible todavía a la coyuntura externa, los desequilibrios persistentes en el mercado laboral o los riesgos ciertos, dada la dramática evolución demográfica, sobre la sostenibilidad de nuestro sistema público de pensiones y, en general, sobre el Estado del bienestar. Un cambio de las condiciones exteriores afecta para bien o para mal de forma directa e inmediata a todos estos condicionantes de nuestro cuadro general. Y habría que añadir las ineficiencias en el sistema educativo y de formación o en el sistema de administraciones públicas, problemas que requerirían grandes consensos políticos para ser resueltos de forma eficaz.

Algo que nos lleva a abordar la situación política. Aunque el gobierno del Partido Popular disponía de una amplia mayoría absoluta cuando fue elegido en 2011, se percibían ya con claridad fenómenos que empezaban a cuestionar el tradicional modelo de representación política surgido desde la Transición y que denominamos como bipartidismo imperfecto. El no reconocimiento de su «perfección» se debía a la presencia, a veces determinante, de partidos territoriales que condicionaban la gobernabilidad y, en general, gobernaban las comunidades autónomas donde estaban arraigados, esencialmente Cataluña y el País Vasco, y en menor medida en Canarias.

Esos nuevos fenómenos cuajarían en las siguientes elecciones generales de 2016, aunque antes lo habían hecho en las europeas y municipales y autonómicas. Reflejaban (al igual que en el resto de Europa) una creciente desafección ciudadana hacia los partidos tradicionales y, en general, las élites gobernantes. En parte suponían también un cuestionamiento de la propia democracia representativa, a lo que no es en absoluto ajena la corrupción en las instituciones y, lo que es peor, la percepción de que no se afrontaba con suficiente determinación política. De ahí que no quepa hablar sólo de crisis política, sino también de crisis institucional por la pérdida de confianza en buena parte de nuestras instituciones democráticas y por debilitamiento del vínculo afectivo entre ellas y los ciudadanos. Eran expresiones políticas todavía incipientes que hoy son ya realidades indiscutibles.

Cinco años después, el cuatripartidismo condiciona los equilibrios parlamentarios y, en general, el debate político, ante un gobierno en minoría que requiere del apoyo de otras fuerzas (algunas, de base territorial, por pura aritmética parlamentaria) para aprobar proyectos legislativos tan importantes como los Presupuestos Generales del Estado. Tenemos ahora una redistribución del poder político territorial en corporaciones locales y en comunidades autónomas muy diferente a la que existía en aquel momento. Las nuevas fuerzas políticas han venido para quedarse, aunque aún esté por dilucidarse qué fuerza real y sostenida tendrá cada una a medio plazo.

Pero más allá de coyunturas, todo apunta a la consolidación de un sistema de representación política más complejo que podría desembocar, por primera vez en nuestra democracia, en gobiernos de coalición a nivel nacional. Algo que curiosamente refleja la resistencia de «las dos Españas» a desaparecer, pues en los sondeos se puede constatar una estabilidad bastante equilibrada entre los bloques ideológicamente tradicionales a derecha e izquierda y, en cambio, una mucho mayor permeabilidad intrabloque. No obstante, los comportamientos electorales van más allá de las diferencias ideológicas y tienen mucho que ver con una fractura generacional que no hay que descuidar, la diferencia entre digitales y analógicos, globalizadores y nacionalistas o entre urbanos y rurales. Las lealtades políticas ya no se explican sólo por las variables de clase, sino por preferencias culturales e identitarias que han fragmentado y enriquecido —según seamos más o menos optimistas— nuestro panorama político al ampliar nuestras opciones electorales. Nada distinto a lo ocurrido en otros países europeos, pero novedoso en nuestra cultura política.

Un escenario inédito que nos obliga a unos planteamientos más orientados hacia la búsqueda compleja de grandes consensos, algunos de ellos muy difíciles de implementar. Basta ver lo bronco e intrincado del debate sobre una eventual reforma constitucional o cómo se aborda el desafío independentista de las instituciones de autogobierno de Cataluña. Un asunto que hay que abordar con mentalidad de una generación más que de una legislatura.

España, pues, ha sabido reencauzar una situación económica gravísima, pero ha empeorado la percepción de crisis política e institucional en una realidad muy fluida y cambiante, inédita en su fragilidad desde el intento de golpe de Estado del 23 de febrero de 1981. Una crisis institucional menos dramática pero de mayor profundidad que el terrible embate del terrorismo que padecimos durante muchas décadas, porque añade a su órdago político los componentes básicos de un populismo destructivo que descansa en la insufrible pretensión de proponer soluciones simples a problemas complejos y, lo que es peor, en un repugnante supremacismo que identifica lo exterior como fuente de todos los males.

Afortunadamente para España, el desafío independentista se ha producido en un marco político y de convivencia sólido a pesar de las dificultades descritas más arriba. Europa fue clave para fortalecer la posición constitucionalista. Porque Europa se construyó precisamente para la superación y la integración de las diferencias en aras de objetivos comunes y compartidos, todo lo contrario de aquello que pretenden los nacionalismos excluyentes, valga la redundancia.

De la misma manera que Europa está demostrando su fortaleza como proyecto político frente a populismos y nacionalismos de todo tipo, la España democrática ha demostrado su fortaleza cívica e institucional garantizando el cumplimiento del orden constitucional y del Estado de derecho frente a un movimiento profundamente divisivo en lo social, excluyente en lo político y empobrecedor en lo económico y en lo cultural. Europa (y por lo tanto España) se construye desde el imperio de la ley, la defensa de la democracia representativa y del Estado de derecho, el rigor y la disciplina que exige la pertenencia al club más sugestivo y atractivo del mundo y desde el ejercicio consciente y transparente de la solidaridad hacia dentro y hacia fuera.

España vuelve a ser un buque a flote con rumbo decidido y orientado conjuntamente con Europa. Nada que ver con esa España a la que algunos pintaban como un barco a la deriva presa de enormes vías de agua. Un panorama desolador que muchos, con inconmensurable deslealtad e insolidaridad egoísta, utilizaron para defender la necesidad de abandonar la nave frente a los acantilados. Los resultados de dicha resistencia a los cantos de sirena del rescate total están a la vista: a pesar del retroceso en Cataluña, el conjunto de España sigue avanzando. Su papel en Europa puede ser más proactivo y propositivo que nunca en esta nueva etapa. Algo que siempre desearon, en sus ansias de modernización, los españoles catalanistas como el que escribe estas líneas. Ojalá Cataluña vuelva a abanderar en el conjunto de España ese espíritu europeísta en el que nos jugamos nuestro futuro.

En un mundo que hemos definido como post-occidental, España puede ser un magnífico exponente de sociedad neooccidental sobre la base de los valores de las sociedades abiertas. Como hemos analizado, Occidente ha perdido su hegemonía geopolítica pero no el atractivo universal de dichos valores. Somos o debemos aspirar a ser españoles, europeos, occidentales libres, iguales en derechos y oportunidades, dignos, prósperos y abiertos al mundo. Ciudadanos orgullosos de los principios propios de la democracia representativa, la economía de libre mercado y de las sociedades abiertas en un mundo post-occidental. Y dispuestos a defenderlos.

Algo de bibliografía y agradecimientos

Este libro trata de clarificar el mundo cambiante y dinámico de nuestros días, y, por lo tanto, no hay aún bibliografía asentada sobre algunos de los acontecimientos que, en cambio, sí pueden considerarse ya como históricos. Es el caso de la elección de Donald Trump, el *brexit* o las recientes amenazas cibernéticas. En los asuntos más cercanos en el tiempo, el soporte documental ha sido esencialmente periodístico y, por mi labor profesional, también corporativo a través de la consulta de informes y proyecciones de centros de estudio. Habrá que estar atentos en los próximos años a los libros que vayan publicándose para establecer una bibliografía básica fiable y sólida.

Mientras tanto, mención especial merecen los excelentes documentos del Instituto de Estudios Estratégicos (IEEE), los del Real Instituto Elcano o los de la Fundación para las Relaciones Internacionales y el Diálogo Exterior (FRIDE). También los cuadernos de la fundación FAES o las publicaciones *Política Exterior*, *The Atlantic*, *The Economist* o *Foreign Policy*.

Cabe mencionar que España cuenta con algunos de los mejores corresponsales en el extranjero y reporteros de guerra del mundo. Justo es reconocerles un trabajo iluminador del que este autor también se ha servido y se sirve en su día a día. Pienso en Mikel Ayestarán, autor de *Oriente Medio, Oriente roto* (Península); en

Mònica Bernabé, corresponsal en Afganistán y autora de *Crónica de una ficción* (Debate), uno de los libros más interesantes sobre un país clave en la geopolítica; o en Xavier Aldekoa, cuyo *Océano África* (Península) tiene poco que envidiar a los libros del gran Ryszard Kapuscinski. El periodista Daniel Utrilla firmó, también hace pocos años, *A Moscú sin kaláshnikov* (Libros del KO), una crónica muy equilibrada de la Rusia de Putin que considero particularmente sugerente por su enfoque también literario.

Especialmente interesante para comprender la América de Trump me resultó *Otoño americano* (Elba), del excorresponsal en Washington Marc Bassets. Para desentrañar México, Centroamérica y gran parte de Latinoamérica sugiero las lecturas de los periodistas del colectivo Dromómanos (Alejandra Sánchez Inzunza y José Luis Pardo, y anteriormente Pablo Ferri), que recorren el subcontinente haciendo un periodismo sobre el terreno de una calidad que les fue reconocida hace pocos años con el Premio Ortega y Gasset.

El fenómeno del *brexit* también ha sido convenientemente analizado por Luis Ventoso, excorresponsal en Londres, en *No temblar ni aunque te corten la cabeza* (Ediciones Encuentro). Para este mismo fenómeno político de consecuencias aún incalculables son siempre recomendables las columnas en *The Financial Times* de Martin Wolf, autor del bien interesante *Why Globalisation Works* (Yale University Press). Otro británico, Matt Ridley, escribió hace pocos años una convincente defensa del libre comercio como motor de progreso en la historia en *El optimista racional* (Taurus), donde analiza el papel esencial de ese mundo abierto que el Reino Unido lideró y moldeó.

De los analistas destacados en el ámbito internacional hay varios muy recomendables, aunque no todos traducidos al castellano. Entre los primeros sugiero el de Robert Kaplan *La venganza de la geografía* (RBA); *Los árabes*, de Eugene Rohan (Crítica); *El euro y la batalla de las ideas* (Deusto), de Markus K. Brunnermeier, Harold James y Jean-Pierre Landau; *Orden mundial* (Debate), del exsecretario de Estado Henry Kissinger, del que también hay que leer *China* (Debate). Para una visión sobre los problemas europeos, sugiero la lectura de *La crisis existencial de Europa* (Deusto), de César Molinas.

Es también muy interesante la visión global que dio Moisés Naím en *Repensar el mundo* (Debate), autor de quien también recomiendo sus libros previos *El fin del poder* e *Ilícito*, ambos en la misma editorial. Y aunque la tesis del «fin de la historia» de Francis Fukuyama no ha envejecido bien y es, de hecho, contraria a la tesis que sostengo en este libro, recomiendo su reciente *Los orígenes del orden político* (Deusto). Por el peso que ha adquirido en el debate mediático y académico, es recomendable también la lectura de *Por qué fracasan los países* (Deusto), de Daron Acemoglu y James A. Robinson.

Entre los que no están aún traducidos al castellano en el momento de escribir estas líneas no quisiera dejar de mencionar *Post Western World* (Polity Express), de Oliver Stuenkel, y *World in Disarray* (Penguin), de Richard N. Haas.

Por estar más en consonancia con las tesis que defiendo, sugiero la lectura de *El retorno de la historia y el fin de los sueños* (Taurus), de Robert Kagan, y del reciente *Prisioneros de la geografía* (Península), de Tim Marshall. También son interesantes los dos trabajos de prospectiva que George Friedman firmó como *La próxima década* y *Los próximos cien años*, ambos en editorial Destino. Y por último en cuanto a los analistas actuales, son bien interesantes *De las ruinas de los imperios* (Galaxia Gutenberg), en el que el ensayista indio Pankaj Mishra contextualiza históricamente el así llamado auge asiático y habla de sus potencialidades y riesgos; y *La transformación del mundo* (Crítica), una historia global del siglo XIX del alemán Jürgen Osterhammel.

Pero dado que este libro defiende con insistencia que los acontecimientos actuales tienen un origen en el tiempo perfectamente rastreable y más evidente que en otros momentos históricos, no querría terminar sin dejar de mencionar algunos clásicos de las relaciones internacionales y el análisis político que arrojan luz en nuestros días. Es el caso del libro de Samuel Huntington *El choque de civilizaciones y la reconfiguración del orden mundial* (Paidós), un libro de 1995 basado en un artículo de dos años antes que es de una actualidad pasmosa y sirve para bosquejar no sólo los conflictos en Oriente Medio, sino también la propia actitud de parte del electorado estadounidense ante los inmigrantes mexicanos.

El libro de Huntington es deudor del historiador británico Arnold Toynbee, cuyo monumental *Estudio de la Historia* (Alianza) siempre será una fuente a la que acudir. La vuelta de la geografía que analizo en el libro tiene a uno de sus padres en el británico Halford John Mackinder, autor de la teoría del *Heartland* o del corazón continental. Él mismo la explicaba diciendo que «quien gobierne en Europa del Este dominará el *Heartland*; quien gobierne el *Heartland* dominará la Isla-Mundial; quien gobierne la Isla-Mundial controlará el mundo». A todos ellos leyó e interpretó Zbigniew Brzezinski, académico y exconsejero de Seguridad Nacional de Jimmy Carter, autor de *El gran tablero mundial* (Paidós) y de *El dilema de EE. UU.* (Paidós). En esa tónica, también es muy recomendable la lectura de *El corazón del mundo*, de Peter Frankopan (Crítica).

Por último, ante el mencionado regreso a una suerte de guerra fría 2.0, del mayor interés es la lectura del «Telegrama largo», del diplomático George Kennan, un documento considerado fundacional (del que su autor renegaría poco después) de la teoría de la contención que adoptó Estados Unidos para enfrentarse a la Unión Soviética.

La lista es potencialmente ilimitada, y uno sólo puede cerrarla con la respuesta que dio Borges cuando le preguntaron si estaba orgulloso de los libros que había escrito: «De lo que estoy orgulloso es de los que he leído». Ojalá sean también de utilidad para los lectores del que tienen en sus manos.

* * *

Por último, no quisiera terminar sin un agradecimiento específico a Antonio García Maldonado, mi esforzado y riguroso corrector, por un trabajo que ha ido mucho más allá y que me ha permitido afinar, completar y enriquecer aspectos sustanciales del libro. Y también para Susana Francisco, por su dedicación y profesionalidad a la hora de poner las anotaciones y sugerencias negro sobre blanco.